Cenas de um pensamento incômodo:

gênero, cárcere e cultura em uma
visada decolonial

CB042383

©Rita Segato, 2022
©Bazar do Tempo, 2022

Todos os direitos reservados e protegidos pela Lei n. 9.610, de 12.2.1998.
É proibida a reprodução total ou parcial sem a expressa anuência da editora.

Este livro foi revisado segundo o Acordo Ortográfico da Língua Portuguesa de 1990, em vigor no Brasil desde 2009.

EDIÇÃO
Ana Cecilia Impellizieri Martins

COORDENAÇÃO EDITORIAL
Meira Santana

TRADUÇÃO
Ayelén Medail
Larissa Bontempi
Rita Paschoalin
Silvia Massimini Felix

COPIDESQUE
Maria Clara Antonio Jeronimo

REVISÃO
Mariana Oliveira

REVISÃO TÉCNICA "Um paradoxo do relativismo: o discurso racional da antropologia frente ao sagrado"
Lena Tosta

PROJETO GRÁFICO E CAPA
Violaine Cadinot

DIAGRAMAÇÃO
Cumbuca Studio

IMAGEM DE CAPA
Rosana Paulino, *As filhas de Eva*, 2014

AGRADECIMENTOS
Danú Gontijo

CIP-Brasil. Catalogação na Publicação
Sindicato Nacional dos Editores de Livros, RJ

S546c

    Segato, Rita, 1951-
        Cenas de um pensamento incômodo : gênero, cárcere e cultura em uma visada decolonial / Rita Segato ; tradução Ayelén Medail ... [et al.]. – 1. ed. – Rio de Janeiro: Bazar do Tempo, 2022.
        256 p. ; 21 cm.

        "Coletânea de textos e artigos da autora"
        Inclui bibliografia
        ISBN 978-65-84515-29-1

        1. Antropologia. 2. Pós-colonialismo. 3. Descolonização. I. Medail, Ayelén. II. Título.

22-80735
        CDD: 301
        CDU: 572

Meri Gleice Rodrigues de Souza - Bibliotecária - CRB-7/6439

Rua General Dionísio, 53 - Humaitá
22271-050   Rio de Janeiro - RJ
contato@bazardotempo.com.br
www.bazardotempo.com.br

RITA SEGATO

Cenas de um pensamento incômodo:

gênero, cárcere e cultura em uma
visada decolonial

Tradução
Ayelén Medail
Larissa Bontempi
Rita Paschoalin
Silvia Massimini Felix

Sumário

Apresentação	6
Patriarcado como violência originária	**12**
Refundar o feminismo para refundar a política	13
Nenhum patriarcão fará a revolução: reflexões sobre as relações entre capitalismo e patriarcado	37
O fracasso do punitivismo como meta	**52**
O sistema penal como pedagogia da irresponsabilidade e o projeto "Fala, interno!": o direito humano à palavra na prisão	53
O que os museus não entendem	**82**
O eurocentrismo é um problema europeu? Mediação decolonial em vinte teses	83
A escrita dos corpos das mulheres	91
A chaga aberta da Palestina e o mal da "razão do Estado" consumindo a inteligência judia	**100**
O grito inaudível	101
"Somos todos Palestina": a literalidade insuspeitada da consigna	107
Antropologia, religião e ética	**116**
Antropologia e direitos humanos: alteridade e ética no movimento de expansão dos direitos universais	117
Um paradoxo do relativismo: o discurso racional da antropologia frente ao sagrado	159
Pensar o mundo a partir da América	**208**
O legado de Aníbal Quijano em algumas de suas falas e seus feitos	209
Aníbal Quijano, o protagonismo da comunidade na história e a politicidade das mulheres: um diálogo com Abdullah Öcalan	229

Apresentação

Os ensaios que compõem este volume vieram à luz ao longo de três décadas. Trata-se de textos que se encontravam dispersos, perdidos, quase inacessíveis. Nesse período, um pensamento crítico e decolonial por longo tempo intuitivo, poderíamos dizer *avant la lettre*, foi se fermentando no tratamento dos vários campos presentes neste volume: o patriarcado como violência originária, o fracasso do punitivismo como meta da Justiça, o que os museus não entendem – sobre eurocentrismo e seu caráter intrinsecamente racista –, a chaga aberta da Palestina, a antropologia perante a religião e a ética e, ao fim da antologia, os textos sobre o autor que veio a definir a perspectiva crítica da colonialidade do poder e sua forma de pensar o mundo a partir da América Latina, Aníbal Quijano.

As desobediências em que esses textos incorrem são de diversas ordens. O que elas têm em comum, porém, é o fato de abordar questões sempre pela sua faceta deixada à sombra, invisível, nos seus tratamentos habituais. A leitura se faz pela porta dos fundos, pela face obscura de cada tema.

Dois textos críticos sobre o patriarcado abrem o livro. Neles, revejo o meu longo percurso de reflexão e formulo uma hipersíntese do meu modelo de compreensão da violência baseada no gênero. Esse percurso tem início no momento em que indago – junto a uma equipe de estudantes – a mentalidade dos sentenciados por estupro na penitenciária de Brasília durante os primeiros anos da década de 1990, percorre meus estudos sobre como as chamadas novas formas da guerra de última geração afetam a vida das mulheres, para então chegar, nessa narrativa, ao exame do impacto da destruição das sociedades de estrutura comunal pelo permanente avanço da frente colonial ou da colonialidade do poder nessas vidas. Esses textos propõem também uma nova politicidade, de cunho feminino, caudatário de outra história e de outra tradição. O caminho das mulheres revela-se assim capaz de colocar fim à longuíssima história, de grande profundidade temporal, do patriarcado. Patriarcado de longuíssimo tempo que, como aponto também nos primeiros ensaios, se inicia na era fundadora do relato adâmico, mas se exacerba mudando de estrutura com a conquista do Novo Mundo e pela sua afinidade inconteste com a fase atual do capital, que descrevo como "senhorio".

Por meio dessas análises é possível enxergar o que poderíamos considerar duas constatações e também duas metas: sem derrotar o patriarcado não será possível reorientar a história na direção de um horizonte mais favorável – nenhum "patriarcão" fará a revolução, como intitulo um dos textos –, e, portanto, devemos entender que a luta antipatriarcal é uma luta antissistêmica porque as lutas das mulheres não são contra os homens, mas contra uma ordem política fundacional, que alicerça todo o edifício das desigualdades e extrações de mais-valia: o patriarcado. Não é por outra razão que em pouco mais de uma década, um tempo muito breve em comparação com os longos setenta anos das lutas feministas do século XX, os defensores da ordem política patriarcal colocaram na rua seus rebanhos – rebanhos que, quando indagados sobre o que estão defendendo, pouco sabem explicar.

O segundo capítulo do livro recupera um texto no qual descrevo e analiso meu mergulho nas entranhas de uma instituição carcerária no Distrito Federal para cumprir a tarefa, encomendada em 1993 pelo secretário de Segurança Pública da cidade ao reitor da Universidade de Brasília, de entender o alarmante aumento dos estupros na sua jurisdição. Foi ali, naquele contexto de pesquisa, que comecei a analisar e entender os mecanismos da violência. Foi também a partir daquela experiência que refleti sobre a monstruosidade da "Justiça" na perspectiva do direito positivo e seu resultado: a punição tratada com base no princípio de contabilidade da restrição da liberdade. Dediquei-me então a examinar a diferença radical entre "responsabilidade penal" e responsabilidade no sentido filosófico. Tiveram início, portanto, dois grandes projetos no trajeto crítico que persigo até hoje: a percepção do equivalente universal como ferramenta central da colonial modernidade capitalista, quando escrevo que "a culpa passa a ser medida com referência ao equivalente universal e a relação entre a culpa e a sentença se comporta como uma relação entre coisas e não entre pessoas"; e a busca decolonial – que a partir daí empreendi no campo em que se cruzam a antropologia e o direito – pela produção de conhecimento e reflexão sobre "pluralismo jurídico", isto é, por outras formas de Justiça além da moderna ocidental, campo cuja ponta teórica se encontra no nosso continente.

Em seguida, incursiono na crítica decolonial dos museus ocidentais, tarefa que empreendi para responder ao Centro Georges Pompidou, em Paris, que me lançou a seguinte pergunta: "Em que e como o eurocentrismo prejudica os museus europeus?" ou "É o eurocentrismo um problema europeu?". A resposta foi dada em um encontro presencial com diretores de museus da Europa, e no texto incluído neste livro ganhou uma forma aforismática.

Também como parte do tema dos museus, incluí nesta antologia um comentário que fiz sobre uma grande mostra da pintora suíça Miriam Cahn intitulada *I as Human*. Nela, Cahn ilustra crueldade infligida sobre o corpo das mulheres nas guerras da ex-Iugoslávia. Como que estendendo a reflexão desenvolvida no meu ensaio "A escrita no corpo das mulheres assassinadas em Ciudad Juárez" (localidade na fronteira norte do México no estado de Chihuahua), onde ocorreram diversos feminicídios, nesta abordagem analiso o horizonte aberto ao qual se dirigem os corpos femininos lastimados, levando consigo as suas crias, para falar de agência, de busca, de esperança e de futuro na mão das mulheres. Uma fuga na direção de um ponto incerto, indefinido. Um caminho na incerteza, mas defendendo a vida como somente as mulheres, com sua politicidade própria, sabem proteger, mesmo que nas condições mais penosas.

A Palestina como expressão de uma verdadeira colonização contemporânea, um campo de concentração vivo, não poderia estar ausente do volume. Sobre o tema reúno dois textos que foram publicados na imprensa do México e da Argentina. Em um deles procuro explicar por que todas as tentativas de boicote à política de Israel em relação à Palestina têm fracassado e por que esse grito é inaudível. No outro, mostro a minha perplexidade ao perceber que, apesar da fé jurídica, vivemos em um mundo sem direitos.

A seguir, incluem-se dois textos teóricos sobre antropologia, discutindo como a disciplina que dispõe de todas as ferramentas para abrir frestas decoloniais na civilização imperial, eurocêntrica, por alguma razão ainda a ser compreendida, não o fez. Nesses textos, inspirada na proposta levinasiana, defendo a ideia de que é o rosto do outro que nos guia na ampliação de uma ética da insatisfação; é o *Outro* que nos mostra o caminho e é capaz de expandir o campo dos direitos humanos. Da mesma forma, busco mostrar nessas análises como a nossa disciplina impõe uma racionalidade moderna e imbuída do que hoje chamamos "colonialidade" quando desconsidera e instrumentaliza a sacralidade e o afeto ao ler os cosmos de outros povos.

Finalmente, a voz do grande formulador da perspectiva aberta e orgânica da colonialidade do poder, Aníbal Quijano, faz-se ouvir por meio de dois textos muito recentes, ambos originados em palestras apresentadas em eventos da Cátedra Aníbal Quijano que dirijo no Museu Reina Sofía em Madri.

Talvez esta breve apresentação dos textos aqui reunidos já permita que se compreenda a escolha do título do livro; mas acredito que valha ainda contar uma pequena história. Encontrava-me em uma ocasião, na Argentina, sentada a uma mesa com alguns colegas, entre os quais um célebre jornalista, Reynaldo Sietecase. Eu havia acabado de ser encarregada de uma cátedra recém-criada na Universidade Nacional de San Martín, em Buenos Aires, quando meu telefone tocou urgindo-me a dar um nome a ela. Como eu não encontrava uma resposta, meu amigo jornalista falou do outro lado da mesa em voz altissonante: "Cátedra Rita Segato de pensamento incômodo!" Perplexa, o inquiri: "E por que deveria se chamar dessa maneira?" Ele respondeu: "Rita, quando você pensa, incomoda."

Tilcara, outubro de 2022

Patriarcado como violência originária

Refundar o feminismo para refundar a política[1]

Ao longo de 25 anos, tenho pensado na questão da violência contra as mulheres como se fosse a parte final de uma antiga reflexão sobre a estrutura de gênero ou do patriarcado. Essa reflexão teve início num trabalho de campo desenvolvido em meio a membros de uma religião afro-brasileira para minha tese de doutorado, defendida em 1984, a qual continha um longo capítulo sobre o assunto. Portanto, tendo em mãos minha abordagem em torno do tema, a questão racial e o mundo dos afrodescendentes entram em cena desde o primeiro dia. Contudo, a atenção geral em nosso continente tende a se voltar muito mais à violência contra as mulheres e muito menos ao problema da discriminação racial e do racismo.

Isso posto, mostrarei aqui um breve panorama de minha jornada, chegando a algumas descobertas que fiz há pouco tempo, mas que, ainda assim, configuram um afastamento do caminho anterior. É importante que eu me refira àquele trajeto porque minhas categorias atuais representam o desenvolvimento de conceitos que foram se desdobrando desde a minha primeira abordagem sobre o tema da violência de gênero.

---

[1] R. Segato, "Refundar el feminismo para refundar la política", conferência apresentada no Congresso "Cuerpos, Despojos, Territorios: Vida amenazada", Universidad Andina Simón Bolívar, Quito, 16-19 out. 2018. (N.E.)

Em meu livro *As estruturas elementares da violência*,[2] proponho o entendimento da violência contra as mulheres como o resultado do cruzamento de dois eixos; de uma economia simbólica que flui ao longo do cruzamento desses dois eixos. Por um lado, essa economia simbólica conecta um eixo constituído pelo relacionamento entre o agressor e a vítima, no qual o agressor personifica o polo moral do circuito. Sua moral é uma condição muito arcaica no imaginário coletivo, que reedita uma estrutura mítica presente em todos os continentes: o mito de Adão e Eva. Do que fala esse mito – que tem réplicas na África, na Nova Guiné, na Oceania, no mundo ameríndio? Fala de indisciplina, de desobediência, de desrespeito, do crime ou do pecado da mulher original, e de sua punição como um momento inaugural na história de um povo. Fala da tomada de poder pelos homens por intermédio da punição das mulheres e da construção, a partir daí, de dois posicionamentos: o feminino e o masculino.

Atualmente, há um debate nos círculos feministas decoloniais: uma das vertentes afirma a inexistênciado do patriarcado no período pré-colonial, ou seja, antes das invasões e da colonização. No entanto, a extraordinária dispersão planetária dessa mítica motivação da origem fala, na versão de diversos povos, do caráter arcaico e fundacional da subordinação feminina à lei do pai como um passo inicial que guia a história humana. Essa estrutura mítica do erro feminino e de sua punição é recriada, replicada e reeditada a cada violação. O estuprador é o sujeito patriarcal que punirá e colocará as mulheres em seu devido lugar, e o estupro é um ato que prende as mulheres a seus corpos como sinal de uma posição inescapável, de um destino silenciado. É o ato moralizante, disciplinador do estuprador em relação à mulher violentada, que, reduzida a seu corpo, perde a própria pessoalidade em sua completude ontológica – ela será uma pessoa limitada, diminuída em sua

---

2   R. Segato, *Las estructuras elementales de la violencia*, 2003. (N.A.) A Bazar do Tempo lançará a tradução da obra em 2023. (N.E.)

humanidade e incapaz de personificar a posição de representante da lei.

O estupro não resulta de uma cultura em particular. Trata-se da evidência da continuidade e da exacerbação de uma ordem política arcaica: o patriarcado. Esse mito, em suas variantes, vem para nos dizer que é a ordem política mais arcaica de todas, aquela que funda a primeira forma de opressão e de expropriação de valor: a opressão e a expropriação de um posicionamento feminino pelo masculino. Durante um longo período da humanidade, que se estende até a era colonial, esses eram e continuaram a ser dois posicionamentos na ordem comunal, embora não necessariamente dois corpos: os posicionamentos que emanam da divisão sexual do trabalho, dos papéis e dos afetos, e que emanam de duas histórias interligadas como masculino e feminino, não em essência engessadas e determinadas por um tipo de corpo. É indubitável que a dominação por meio do corpo tem relação com as invasões e com as colonizações. Assim, pode-se dizer que, como ocorre com a raça, a invasão e a colonização atribuem uma "natureza" e, depois, uma biologia ao posicionamento do dominado. A raça inexiste antes do momento histórico das invasões, porque é uma atribuição ao posicionamento do derrotado de uma natureza – e, num momento posterior, de uma biologia – diferenciada e inferior. Portanto, ela ocorre a partir do aprisionamento de uma anatomia, de um fenótipo, sinalizando uma posição na história. Da mesma forma, no processo de invasão e colonização, o posicionamento feminino é também aprisionado pelo corpo-significante, para ser percebido de modo equivocado mais como uma natureza do que como um posicionamento na história. Esses dois processos, a sexualização do posicionamento de gênero e a racialização, portanto, revelam-se análogos e contemporâneos em suas estruturas.

O processo de colonização envolve a imposição de monoteísmos ao cosmos não monoteísta do mundo indígena e a adesão à modernidade-colonial, com sua transição rumo à estrutura binária de anomalização, minorização e marginalização das diferenças a partir de um centro que relega seus outros à condição de minorias residuais em relação ao sujeito universal. Conforme dito antes, o dual e o binário representam duas estruturas drasticamente distintas. A estrutura binária se desdobra em uma variedade de binarismos nos quais o segundo termo se torna uma função – e, também, uma invenção – do primeiro: desenvolvido/subdesenvolvido, branco/não branco, moderno/primitivo, civilizado/bárbaro, sujeito universal (Homem)/minorias. Enquanto o mundo pré-colonial é dual, o mundo colonial/moderno é binário, e o binarismo é o mundo do Um e seus Outros – a mulher, assim, se converte no outro do homem; o negro, no outro do branco; a sexualidade homoerótica, no outro da heterossexualidade etc. Dessa forma, apenas um termo é ontologicamente completo, ao passo que os outros são anômalos. O homem com letra minúscula, um entre muitos, do mundo comunal, transforma-se no Homem com H maiúsculo do humanismo moderno e passa a encarnar, a incluir, a sequestrar quaisquer discursos e ações que se pretendam políticos; passa a iconizar, com seu corpo, todo o universo da politização. É quando nos deparamos com a invenção das minorias. A racialização e a genderização deixam de ser diferenças num ordenamento hierárquico e tornam-se restos, margens do sujeito.

A lei vai gerar paliativos e remédios para os resíduos de todas essas anomalias do sujeito universal. E esse é um dos efeitos da modernidade, do humanismo moderno. Falamos de humanismo, entretanto, na realidade, talvez não tenha havido período mais desumano na história. É um estágio no qual um sujeito universal é produzido; porém, na realidade, ele tem um rosto, um corpo na imaginação coletiva. Um homem com letra minúscula é transformado num Homem com letra maiúscula, sinônimo de humanidade; seus outros irão aparecer, e todas as diferenças irão se tornar anomalias daquele sujeito universal completo. Assim, entramos no período ameaçador, o qual avança numa direção também ameaçadora: a modernidade-colonial. Somos incapazes de perceber com nitidez sua natureza perigosa, porque nossa visão está nublada pelos preconceitos negativos em relação à vida comunal, bem como pelos preconceitos positivos em relação à cidadania. Ambas são visões preconceituosas, informadas por falsas crenças. Para a maioria da América Latina, a ficção institucional, o mito do cidadão, tem se mostrado um construto inatingível.

Esse universo denso de masculinidade e sua história colonial precisam ser entendidos a fim de compreendermos o ataque do estuprador contra a vítima. O que acontece quando um corpo é apropriado, dominado, estuprado. Sem entender o caráter inteiramente político do ato do estupro e a estrutura de poder particular que ele sugere, torna-se impossível compreender a natureza desse crime no mundo contemporâneo, uma vez que ele põe em movimento um processo histórico no qual um sujeito se alimenta e se constrói por meio da fagocitose de seu imensurável *alter*, e esse *alter* é a substância que o constitui.

O outro eixo, horizontal, tem relevância, embora esta não tenha sido reconhecida da forma devida. Trata-se do eixo do sujeito masculino com seus pares. Do agressor com seus "parças". A maioria dos estupros e agressões contra o corpo feminino não é cometida em isolamento. Não são os homens solitários, anormais, esquisitos, loucos, doentes mentais com uma propensão ao crime que perpetram esses crimes. A maioria dos estupros são realizados de maneira coletiva, em grupos, em gangues. E isso contradiz o senso comum alimentado o tempo todo pela grande mídia. No entanto, os dados mostram – incluindo os dados de minhas pesquisas – que esse agressor está sempre acompanhado, mesmo quando os sujeitos que lhe são relevantes, seus "parças", não estão fisicamente ao seu lado. E por que ele está acompanhado? Porque ele está examinando, está mostrando uma coisa a alguém. Onde está sua libido? Como ele é capaz de estuprar? E, ao falar disso, é útil mencionar um caso paradigmático: o caso do município mexicano de Atenco. O caso da mulher de 73 anos de idade que foi vítima de violência sexual por um grupo de policiais durante um protesto contra a tomada de Atenco para a construção de um aeroporto. Ela é estuprada por muitos, chega a denunciar a agressão, mas morre pouco tempo depois. Então, onde fica a libido neste caso? Que libido leva alguém, que não é de fato um objeto do desejo sexual, a ser estuprado? Que desejo é esse? Por que o aspecto fisiológico é acionado sobre um corpo que não seria capaz de acionar a libido, e numa situação de guerra da qual a libido sexual não faz parte?

Quando escrevi os textos que integram *As estruturas...*, falei de um mandato masculino ao qual me referi como "mandato do estupro", ainda sem me perguntar como é possível, do ponto de vista fisiológico, que um estupro aconteça em meio a condições que são, naturalmente, de extrema tensão – como as condições de qualquer crime, todos os desacatos à lei, ocorrem. Muito depois passei a entender que o lugar ocupado pela libido, aquilo que desperta o desejo, é o "espetáculo do eu" como dominador, como devorador de um *alter* nutritivo na busca por um posicionamento como sujeito de poder. Trata-se da libido situada no espetáculo. De uma libido narcisista que retroalimenta o sujeito. A alegria é aprisionada no narcisismo do sujeito e no espetáculo de poder diante de si mesmo e dos olhos de seus iguais, dos membros daquilo que, em *As estruturas...*, eu chamo de "fraternidade" ou "irmandade" de homens, e que, em meus textos e entrevistas mais recentes, identifico como uma "corporação masculina", uma vez que entendo hoje em dia que a estrutura da masculinidade é corporativa.

Ao identificar a estrutura corporativa da masculinidade, torna-se possível entender que ela é a matriz replicada em outras corporações em atuação na sociedade: a polícia é uma corporação, as Forças Armadas são uma corporação, o Poder

Judiciário é uma corporação, a máfia é uma corporação, e a academia costuma se comportar de modo corporativista. Esses são os inimigos corporativos do bem comum. Por exemplo, de acordo com as conclusões de uma investigação que acabei de finalizar em nome da Polícia Civil Nacional de El Salvador, a natureza corporativa da instituição policial evita a inserção adequada de servidoras femininas em suas fileiras, e seu processo de integração nunca se completa.

Quais são as duas características *sine qua non* de uma corporação, as características que lhe conferem a peculiaridade singular do ordenamento corporativo? Ao identificá-las, temos acesso à natureza sinistra e abertamente conspiratória desse tipo de estrutura. A corporação tem duas características centrais que fazem dela um artefato com grande potencial antissocial. A primeira delas é que o principal valor a governar a estrutura da corporação e ao qual todos os demais valores são subordinados – inclusive a proteção à vida, à dignidade e até a proteção da propriedade –, ou seja, o valor que não pode ser quebrado de jeito nenhum, é a lealdade à corporação. Isso um comportamento grupal semelhante ao que Edward Banfield[3] há muito descreveu, referindo-se a famílias no sul da Itália, como "familismo amoral". Nesse tipo de associação, o traço moral dominante é a lealdade corporativista, com punição severa daqueles que se desviarem dela. A segunda característica é a estrutura rigidamente hierárquica da corporação, na qual há competição intensa, mas, ao mesmo tempo e devido ao primeiro princípio, há subordinação e lealdade àqueles que se impõem e ascendem à posição de comando. A hierarquia de ferro dentro da corporação exige de seus membros a verificação do mérito, o "mérito" que lhes permite permanecer no arranjo corporativo de masculinidade. Tal exigência é violenta porque demanda do sujeito que consiga produzir o espetáculo de sua

---

3   E. C. Banfield. *The Moral Basis of a Backward Society*, 1958. (N.A.)

capacidade de dominação, de controle territorial, de poder. Em condições ideais – cada vez menos frequentes –, o sujeito será capaz de exibir diante de seus iguais alguns dos sete poderes que, interligados e intercambiáveis, podem ser considerados o predicado de um posicionamento masculino: os poderes sexual, físico, bélico, econômico, político, intelectual e moral. Num cenário de precarização crescente das condições de existência e de violação, típicas da fase contemporânea do capital, apenas o recurso à dominação violenta permitirá acesso ao espetáculo de poder demandado pelo "mandato de masculinidade" ou pelo "mandato corporativo."

O mandato de masculinidade transforma-se, assim, num "mandato de estupro". Conforme argumento presente em *As estruturas...*, o sujeito será levado ao posicionamento masculino corporativo por meio da "arrecadação de um tributo" extraído da posição que, como efeito daquilo que flui no meio desse circuito de economia simbólica, será feminina; um tributo que flui do posicionamento feminino ao masculino, constituindo-o.

A partir desse momento, inicio um grande esforço, o qual tem sido feito ao longo de 25 anos, e nem sempre é bem compreendido, com o objetivo de dessexualizar ou de remover a libido da agressão sexual e de tentar evidenciá-la como um crime de poder, de apropriação, de controle territorial, à medida que ela é também um controle sobre corpos. O espetáculo de masculinidade é o espetáculo da capacidade de controle como prova de poder. O estupro visto como violência expressiva, não instrumental, utilitária, no sentido usual do termo, acessível ao senso comum, conforme tenho explicado até aqui, é claramente manifesto no caso dos feminicídios na Ciudad Juárez.[4] No que diz res-

---

[4] A autora foi chamada a Ciudad Juárez para dar sua interpretação sobre o caso dos feminicídios em série e a experiência deu origem ao artigo "A escrita no corpo das mulheres assassinadas em Ciudad Juárez", incluído no livro *A guerra contra as mulheres*, que será lançado no Brasil pela Bazar do Tempo. (N.E.)

peito a esses feminicídios, perpetuados até os dias de hoje, com corpos agora abandonados num novo deserto e num espaço fronteiriço, chamado Arroyo el Navajo, a crença comum é a de que esses crimes são utilitários: que as mulheres foram sexualmente exploradas em bordéis e, depois, eliminadas. A tendência do senso comum, promovida pela grande mídia e pelas autoridades, é continuar a divulgar acontecimentos estranhos por meio de uma explicação de natureza instrumental. No entanto, desde minha visita em 2006, minha tese sobre esses feminicídios tem sido diferente, alinhada à ideia do crime sexual como ato expressivo e territorial: a arbitrariedade do sequestro e da privação de liberdade, o grau de impunidade e a crueldade aplicada revelam que estamos diante de um espetáculo de poder e de soberania jurisdicional dos donos do lugar. Esses crimes são maneiras de dizer que o território tem dono. Nesse cenário, os corpos das mulheres são a tela sobre a qual a mensagem de impunidade, de poder irrestrito, arbitrário e discricionário é escrita no território de Ciudad Juárez e, até o presente, de todo o México, em seu processo de "Juarização".

Tais atos são típicos crimes de poder, nos moldes em que o poder demonstra sua existência, em que fala a língua de capacidade de decisão e violência. Vem daí a impossibilidade de resolvê-los. Essa foi minha interpretação dos feminicídios em Ciudad Juárez, uma interpretação que recebeu a aprovação das mães e ativistas com quem conversei na época de minha investigação do caso, durante a primeira década deste século. Quando visitei Chihuahua, em 2012, a fim de atuar como juíza no Tribunal Permanente dos Povos, pude confirmar que elas não vivem mais lá, pois se tornaram vítimas de perseguição, de ameaças e de assassinatos de membros da família, ou, em alguns casos, do próprio grupo de mães. Todas foram embora. Lá, encontrei um novo grupo de mães e descobri que, infelizmente, não houve continuidade ou transmissão daquilo que foi compreendido por aquelas entre nós que trabalhamos nos casos do período inicial dos feminicídios, nem houve conhecimento passado de uma geração à outra. Tampouco houve acúmulo de experiência.

Meu modelo de entendimento do fenômeno, bem como outras hipóteses existentes, nunca poderá ser confirmado, pois, como costumo dizer, as formas pelas quais o poder decide e faz acordos são inobserváveis. Uma característica essencial das decisões de poder é a impossibilidade de observar como elas são feitas. Elas podem apenas ser deduzidas, como fazem os detetives, por meio da montagem de um quebra-cabeça com as peças ou as evidências de um caso. Podemos apenas ter acesso às consequências das decisões do poder como epifenômenos, fenômenos verificáveis que nos permitem fazer apostas sobre o que está nos bastidores. Em minha análise das evidências às quais tive acesso no caso da Ciudad Juárez, concluí que os feminicídios constituem uma mensagem de soberania territorial, ou seja, de controle jurisdicional. A discricionariedade do tratamento dado às vítimas e a impunidade são a própria mensagem que se deseja propagar. A capacidade de decisão do dono do poder é o espetáculo. Um dos aspectos dessa arbitrariedade é a aplicação da crueldade aos corpos aos quais me refiro como "inocentes de guerra", ou seja, aos corpos que, num imaginário arcaico, não correspondem ao inimigo em tempos de conflito, ao pequeno soldado armado do lado oponente. Nesse caso, como ocorreu de modo paradigmático em Ciudad Juárez, a crueldade e a impunidade são a mensagem, devido à ausência de qualquer utilidade real da violência aplicada. O assassinato cruel de um membro armado do lado inimigo é recebido pela opinião pública como um ato por si só; em suma, um ato normal de guerra. Entretanto, diante do assassinato cruel de mulheres e crianças, a opinião pública percebe outra mensagem, talvez difícil de decifrar a princípio; porém, a arbitrariedade se faz presente como significado, e a dor social é maior. A capacidade de uma crueldade sem limite ou motivo, sem utilidade, destaca-se como mensagem. Nesse sentido, acredito que o caso dos 43 jovens desaparecidos em Ayotzinapa tem a mesma estrutura dos feminicídios em Ciudad Juárez, uma vez que a impunidade, longe de ser um problema, é o que se exibe em ambos os casos.

Relembro um fato muito interessante que talvez seja pouco conhecido. Quando a Corte Interamericana de Direitos Humanos julgou o Estado mexicano pelo caso "campo algodoeiro",[5] em 2009, em Santiago do Chile, a juíza chilena Cecilia Medina foi forçada a dar seu voto dissidente e em separado, embora estivesse presidindo o tribunal, pois este se recusava a enquadrar os crimes na categoria de crimes de tortura. Esse é um fato muito interessante, porque a tortura é um crime inteiramente público, contra o Sujeito Universal; mas o que a corte impõe ao rejeitar o caso como tortura, conforme a imaginação moderna e o senso comum, é relegar toda agressão contra o corpo das mulheres ao âmbito do que é íntimo e libidinoso-sexual. Meu esforço contínuo em compreender esses crimes foi justamente o oposto: trazer os crimes contra as mulheres ao terreno da coisa pública. Ao campo dos crimes inteiramente políticos. No entanto, conforme já adverti, no aparato cognitivo da modernidade, toda agressão sexual sempre acaba sendo capturada e sequestrada no campo do que é íntimo e pessoal, do interesse particular e privado. É necessário identificar esse equívoco, pois, se deixarmos de fazê-lo, não sairemos do lugar, e, para a Justiça, os crimes contra as mulheres serão sempre – e isso é uma categoria, "um crime menor": nesse esquema cognitivo afetado pela noção de gênero da modernidade colonial, a Justiça sempre verá as violações contra nós como crimes menores.

---

5 O caso "campo algodoeiro", conhecido também como caso "Gonzaléz e outras", ocorreu em Ciudad Juárez, no México, onde várias mulheres foram brutalmente assassinadas, entre elas Claudia Ivette Gonzalez, Esmeralda Herrera Monreal e Laura Berenice Ramos Monárrez. O caso foi julgado pela Corte Interamericana de Direitos Humanos em 2009, quando pela primeira vez uma corte internacional reconheceu o conceito de feminicídio para caracterizar a morte de mulheres como uma violência de gênero. (N.E.)

Ao sair da vida comunal rumo à sociedade nacional, à sociedade do cidadão, com a nuclearização do espaço doméstico, o aparato moderno-colonial passa a associar as mulheres àquele reduto privado e íntimo ao qual elas são historicamente vinculadas. Essa é a razão para a despolitização do posicionamento feminino no ambiente da cidadania com o desmembramento da comunidade. Na vida comunal, o universo doméstico não é entendido como íntimo ou privado; ele só será privatizado e despolitizado na transição para a modernidade-colonial. A politização era e é de outro tipo no ambiente comunal, onde ela persiste, ainda que esgarçada pela intervenção colonial. É também na captura e no encapsulamento da família nuclear moderna que as mulheres e suas proles se tornam vulneráveis e matáveis como nunca antes.

Os feminicídios de Ciudad Juárez são crimes inteiramente públicos, mas isso desafia o senso comum e se torna difícil de entender, algo opaco à compreensão. Segundo minha interpretação, eles falam da soberania jurisdicional dos poderes ocultos, do lado oculto do poder econômico, do poder corporativo vinculado às indústrias de maquila. Eles criam um território dominado pelo terror, um terror expresso com crueldade sem razão, a crueldade sobre os corpos dos sujeitos – os sujeitos inocentes de guerra.

No caso de Ciudad Juárez, eu ainda não vejo a crueldade imposta ao corpo feminino no contexto de um cenário de conflito, como farei mais tarde, durante a atuação como perita no julgamento do caso Sepur Zarco, na Guatemala,[6] ou ao tratar da questão do conflito de gangues no Triângulo Norte da América Central. Diante desses novos cenários, falarei sobre "Novas formas de guerra e os corpos das mulheres".[7]

---

6   Rita Segato trabalhou como perita antropológica e de gênero no julgamento histórico que condenou membros do Exército da Guatemala pelos crimes de escravidão sexual e doméstica contra mulheres da etnia quekchi (ou g'egchi) da comunidade de Sepur Zarco, durante os anos de guerra civil no país. Quinze mulheres sobreviventes foram responsáveis pela luta por justiça, que durou de 2011 a 2016. (N.E.)
7   R. Segato, "Novas formas de guerra e os corpos das mulheres", *Revista Sociedade e Estado*, vol. 29, n. 2, maio-ago. 2014. (N.A.)

No artigo sobre Ciudad Juárez, falo da existência de um "segundo Estado" a fim de nomear uma esfera paraestatal de controle da vida, ou seja, um Estado paralelo constituído por "donos" que estabelecem sua própria lei como se fosse a lei do território, com linhas de comunicação muito bem irrigadas entre ele e o Estado propriamente dito, num estágio posterior, apesar da expansão de uma economia, de uma legalidade e de um poder policial paralelos que governam a vida de cada vez mais setores das sociedades latino-americanas sujeitos ao controle de gangues e de organizações criminosas. Falarei agora de uma "segunda realidade". Distingo, portanto, uma primeira realidade – que tem se tornado completamente ficcional na atualidade –, a ficção institucional, a ficção do Estado, com seus advogados e juízes, com os negócios declarados dos que pagam impostos, de uma segunda realidade, que chamo de "esfera paraestatal de controle da vida", em franca expansão no continente. Assim, hoje em dia, a tentativa de explicar o acúmulo capitalista por meio das relações de capital-trabalho se mostra insuficiente, do mesmo modo que alguns esquemas marxistas são inadequados na reflexão sobre o acúmulo e a concentração.

Uma boa parte do acúmulo de capital vem dessa segunda realidade, em especial em países como os de nosso continente, onde o relacionamento Estado-sociedade não tem a mesma estrutura do relacionamento Estado-sociedade nas formações nacionais da Europa Central. Em nosso continente, inexiste empresa sem um pé na segunda realidade, que não atue acima ou abaixo do limite entre o que é legal e o que é ilegal. Assim, ao escrever um dos subtítulos do texto mencionado, percebi que o que eu havia considerado alguns anos antes, no artigo sobre Ciudad Juárez (em 2006) – a articulação tentacular, prostética, do Segundo Estado com o Primeiro Estado –, tinha se alterado de modo radical e, em meu entendimento do fenômeno, ocorrera uma inversão. Portanto, quando escrevi "As novas formas de guerra", em vez de chamar um dos subtítulos principais de "A captura do Estado pelo crime organizado", inverti a ideia transformando-a em outra que se mostrou muito mais precisa e verdadeira: "A captura do crime organizado pelo Estado". Minha percepção, e talvez a própria realidade, da relação Estado/organização-paraestatal sofreu uma transformação radical.

O Estado captura o crime e o burocratiza. É possível que uma das razões de vermos tantos filmes sobre Pablo Escobar ultimamente, descrito como um anti-herói que seduz as massas apesar da crueldade, seja o fato de que Pablos Escobar e Robins Hood não existam mais nem voltarão a existir. Pablo era um herói anti-Estado, antipoder e anticultural. Após a transformação radical da organização criminal, esta deixa de se posicionar contra o Estado. O Estado a capturou, e de várias maneiras. A captura do crime organizado pelo Estado leva a um destino de fracasso institucional anunciado já na fundação de todas as nossas repúblicas. Esse erro fundacional as torna vulneráveis ao crescimento da esfera paraestatal de controle da vida, a qual assume diversas formas, tais como a ação paramilitar e parapolicial em guerras repressoras, a absorção de antigos repressores pelo mercado de trabalho dos serviços de segurança privada, a divisão do trabalho policial entre legal e ilegal em ações de rua e as execuções extrajudiciais cada vez mais comuns no continente. Situo aí, também, o crime organizado e as gangues de vários tipos, como aquelas originadas em antigos comandos paramilitares que se expandiram no território e acabaram se convertendo em padrões de ordem para setores crescentes da população. Em alguns países, elas representam uma forma de terceirização da vigilância da população. Outra dimensão das organizações paraestatais é a paralegalidade, com regulamentos impostos aos habitantes das áreas sob seu controle e conjuntos de regras rígidas que devem ser estritamente obedecidas sob pena de severa punição sumária, caso ocorra indisciplina. Num requerimento específico da paralegalidade, ela precisa ser exibida, uma vez que não dispõe de códigos declarados. Sua forma de enunciação é, justamente, a arbitrariedade, a falta de razoabilidade na aplicação da crueldade aos corpos vistos pelo senso comum como "inocentes de guerra", ou seja, corpos que não são os do inimigo. A consequência da validação de uma regulamentação paralegal é o uso arbitrário da força, o espetáculo da crueldade por meio da mera exibição.

Nesse cenário, é importante ressaltar, acima de tudo, a importância da economia paralela, resultado de uma série infinita de pequenos, médios e grandes negócios ilícitos que produzem imensas quantidades de capital não declarado. São negócios de vários tipos: diversas formas de contrabando, tais como o tráfico de drogas e de armas; tráfico, consensual ou não, envolvendo adultos e crianças; tráfico de órgãos; tráfico de uma enorme quantidade de bens de consumo legalizados oriundos de outros países, incluindo bebidas alcóolicas, drogas legalizadas e componentes eletrônicos, entre muitos outros que são, depois, vendidos no comércio legal. Além do envio para fora do país de minérios estratégicos, pedras preciosas, madeira e até animais exóticos. Ademais, a exploração da prostituição em áreas muito povoadas, nas quais as mulheres são submetidas em especial, mas não apenas, ao trabalho sexual escravo, movimenta muito dinheiro.

Outras fontes desse grande lago de capital submerso, subterrâneo, não declarado e incalculável são as casas de apostas, os cassinos (públicos ou clandestinos), além das igrejas neopentecostais, nas quais o dízimo não pode ser dimensionado; tampouco é possível saber se valores oriundos de outros negócios são acrescentados ao montante. É muito difícil mensurar o dinheiro que circula nesses lugares. Inclui-se, ainda, o pagamento de várias formas de proteção mafiosa, tais como, por outro lado, os serviços de segurança privada, cuja contabilidade é sempre ambígua, porque é comum contratar "por fora", para o mesmo serviço, o trabalho de policiais em horários de folga. Há ainda o valor obtido pela ausência de remuneração de um contingente numeroso e crescente de pessoas que trabalham em condição servil ou análoga à escravidão, sem pagamento na forma de salários declarados, bem como a diferença entre os valores de pagamentos declarados e não declarados; as várias magnitudes do suborno, bem como o dinheiro circulando no tráfico de influência e na compra de filiação política; a corrupção que cerca todas as grandes obras, ambientes mediados pelos contratantes das megacorporações com conexões transnacionais; a evasão de divisas nos grandes negócios, dos impostos dos setores ricos da sociedade (não das classes médias estupidamente hipercuidadosas que vivem de seus salários). E a lista poderia seguir em frente. Estamos convencidas, portanto, de que essa é uma segunda economia de tamanho e riqueza extraordinários.

Nesse novo mundo, caracterizado por formas de controle paraestatal de contingentes humanos cada vez mais numerosos, instala-se um conflito difuso e persistente, com números de mortes de magnitude bélica. Falamos, portanto, de novas formas de embate, que expandem de modo progressivo seu cenário sobre o continente e que refletem a descontinuidade na história bélica, uma descontinuidade já identificada em disputas informais em outros continentes, desde a Guerra da ex-Iugoslávia (1991-2001). Nesses confrontos, sem declaração ou armistício, que ninguém começa ou termina, como nas batalhas contemporâneas de todas as magnitudes, a ideia de uma descontinuidade ou de uma mudança histórica se refere ao fato de que a guerra, hoje em dia, não inflige dano colateral aos corpos das mulheres, mas, como outros autores já perceberam, considera esses corpos um objetivo estratégico. Essas guerras têm sempre, em seu âmago, uma estrutura faccionária; e tanto a visão de mundo das gangues quanto a das religiões fundamentalistas são funcionais e relativas a essa natureza.

A transformação da guerra está associada a uma inteligência bélica que detectou que a destruição dos corpos das mulheres por meio da profanação sexual[8] ataca o sistema nervoso central da sociedade, uma vez que ela destrói o tecido social de maneira irremediável. Além disso, trata-se de uma arma barata, que ocorre graças ao recurso mais acessível de todos: o trabalho bélico constituído pela virilidade formatada por meio do "mandato de masculinidade" típico da pré-história patriarcal da humanidade e, em especial, pela curva histórica do momento, marcada pelo domínio dos relacionamentos em vigor na atualidade. A destruição da fé em sua santidade, ou seja, a profanação dos meios de reprodução de um povo, a demonstração da impotência de suas fontes de significado e de poder, é um objetivo bélico de primeira grandeza e – conforme defendi em meu parecer, na condição de perita diante do tribunal do caso Sepur Zarco, na Guatemala – atacar esses meios sagrados, esse verdadeiro centro gravitacional da reprodução e da continuidade de um povo, é uma violência "de manual".

Quando apresentei o esboço inicial de minha opinião de especialista na Cidade da Guatemala a uma audiência composta em sua maioria por representantes do movimento e cooperação das mulheres, me surpreendi ao ouvi-las defender a tese de que a extrema crueldade desencadeada contra as mulheres no genocídio indígena guatemalteco, em 1980, tinha raízes no patriarcado presente no ambiente doméstico dos camponeses e dos indígenas. Essa tese afirmava que a violência típica desse patriarcado tradicional do mundo camponês e indígena se intensificou no contexto da guerra e resultou nas atrocidades cometidas. Trata-se de uma tese insustentável e inadmissível, até porque, como já ocorreu em outros casos nos quais a mentalidade eurocêntrica tenta entender os problemas de nosso mundo, ela acaba atribuindo às vítimas a própria vitimização.

---

8   M. Kaldor, *New and Old Wars: Organized Violence in a Global Era*. 3 ed. Cambridge, Reino Unido: Polity, 2012. (N.A.)

É impossível aceitá-la porque, entre outras coisas, como deixo claro no parecer mencionado, com base nos dados coletados, a crueldade aplicada aos corpos das mulheres é parte de uma instrução bélica e é registrada como tal em vários manuais bélicos. Isso fica demonstrado pelo que se lê nesses manuais e é comprovado pelos testemunhos de soldados ao fim do conflito, nos quais se afirma que "não existe mais" a ordem de estuprar. Extraído de meu parecer, defendido diante de uma Corte de Risco Máximo, em 2016:

> O soldado costuma ter grande aversão às operações em estilo policial e às medidas repressivas contra mulheres, crianças e enfermos na população civil, a não ser que ele seja extremamente bem doutrinado em relação à necessidade dessas operações[9] [...] O Plano Sofia, elaborado com o intuito de guiar as ações de guerra na região Quiche, também estabeleceu que as vidas de mulheres e crianças deveriam ser respeitadas apenas "dentro do possível".[10] Isso dá margem a uma decisão que, conforme demonstrado pelos milhares de testemunhos reunidos por Ricardo Falla (em 1992), REMHI (em 1998) e pela Historical Clarification Commission (em 1999),[11] se tornou a própria rotina da guerra. Esses documentos provam que tanto a execução extrajudicial de mulheres e meninas quanto o estupro eram métodos corriqueiros adotados pelas tropas contra a população.

Por fim, a tese da violência de guerra como uma consequência da violência doméstica entre camponeses e indígenas é invalidada em definitivo pelo testemunho da especialista em

---

9   Centro de Estudios Militares – CEM. *Manual de Guerra Contrasubversiva.*, s/d. L. Muñoz. *Mujeres Mayas: Genocidio y delitos contra los deberes de la humanidad*, 2013. (N.A.)
10 Confederación Sindical de Comisiones Obreras – CCOO: *Plan de Operaciones "Sofia". Quitando el agua al pez*, 2012. (N.A.)
11 R. F. Sánchez, *Masacres de la Selva. Ixcan, Guatemala (1975-1982)*, 1992; Oficina de Derechos Humanos del Arzobispado de Guatemala, *Guatemala: Nunca más. Informe del Proyecto Interdiocesano de Recuperación de la Memoria Histórica-REMHI* (4 tomos), 1998; Comisión de Esclarecimiento Histórico-CEH, *Guatemala, Memoria del Silencio* (12 tomos), 1999. (N.A.)

linguística que, em seu relatório do caso Sepur Zarco, descreve a dificuldade encontrada por ela ao traduzir o que as testemunhas alegavam ter lhes acontecido. A tradução se tornou quase impossível porque, quando as mulheres começaram a contar o que lhes havia ocorrido, não dispunham de termos em suas línguas para nomear o ato do estupro. Os mais próximos que elas encontraram foram a palavra maia "muxuk" ("profanação") e a expressão "Maak'al chik inloq'a" ("Me deixaram sem respeito/dignidade"). A própria ausência de um léxico na língua maia quekchi para a palavra "estupro" prova que se trata de uma prática que, longe de ser um costume, como alegaram as representantes de cooperação, é instaurada a partir das atrocidades de guerra, atrocidades "de manual". Impressiona, também, o fato de a palavra que elas escolheram na língua quekchi ao descrever o que aconteceu tenha sido "profanação", uma vez que ela coincide com o que autores do outro lado do mundo, tais como a mencionada Mary Kaldor, alegam ser uma das características das novas guerras; guerras de profanação, nas quais os *loci* do sagrado para os povos são atacados: templos, sábios e mulheres, e, ao profanar tanto o sustentáculo que eles representam para o autorrespeito da coletividade quanto a coesão dos laços de reciprocidade e confiança, as bases que sustentam a permanência do tecido social são destruídas.

O que uma grande diversidade de ataques às mulheres nos revela é a centralidade do posicionamento feminino: o reposicionamento das mulheres como alvo, o uso excessivo da força dos fundamentalismos cristãos implantados no continente com o objetivo de armar a ordem patriarcal e protegê-la do avanço da crítica feminista e LGBTQIA+ e o barbarismo perpetrado contra as vidas e a saúde das mulheres por meio da persecução e da criminalização do aborto são evidências do papel destinado ao posicionamento feminino na transformação do mundo. O feminismo deve pegar essa mensagem e repensar a minoria, descartá-la. Nossos antagonistas do projeto histórico, os mestres da capacidade de delimitar nosso futuro, estão nos mostrando, com seu ataque apreensivo contra o bem-estar e a autonomia das mulheres, que a política passou às nossas mãos, e que é a partir de nossa posição que a história pode ser redirecionada rumo a um mundo benéfico para um maior número de pessoas.

Um Estado traiçoeiro em seu cerne nos força a encontrar um outro formato de política, um outro estilo de politização e a refundar o feminismo com uma retórica que valorize nosso estilo de gerenciamento como política. Essa outra política foi precisamente aquela reprimida na passagem à modernidade-colonial; foi interrompida, censurada, quando o espaço das tarefas masculinas sequestrou tudo que se pretendia por "gerenciamento" coletivo. Nessa passagem, a politização do espaço doméstico de gerenciamento da vida foi condenada em sua participação e em seu impacto na vida coletiva, e as mulheres se tornaram habitantes de uma paisagem vista como residual, marginal, "restos" da vida política. Isso afetou de modo severo nossa segurança, nos deixando desprotegidas e vulneráveis, além de violar e desproteger a vida coletiva. Por um longo período, a forma de gerenciamento feminino desaparece do vocabulário do que é considerado "política" ou "incidência nos interesses coletivos", e reaparece nos últimos tempos com demonstrações de mulheres de todas as gerações nas ruas da Argentina, irradiando por todo o continente.

O outro lado dessa refundação do caminho político do feminismo é a resposta a uma pergunta que ouvi em 2016, no município de Buenaventura, na costa do Pacífico colombiano. Lá, há populações negras com direitos constitucionais de habitação, nesse território estratégico atualmente cobiçado para a construção de três portos e um complexo hoteleiro planejado com o propósito de operar como um grande centro comercial oceânico dentro do Acordo Transpacífico.[12] Como o capital imobiliário consegue desalojar essas populações e liberar a área que elas ocupam em prol de novas construções? Só existe uma maneira: por meio da truculência e do terror. A crueldade imposta aos corpos como método. Gangues pagas com esse propósito semeiam o medo e forçam os habitantes a fugir. Diante da questão de como acabar com essa guerra, impossível de ser interrompida por meio de acordos de paz entre o Estado e grupos constituídos, tais como as Farc, vemos de modo preciso um caso de controle paraestatal das vidas dessas populações: a incerteza resultante e a fuga das pessoas diante de um inimigo difuso e onipresente, sem limites ou previsibilidade quanto às suas ações. Como acabamos com esse conflito? Eu não tinha resposta e precisei pensar nisso ali na hora, diante do público. Quando a descobri, ela de imediato se transformou numa das bases de meu pensamento atual e um dos discursos-chave do feminismo como eu o concebo: "Desarticulando o mandato de masculinidade." Somente desarticulando o mandato de masculinidade, com sua demanda pela demonstração de poder e pela capacidade de controle territorial, a força de trabalho e os recursos humanos deixarão de existir com o objetivo de alimentar batalhas informais e formais. Somente com a promoção da desarticulação do mandato de masculinidade será possível reorientar a história rumo a um destino melhor, mais favorável, para um número maior de pessoas. Ao entendermos isso, perceberemos também que a iminência dessa possibilidade (que não é outra senão a possibilidade do fim da pré-história patriarcal da humanidade) é capaz de explicar a virulência com que, num curto período, o vocabulário incorreto que ideologiza a categoria analítica de "gênero" foi implantado no discurso, e as marchas dos crédulos pelos direitos da família e do embrião foram plantadas nas ruas. O que esses discursos falaciosos

---

12 Firmado em 2016, o Acordo Transpacífico estabeleceu o livre-comércio entre doze países da Ásia (Japão, Brunei, Malásia, Cingapura e Vietnã), Oceania (Austrália e Nova Zelândia), América do Norte (Estados Unidos, Canadá e México) e América do Sul (Peru e Chile). (N.E.)

protegem? Bom, eles protegem a guerra, possibilitada por um patriarcado que ocupa um espaço de reprodução do trabalho bélico, informal e inseguro.

Recuperar a politização característica do espaço feminino, nomeando-o e reconhecendo-o como "político", e apoiando homens em seus projetos com o intuito de desconstruir a masculinidade bélica é o que chamo de "refundar o feminismo", a fim de pensar em ações que, sem abandonar o campo do Estado, não abram mão da vida política na reconstrução de teias de sociabilidade e de politização que foram condenadas, negligenciadas e esquecidas à medida que o Estado e a esfera pública sequestravam tudo que entendíamos por "político". Esse é o "movimento da sociedade", como advertiu Aníbal Quijano, que paira sobre o cânone do "movimento social". É uma politização que não obedece ao *avant-garde*, mas coloca a vida propriamente dita em movimento, entremeando outras tecnologias de sociabilidade, e conduz o destino para outra direção.

Bibliografia

BANFIELD, Edward C. *The Moral Basis of a Backward Society.* Chicago: Free Press, 1958.

Centro de Estudios Militares – CEM. *Manual de Guerra Contrasubversiva.* Guatemala: Edición Mimeografiada, s/d.

Comisión de Esclarecimiento Histórico-CEH. *Guatemala, Memoria del Silencio* (12 tomos). Ciudad de Guatemala: Unops / ONU, 1999.

Confederación Sindical de Comisiones Obreras – CCOO. *Plan de Operaciones "Sofia". Quitando el agua al pez.* Guatemala: ALAI, América Latina en Movimiento, 2012.

KALDOR, Mary. *New and Old Wars: Organized Violence in a Global Era.* 3 ed. Cambridge, Reino Unido: Polity, 2012.

MUÑOZ, Lily. *Mujeres Mayas. Genocidio y delitos contra los deberes de la humanidade.* Guatemala: CALDH, 2013.

SÁNCHEZ, Ricardo Falla. *Masacres de la Selva. Ixcan, Guatemala (1975 – 1982).* Guatemala: Ciudad Universitaria, 1992.

Oficina de Derechos Humanos del Arzobispado de Guatemala. *Guatemala: Nunca más. Informe del Proyecto Interdiocesano de Recuperación de la Memoria Histórica-REMHI* (4 tomos). Ciudad de Guatemala: UNOPS / ONU, 1998.

SEGATO, Rita. *Las estructuras elementales de la violencia.* Buenos Aires: Prometeo, 2003.

____. *La guerra contra las mujeres.* 2 ed. Buenos Aires: Prometeo, 2019.

____. "Novas formas de guerra e os corpos das mulheres", *Revista Sociedade e Estado*, vol. 29, n. 2, maio-ago. 2014.

____. "Refundar el feminismo para refundar la política", conferência apresentada no Congresso "Cuerpos, Despojos, Territorios: Vida amenazada", Universidad Andina Simón Bolívar, Quito, 16-19 out. 2018.

Nenhum patriarcão[1] fará a revolução: reflexões sobre as relações entre capitalismo e patriarcado[2]

Nos últimos anos, venho defendendo a importância de se pensar na conversação, de praticar essa arte e não a deixar decair sob a pressão do crescente individualismo do meio acadêmico. O texto a seguir, que preserva um estilo coloquial e obedece ao fluxo de uma conversa, é resultado de um desses momentos, e foi possível graças à interlocução potente e atenta de Ana Robayo,[3] a quem agradeço pela preciosa troca que tivemos durante a reunião do Grupo Permanente de Trabalho sobre Alternativas ao Desenvolvimento convocada pela Fundação Rosa Luxemburgo em Playas, Equador, em maio de 2018.

Desigualdade e patriarcado: uma perspectiva histórica

Em uma perspectiva histórica, é possível pensar que o patriarcado é a forma mais arcaica e básica da desigualdade. Apenas

---

1. Optou-se por traduzir *patriarcón* por patriarcão por ser a palavra original em espanhol também um neologismo criado pela autora para rimar como *revolución*/revolução. (N.T.)
2. Publicado em K. Gabbert e M. Lang, *Cómo se sostiene la vida en America Latina? Feminismos y re-existencias en tiempos de oscuridad*, 2019. (N.A.)
3. Ana Robayo é coordenadora de projetos de comunicação, jornalismo e mídias digitais da Fundação Rosa Luxemburgo, no Equador. (N.E.)

ao compreender esse papel fundamental, de base, da ordem patriarcal em relação a todas as ordens desiguais, ou seja, quando percebemos que se trata da fundação da estrutura e primeira pedagogia de toda desigualdade, podemos entender por que atualmente as forças conservadoras que custodiam o projeto histórico do capital e o valor supremo de sua teologia, a meta da acumulação-concentração, voltam com tanto empenho a instalar o padrão patriarcal no centro de sua plataforma política. Só assim a furiosa reação fundamentalista que estamos testemunhando se torna inteligível.

Em que baseio essa afirmação do caráter arcaico do patriarcado? No fato de que uma grande quantidade de povos narra em seus mitos de origem o evento em que a mulher comete um delito, uma falta ou indisciplina e é punida, subjugada e conjugalizada; narram um ato de disciplina da primeira mulher por uma lei masculina. A variante ocidental, judaico-cristã, desse relato é o Gênesis bíblico, na qual a punição de Eva por seu ato de desobediência é o passo inicial do caminho humano, mediante a imposição de uma lei emanada de um princípio patriarcal. O mito adâmico mostra uma estrutura que se repete diversos povos nos cinco continentes. Por exemplo, encontra-se nos povos ona, piaroa, xerente, massai, baruya etc. Variam o erro ou a desobediência das mulheres relatados nesses mitos, assim como os castigos que consignam, mas o relato subjacente é o mesmo: parece se referir a uma guerra arcaica na qual a mulher e seu corpo-território acabam sendo tomados, subjugados e expropriados de sua soberania.

Trata-se, portanto, de uma fórmula mítica cuja difusão universal comprova sua grande profundidade histórica, pois permite afirmar sua proveniência de um tempo remoto, anterior à dispersão humana e possivelmente coetânea com o processo de especiação em si. É impossível saber se esses mitos fundacionais da redução da mulher a uma posição disciplinada e secundarizada na fase final do neolítico, como sugeriu o ideólogo curdo Abdullah

Öcalan,[4] ou são típicos do próprio processo de especiação, ou seja, da transformação de uma subordinação biológica resultante da envergadura corporal e da agressividade, maiores nos machos hominídeos, a uma subordinação de ordem política na espécie *Sapiens sapiens*, exigindo então uma narrativa – como é o mito – para fundamentar as razões da dominação. Sabemos que essa dominação não é natural, justamente porque precisa de uma narrativa. Se fosse o resultado de nossas características anatômicas, de nossa biologia, não seria necessária uma narrativa para legitimar e regular a subordinação feminina.

Poderíamos então entender esse mito como o relato do desenlace e a sequela de uma primeira guerra, que resulta na primeira redução de parte da humanidade a uma posição de subordinação; a primeira conquista, na qual o corpo das mulheres passa a ser a primeira colônia. Trata-se de um mito fundacional, já que essa posição subordinada como consequência do "erro feminino" e da necessidade de castigo, e a sujeição das mulheres por causa desse erro, se reproduz diariamente. Vemos que aparece em qualquer lugar e em todos os momentos, na rua, nas famílias e em nossa própria subjetivação, quando entramos no espaço coletivo com insegurança e apreensivas se passaremos no exame moral que o olhar público nos impõe. Essa é a reprodução diária, a réplica diária desse mito basal.

A extraordinária profundidade histórica da desigualdade de gênero torna impossível considerar o patriarcado uma "cultura". A expressão "cultura patriarcal" não é adequada. O patriarcado é uma ordem política, a ordem política mais arcaica, que se apresenta mascarada sob um discurso moral e religioso. Mas é uma ordem política e nada mais. Superá-lo significará finalmente ultrapassar a era que chamei de "pré-história patriarcal da humanidade".[5] Nesse longo tempo, a inflexão colonial impôs uma virada, uma importante reviravolta nas relações de

---

4   A. Öcalan, *Liberando la vida: la revolución de las mujeres*, 2013. (N.A.)
5   R. Segato, *Las estructuras elementales de la violencia*, 2003. (N.A.)

gênero do mundo comunal de nosso continente, transformando a estrutura dual própria do mundo pré-colonial na estrutura binária da ordem colonial moderna. O que na organização dual do mundo comunal era – e em alguns lugares ainda é – o espaço das tarefas masculinas, uma entre duas, se transforma no mundo binário em uma esfera pública abrangente, totalizante. O "homem" com minúscula da ordem comum é transformado no "Homem" com maiúscula, sinônimo e epítome da Humanidade. Por outro lado, a correlação desse processo de binarização é a transformação do espaço doméstico comunal, povoado por muitas presenças e dotado de uma política própria, em íntimo e privado, despojado de sua politicidade. A posição feminina declina abruptamente, transformando-se em residual e expulsa do reino do público e político. Na colonial-modernidade, a mulher passa a ser o outro do homem, assim como o negro é reduzido à posição de outro do branco pelo padrão racista, e as sexualidades dissidentes tornam-se o outro da sexualidade heteronormativa. A modernidade inventa a norma e a normalidade, e reduz a diferença à anomalia.[6]

Do multiculturalismo ao fundamentalismo cristão

Durante o período multicultural, o período de transição que se abriu com a queda do muro de Berlim, pensava-se que desfazer o patriarcado seria inócuo para a usina do capital e para o projeto de acumulação-concentração. O Norte propôs uma política distributiva multicultural baseada no reconhecimento de identidades políticas ou, em outras palavras, na politização das identidades étnicas, raciais e de gênero. Essa agenda deu origem a novas elites marcadas por sua identidade: uma *elite* entre as mulheres, uma *elite* entre os negros, uma *elite* entre os povos indígenas, uma *elite* LGBTQIA+. Pensava-se, por

---

[6] R. Segato, "El sexo y la norma" e "Género y colonialidad: en busca de claves de lectura y de un vocabulario estratégico decolonial", in *La crítica de la colonialidad en ocho ensayos y una antropología por demanda*, 2015; *Contra-pedagogías de la crueldad*, 2018. (N.A.)

um lapso histórico que compreende a segunda metade dos anos 1980 – que marcou o fim do período das insurgências antissistêmicas dos anos 1960 e 1970 – até a segunda década do novo século, que era possível desmantelar o patriarcado e levantar a bandeira do "politicamente correto" sem afetar o projeto histórico de acumulação-concentração, ou seja, sem atacar as bases do capital.[7]

No entanto, nos últimos anos, essa agenda mudou. É praticamente impossível observar o poder, já que seu companheiro mais irredutível é o segredo. É impossível saber como o poder decide, como o poder agenda, como o poder pactua. Apenas por suas consequências é que sabemos o rumo do poder. Entender como e por que essa agenda multicultural foi cancelada, por que ocorreu uma nova mudança de rumo no caminho que havia sido negociado e admitido para o campo crítico depois do fim da Guerra Fria, é igualmente uma interrogação. Como o desmantelamento do patriarcado atacou as bases do capital? Por que se ativou hoje uma reação fundamentalista patriarcal tão forte, com os motores em pleno funcionamento? Por que os discursos que evocam e se aproximam perigosamente da retórica fundamentalista típica do mundo islâmico, que antes horrorizavam as massas e agora as seduzem, passaram a circular profusamente na América Latina?

A resposta que podemos dar é que são nossos antagonistas do projeto histórico, aqueles que defendem o projeto dos donos do mundo, que estão nos dizendo que a questão patriarcal é central. São eles que estão colocando a pauta patriarcal nesse lugar de bastião que deve ser defendido por todos os meios. Isso é o que se observa. Como antropóloga, formei-me na prática da observação e da análise de cenas ininteligíveis à primeira vista, a etnografia. E essa é uma dessas cenas que, como peças combinadas de um complexo quebra-cabeça, revelam a súbita

---

[7] R. Segato, *La Nación y sus Otros: raza, identidad y diversidad religiosa en tiempos de política de la identidad*, 2007. (N.A.)

semiorientalização, no sentido da inoculação em nosso mundo, de um fundamentalismo monoteísta agressivo que antes era estranho ao espaço latino-americano. Um fundamentalismo belicista, poderíamos dizer, a partir da experiência da "guerra santa" que as igrejas de origem norte-americana introduziram no Brasil contra as religiões de matriz africana. Esse implante foi gradual e imperceptível, porque era impensável para muitos, à medida que seu processo se desenrolava.

As marchas pela família no México, a tergiversação da construção da categoria analítica "gênero" como uma "ideologia", que a agenda cristã ultraconservadora, tanto católica quanto evangélica, está colocando hoje mancomunadamente para circular entre nós, não são movimentos espontâneos da sociedade. Não podem ser vistas como contrapartida do feminismo, como seu contradiscurso naturalmente emanado de setores sociais insatisfeitos com a proposta feminista. Não é possível comparar o discurso fundamentalista que defende ativamente a preservação da matriz patriarcal com o discurso e as ações do movimento das mulheres, pois esses últimos são o resultado no presente de um longo processo de construção, de uma postura que se alimenta de mais de sessenta anos de produção de pensamento com grande densidade teórica, elaborado em diálogo com as sociedades de todo o mundo.

As marchas das mulheres hoje são o efeito de um longo processo, composto por uma sequência prolongada e complexa de debates constantes por quase sete décadas. Se há um campo que construiu sua teoria com imensa sofisticação, é o campo feminista, que preenche as prateleiras de paredes inteiras das grandes livrarias físicas e virtuais do mundo. Foi um extenso caminho em que as mulheres das mais diversas disciplinas, desde as humanidades até as ciências exatas, contribuíram para formar um caudal de categorias, um pensamento cujos resultados foram absorvidos pela sociedade muito lentamente, com o passar do tempo. Isso não pode ser comparado com essas marchas que subitamente saem às ruas hoje alegando defender a família, patrulhando a obediência à matriz de poder patriarcal e à norma da heterossexualidade. Esse "movimento" foi gestado e manifestado nas ruas em menos de uma década. A velocidade de sua instalação, a mancomunagem, mas sobretudo a semelhança dos *slogans* e formatos, indicam que se trata de um processo orquestrado, que só pode ser resultado de uma agenda para captar a opinião pública por meio de um plano estratégico realizado com premeditação e com a ajuda de meios massivos de informação.

O que condenamos tão fortemente nos países do Oriente Médio tomados pelo fundamentalismo, que nada mais é do que a corrente mais ocidentalizada do islã por ser uma reação às pressões do Ocidente, é subitamente inoculado em nosso meio, com sua agenda essencialista de subordinação das mulheres e de suas lutas. O fundamentalismo surgiu de repente, em um período muito curto, e se espalhou em alta velocidade de norte a sul no continente. Perceber isso deve acender um sinal de alerta, pois nos permite supor que é o resultado de uma agenda que facilmente capturou, com consignas morais elementares, uma população que nunca atingiu uma participação política real e cuja consciência não foi trabalhada no período progressista.

Podemos afirmar, então, que são nossos antagonistas do projeto histórico que estão nos indicando a magnitude da ameaça que a desobediência ao padrão patriarcal de poder representa. Estão nos mostrando a centralidade do regime patriarcal para a permanência de um mundo desigual, como plataforma permanente que respalda e educa para todas as desigualdades. Esse campo antagônico é monopolista: institui um único deus, uma única verdade, uma única forma de bem, uma única justiça, um único modelo de futuro, enquanto o campo crítico deve permanecer atento ao valor do pluralismo de deuses, verdades e formas do bem. Uma democracia que não é pluralista é uma ditadura da maioria.

A ordem patriarcal é funcional para o capital

O capitalismo necessita da ordem patriarcal; é isso o que nos mostra com seu ataque fundamentalista. Desmantelar essa ordem seria uma contrapedagogia do poder, demonstraria que é possível eliminar a primeira pedagogia de desigualdade, a ordem de gênero. É muito importante perceber que o capitalismo precisa do patriarcado. Aqueles que projetam sua agenda afirmam que o desprezo pela ordem patriarcal representa uma ameaça a ela. Entendemos, então, que desacatar, corroer, desmantelar o patriarcado é um gesto revolucionário de uma magnitude que outros atos revolucionários não perceberam. Podemos supor que, apesar da nobreza ética das revolucionárias que passaram pela história, elas foram incapazes de notar a centralidade da ordem patriarcal na manutenção da ordem desigual. Não entenderam que a luta contra a ordem patriarcal é central e primordial em todo o movimento.

Por essa razão, quando marchei em Madri em 8 de março de 2017, no Dia das Mulheres, momento em que me pediram um *slogan*, propus dizer que "Nenhum patriarcão fará a revolução". Os patriarcas revolucionários até hoje falharam em identificar a peça central da ordem desigual. Da mesma forma que nossas repúblicas crioulas foram mal fundadas desde o momento em que não vincularam a ordem republicana nas Américas com a abolição da escravidão e de toda a ordem servil, as revoluções são impossíveis e mal concebidas se não estiverem ligadas desde o início à desarticulação definitiva da ordem patriarcal. A história ensina que não foi possível fazer uma revolução bem-sucedida com o patriarcado dentro dela.

Portanto, hoje a história cai em nossas mãos e nos torna responsáveis por pensar quais são as características da revolução feminista; qual é o caminho feminista para uma mudança da história; como o movimento das mulheres procede na reorientação da história para um futuro no qual mais pessoas possam ter uma qualidade de vida maior. Essa reorientação da história dependerá de nossa capacidade de entender como se faz uma revolução em outros moldes, uma revolução que não revisita o velho método, sempre fracassado, que parte do fato de que a tomada do Estado permitirá a recondução da história em uma direção mais favorável. Porque o Estado, como já argumentei antes, tem um DNA patriarcal, sua natureza é patriarcal, já que constitui o último momento, a última estrutura gerada pela história da masculinidade. Por essa razão, o velho método de acumular forças para assumir o Estado e a partir daí mudar a história nunca funcionou.

A positividade das derrotas do presente

Em sua última entrevista, Aníbal Quijano, ao ser questionado sobre a conjuntura política do presente, caracterizou o momento como uma derrota: "Fomos derrotados", foi sua resposta. Quando chegou minha vez de comentar, completei: "Acabamos de ouvir aqui o elogio da derrota."[8] E assim o entendi, porque esta época expôs aspectos da realidade que nos permitem ver com mais clareza os erros dos progressismos e as falhas dos processos revolucionários, a partir da própria fundação de nossas repúblicas. Gênero e raça são finalmente libertados de sua invisibilidade nas gestas históricas revolucionárias que nunca alcançaram o destino desejado.

Os males do presente, a "derrota", nos termos de Aníbal, têm suas raízes históricas no passado colonial, que se reatualiza todos os dias – a conquistualidade e a colonialidade atravessam a história e são replicadas até hoje. No caso de nossas repúblicas, é possível afirmar que todas elas padecem de um mesmo mal de fundação, apesar das diferenças em seus processos históricos. As independências nacionais nada mais foram do

---

8   E. Lander et al., "Diálogo con Aníbal Quijano", 6-7 jul. 2017. (N.A.)

que a transferência da administração dos bens coloniais das metrópoles ultramarinas para a sede administrativa "estatal", em território. Estados republicanos não monárquicos foram projetados, mas apenas para que as elites crioulas pudessem construir um receptáculo para a transferência dos bens coloniais, a riqueza colonial: territórios, bens naturais, mão de obra. Dessa forma, nossos Estados continuaram o processo de conquista sobre territórios e povos. Por isso houve o caso de povos, como os tupinambás no Brasil e os huarpes na Argentina, que iniciaram um longo período de clandestinidade após o estabelecimento das repúblicas, uma clandestinidade de duzentos anos, durante os quais cronistas e intelectuais republicanos afirmaram sem hesitação que esses povos haviam sido extintos. No entanto, eles voltaram à superfície com o período multicultural e disseram "aqui estamos nós", justamente para receber os recursos e direitos que lhes fora oferecidos naquele momento. Com esse ressurgimento dos povos, outro acontecimento veio à tona: a ruptura das subjetividades branqueadas e a crioulização induzida pela colonialidade. Vemos no presente que muitas pessoas iniciam um processo de "desmestiçagem".[9] É evidente que há uma nova compreensão da mestiçagem e também uma desconstrução.

Essas repúblicas, projetadas para receber em território a herança dos bens coloniais de ultramar, construíram seu direito – Constituições e códigos –, mas de uma forma que assegurava às elites crioulas nunca perderem completamente o controle da máquina administrativa estatal. Portanto, suas leis, seu discurso como "estado de direito", sempre foram em alguma medida "ficcionais". Geraram uma gramática que, como sistema de crenças, permitiu supor que as relações sociais tinham atingido estabilidade e previsibilidade, mas nunca deixaram de conviver com altos níveis de violência e morte, e com o recurso permanente e cíclico às ações repressivas do Estado ao longo de sua

---

[9] R. Segato, "Los cauces profundos de la raza latinoamericana", in *La crítica de la colonialidad en ocho ensayos y una antropología por demanda*, 2016. (N.A.)

história. As guerras de independência seguidas por um longo período de conflitos federais na América Latina – as guerras de Canudos (1896-1897) e do Contestado (1912-1916), entre muitas outras – bem como as guerras separatistas no Brasil e as conflagrações difusas e permanentes das diversas formas de criminalidade ao longo da história demonstram que a estabilização de nossas sociedades nunca foi alcançada pelo caminho legislativo, apesar da produção de uma gramática legal que nos permitiu acreditar na previsibilidade da expectativa do comportamento no cenário social. No entanto, não é nada mais do que uma ficção, uma falsa consciência.

Apenas pela conferência das cifras obscuras do direito em nossos países podemos verificar que a proporção de crimes que terminam em condenações é insignificante, pondo em evidência a baixa eficiência material do "direito". Por sua vez, ao observar o perfil racial e de classe daqueles que são realmente sentenciados, é fácil perceber a seletividade da justiça, ou seja, em que casos a chamada "justiça" chega ao seu destino. Sempre são casos em que os setores sociais pobres e não brancos ficam atrás das grades; a "justiça" continua o trabalho do genocídio conquistual-colonial permanente, sempre renovado. Acreditar que uma prisão lá no fim da estrada, em um esgoto da sociedade, garante a previsibilidade e a estabilidade nas relações sociais é uma ficção colonial. As elites crioulas que fundaram nossos Estados nacionais para se apropriar dos bens naturais e do trabalho humano que antes pertenciam à administração ultramarina são inevitavelmente criminosas. Os Estados são, por outro lado, inevitavelmente infratores, porque não cumprem as leis que os regem e transgridem leis como a de execução penal, os pactos, as convenções e os protocolos de direitos humanos constitucionalizados pela adesão das nações do continente.

Mas qual é o efeito contemporâneo desse "mal de fundação"? Tivemos um grupo de governos progressistas que, acreditando que assumir o Estado lhes permitiria redirecionar a história, pensou que poderia nos levar a uma revolução pacífica, uma revolução democrática. Eles perderam essa batalha, "fomos derrotados". Entre outras coisas, porque os progressismos entenderam que o bem-estar seria resultado da expansão do consumo. Equipararam a expansão do consumo com a expansão da cidadania, e se equivocaram. As consequências desse erro foram nefastas de duas maneiras. Por um lado, "o projeto histórico das coisas", como o chamei em outro lugar,[10] em oposição ao "projeto histórico dos vínculos", produziu indivíduos capturados e encapsulados em sua aspiração pelas "coisas", que progressivamente se desvincularam e se desinteressaram pela vida comunal. Produziu a ruptura dos laços de reciprocidade próprios da sociabilidade comunitária. Por outro lado, a expansão do consumo, a "democratização" do acesso a bens nunca antes adquiridos pelas classes populares, tornou necessário entregar bens naturais na forma de *commodities* ao mercado global.

Os progressismos não aprenderam com Potosí (Bolívia), que foi a cidade mais rica do mundo por quase um século e é hoje uma localidade empobrecida. Sem reduzir a concentração de forma contundente, a única maneira de alimentar a capacidade de consumo dos povos é vendendo a riqueza do território no mercado global. Para ampliar o consumo e oferecer maior bem-estar social sem reduzir a desigualdade e sem limitar o processo de acumulação-concentração, há apenas uma alternativa: vender *commodities* no mercado global para trazer moeda estrangeira aos cofres do Estado e, com elas, subsidiar, de diversas formas, o poder de compra daqueles que antes estavam excluídos do consumo. Essa venda das riquezas naturais no mercado global possibilitou a expansão do consumo e um bem-estar social maior, mas efêmero, que acreditavam que levaria a vitórias eleitorais eternas. Esqueceram-se de que o impulso consumista, o desejo pelas "coisas", nunca atinge a satisfação, pois no mesmo momento em que um objeto é

---

10 R. Segato, *Contra-pedagogías de la crueldad*, 2018. (N.A.)

adquirido, seu processo de obsolescência começa e o desejo transita para outro lugar. O projeto histórico das "coisas" conduz o desejo a um processo de insatisfação permanente, de avidez permanente; nunca haverá riqueza natural suficiente que possa ser vendida no mercado global capaz de conter a ganância dos sujeitos malogrados pela pulsão consumista.

Portanto, julgado de uma perspectiva crítica, o projeto progressista foi tolo e irreflexivo. Governos bem-intencionados, sem dúvida os melhores que tivemos, fizeram leis progressistas, leis que visavam ao retorno de recursos e direitos à população: a plurinacionalidade, o reconhecimento da jurisdição comunitária em termos de um pluralismo jurídico; os direitos da natureza; a democratização do acesso a bens e serviços etc. No entanto, todo esse projeto beneficente, quando foi capturado, sequestrado pelo aparato estatal, atingiu os limites da própria estrutura do Estado republicano, crioulo, construído com um propósito monopolista, concentrador e indissociável do moderno projeto colonial capitalista.

Por isso, afirmo que os cenários do presente são mais realistas, pois cancelam uma história que nos aprisionava na fé do Estado e em um vocabulário da política sempre referido ao Estado. No entanto, as lutas de hoje são muito mais pulverizadas, mais plurais, mais locais.

A própria palavra "desigualdade" já não é suficiente para designar a extrema acumulação tão desproporcional que vivemos e seu ritmo alucinado, uma vez que nenhum freio legal ou institucional é capaz de impor um limite à capacidade de compra dos proprietários da riqueza do planeta. O mundo de hoje é um mundo de donos. A palavra precisa para descrevê-lo, como já argumentei,[11] é "donidade" ou senhorio, pois o panorama corresponde mais a uma refeudalização do planeta, em que as

---

11 R. Segato, "Introducción", in *La guerra contra las mujeres*, 2018. (N.A.)

propriedades têm magnitudes nunca antes conhecidas e o espaço comum praticamente desapareceu, é avassalado, saqueado e engolfado diariamente pelo padrão de "conquistualidade".

Donidade e patriarcado

Os regimes da donidade e do poder patriarcal são semelhantes, porque o patriarcado é um esquema de poder constelado em torno dos donos da vida, cujo poderio se expressa precisamente no controle que detêm sobre o corpo das mulheres. Contrariando nossa fé moderna, constata-se um agravamento do poder patriarcal em relação ao presente. Isso contradiz nosso preconceito negativo em relação à vida comunitária e o nosso preconceito positivo em relação ao "progresso" próprio da modernização, sempre colonial. Ambos são preconceitos. O patriarcado piorou e se tornou mais letal, mais cruel nos últimos tempos. Há ali uma funcionalidade mútua, que motiva a custódia que os setores proprietários exercem sobre a manutenção do padrão de poder patriarcal nesta fase do capital, e o broto fundamentalista que está sendo inoculado no continente. É por isso que devemos assimilar a ideia de que as lutas feministas não são um agregado que só estende as lutas sociais por um mundo melhor para mais pessoas e inclui timidamente na agenda a luta pela igualdade das mulheres. É uma compreensão errada do que se trata. As derrotas da história recente estão nos mostrando que, sem focar e dar centralidade ao desmantelamento do mandato de masculinidade e à desarticulação da ordem política patriarcal, não será possível reorientar a história para um mundo capaz de trazer mais bem-estar para um número maior de pessoas.

Bibliografia

GABBERT, Karin; LANG, Miriam (org.). *Cómo se sostiene la vida en America Latina? Feminismos y re-existencias en tiempos de oscuridad*. Quito: Fundação Rosa Luxemburgo/Ediciones Abya-Yala, 2019.

LANDER, E. et al. "Diálogo con Aníbal Quijano". 6–7 jul. Lima: Universidad Ricardo Palma, 2017.

ÖCALAN, Abdullah. *Liberando la vida: la revolución de las mujeres.* Colônia, Alemanha: International Initiative Edition e Mesopotamian Publishers, Neuss, 2013.

SEGATO, Rita. "A Manifesto in Four Themes", in *Critical Times*, vol. 1, n. 1, p. 198–211, 2018.

____. *Contra-pedagogías de la crueldad.* Buenos Aires: Prometeo, 2018.

____. "El color de la cárcel en América Latina: apuntes sobre la colonialidad de la justicia en un continente en desconstrucción", in *Nueva Sociedad*, 208, 2007.

____. "El sexo y la norma", in SEGATO, Rita. *La crítica de la colonialidad en ocho ensayos y una antropología por demanda.* Buenos Aires: Prometeo, 2015. [Ed. bras.: *Crítica da colonialidade em oito ensaios: e uma antropologia por demanda.* Rio de Janeiro: Bazar do Tempo, 2021.]

____. "Género y colonialidad: en busca de claves de lectura y de un vocabulario estratégico decolonial", in SEGATO, Rita. *La crítica de la colonialidad en ocho ensayos y una antropología por demanda.* Buenos Aires: Prometeo, 2015. [Ed. bras.: *Crítica da colonialidade em oito ensaios: e uma antropologia por demanda.* Rio de Janeiro: Bazar do Tempo, 2021.]

____. "Introducción", in SEGATO, Rita. *La guerra contra las mujeres.* 2ª ed. Buenos Aires: Prometeo, 2018.

____. *La crítica de la colonialidad en ocho ensayos y una antropología por demanda.* Buenos Aires: Prometeo, 2015. [Ed. bras.: *Crítica da colonialidade em oito ensaios: e uma antropologia por demanda.* Rio de Janeiro: Bazar do Tempo, 2021.]

____. *La Nación y sus Otros: raza, identidad y diversidad religiosa en tiempos de política de la identidad.* Buenos Aires: Prometeo, 2007.

____. *Las estructuras elementales de la violencia.* Buenos Aires: Prometeo, 2003.

____. "Los cauces profundos de la raza latinoamericana", in SEGATO, Rita. *La crítica de la colonialidad en ocho ensayos y una antropología por demanda.* Buenos Aires: Prometeo, 2016. [Ed. bras.: *Crítica da colonialidade em oito ensaios: e uma antropologia por demanda.* Rio de Janeiro: Bazar do Tempo, 2021.]

____. "Patriarcado: del borde al centro: disciplinamiento, territorialidad y crueldad en la fase apocalíptica del capital", in SEGATO, Rita. *La guerra contra las mujeres.* Buenos Aires: Prometeo, 2018. 2ª ed. corrigida e aumentada.

O fracasso do punitivismo como meta

O sistema penal como *pedagogia da irresponsabilidade* e o projeto "Fala, interno!": o direito humano à palavra na prisão[1]

(Uma análise da instituição penal como a conheci no Centro de Internamento e Reeducação – CIR – Papuda de Brasília)[2]

Este texto é sobre a prisão e seu reconhecido fracasso na pacificação do preso. A esse respeito, gostaria de advertir que minha postura não é abolicionista, mas reformista, em especial porque sou testemunha de que os presos, em muitos casos, aspiram a uma boa prisão, de contenção e esclarecimento

---

[1] Texto lido no encontro Culture, Violence, Politics and Representation in the Americas, realizado em 24 e 25 de março de 2003, na Universidade do Texas, Austin, Faculdade de Direito, promovido pelo Teresa Lozano Long Institute of Latin American Studies, pela organização Arte sin Fronteras e pela Unesco, e posteriormente publicado em R. Segato, "O sistema penal como Pedagogia da Irresponsabilidade e o projeto 'Fala Preso: o direito humano à palavra na prisão'", in M. Allende Serra (org.), *Diversidade cultural e desenvolvimento urbano*, Iluminuras, 2003, pp. 83-102. (N.A.)

[2] Elaboro, atualmente, em colaboração com a profa. Luisa Ripa Alsina, do Centro de Direitos Humanos Emilio Mignone da Universidade Nacional de Quilmes, algumas das dimensões filosóficas do conceito de responsabilidade, central para a análise que apresento aqui. No entanto, devido à extensão limitada desta exposição, vou apenas mencionar, relacionada a alguns pontos, a possibilidade de desenvolver esse tipo de reflexão. (N.A.)

– que nunca encontram –, e que defendo uma reforma das premissas que orientam as práticas carcerárias e as lógicas de todos aqueles que participam delas – presos, agentes penitenciários e juízes – por igual. Argumento aqui que o sistema penal, com seu fracasso endêmico, reproduz, espelha e expressa a lógica da sociedade como um todo e representa fielmente os valores da comunidade moral que a institui. Não há nada no mundo carcerário, com os erros e excessos de todos os seus representantes, que não faça parte do mundo aqui de fora. Mas o que é tendência difusa, desse lado da sociedade, do outro lado do muro prisional se encontra em estado condensado, cristalizado e compacto, facilmente objetivável. A prisão é o meio em que os maus hábitos e as deformidades da sociedade "livre" simplesmente se tornam mais claros.

Em geral, a prisão é um tema residual nas análises sobre violência. Com certeza trata-se de um erro, pois em países como Brasil ou Argentina (embora isso não ocorra, por exemplo, na Colômbia, onde os índices de violência e encarceramento não são proporcionais) ela desempenha um papel significativo na reprodução e exacerbação dos atos violentos, uma vez que é um dado clássico e recorrente que, na maioria dos casos, os registros de detentos por crimes graves mostram que eles já passaram por alguma forma de detenção prévia.

No Brasil, Julita Lemgruber[3] expôs com insistência e de forma convincente o papel inócuo e a ineficiência da prisão, mas eu gostaria de insistir na ideia de que não se trata apenas da constatação negativa do que a prisão deixa de fazer para a sociedade, mas também de seu impacto positivo no aumento dos índices de violência. Vista dessa forma, a prisão, portanto, é um elo central na reprodução do crime e, por isso, poderia funcionar como um dos eixos da gravidade que, se devidamente tratado, permitiria deter o ciclo de sua reprodução e retirar inúmeros de seus agentes

---

3   J. Lemgruber, "Controle da criminalidade: mitos e fatos", 2001. (N.A.)

do circuito do crime. Essa, justamente, é a oportunidade que se perde na má equação dos estudos de violência que não dão às práticas e aos métodos carcerários sua devida centralidade.

Comecei a trabalhar na prisão de maneira bastante marginal em relação às minhas outras atividades e fora do âmbito de meus assuntos acadêmicos habituais. No entanto, como ouvi certa vez da boca do então presidente da Comissão de Direitos Humanos da Câmara dos Deputados, Marcos Rolim,[4] muito atuante na defesa dos Direitos Humanos dos presidiários: "Uma vez que se começa a se interessar por ela, a prisão se torna um vício, toma conta da gente de tal forma que não é mais possível abandoná-la." Penso hoje que isso se deve aos enigmas que apresenta e à promessa velada de que esses enigmas seriam capazes de revelar segredos que são nossos, de toda a sociedade.

Meu interesse pela prisão, como eu dizia, foi despertado por uma encomenda. O secretário de Segurança do Distrito Federal em 1992, coronel Brochado, queria entender a altíssima e desproporcional incidência de crimes sexuais na cidade, e pediu ao reitor da Universidade de Brasília que fizesse uma pesquisa e lhe fornecesse respostas sobre isso. Cinco professoras do Núcleo de Estudos e Pesquisas sobre a Mulher (Nepem) foram convocadas, e dividimos o tema. Fui responsável por entender como o mundo vê o condenado por estupro ou atentado violento ao pudor no Centro de Internamento e Reeducação (CIR-Papuda) de Brasília. Trabalhamos com um grupo de alunos sobre esse tema entre 1993 e 1995 e, a partir daí, me restaram mais perguntas do que respostas. As perguntas se originaram de uma série de constatações durante a escuta que realizamos, ao longo de sessenta horas de entrevistas gravadas em condições quase perfeitas de privacidade e conforto – condições que nunca mais conseguiríamos reproduzir com as autoridades posteriores.

---

4   O deputado Marcos Rolim presidiu a Comissão de Direitos Humanos da Câmara dos Deputados em 2000. (N.E.)

Dois elementos que desempenharam um papel fundamental na obtenção da confiança dos entrevistados foram a declaração inicial de que havíamos tido acesso aos prontuários e a afirmação contundente de que não pertencíamos à formação jurídico-policial de representantes do Estado que atuava com os presos. Por essa última razão, não utilizaríamos os testemunhos para prejudicar os condenados, assim como, e o mais importante, não os usaríamos para beneficiá-los. Ou seja, nada do que eles dissessem no contexto de nossa pesquisa teria qualquer valor instrumental, nem para o sistema nem para os entrevistados e, apesar das tentações (como as consultas sobre a possibilidade de conceder progressão de pena aos entrevistados, que sempre foram recusadas por nós), continuamos fiéis a esse compromisso. Nosso interesse e nossa única contribuição, afirmamos, era puramente dar inteligibilidade aos fatos. Logo entenderíamos que não se tratava apenas de *nosso* entendimento, mas que ajudar os próprios condenados a acessar analiticamente as próprias ações deveria se tornar nossa contribuição fundamental.

Resumo aqui os resultados desse primeiro contato com a prisão, base de minha proposta posterior:

1. Constatamos que muitos aspectos do crime cometido, agora indagado sem emoção, já julgado, condenado e relativamente distante, resultam opacos ao seu perpetrador, e não há razão para suspeitar disso, uma vez que as evidências da perplexidade dos condenados foram relatadas à exaustão pelos entrevistadores. Ou melhor, além dos aspectos estritamente instrumentais e racionais do crime – roubo, eliminação de inimigos, queima de arquivo, vingança, cobrança de dívidas, apropriação de serviço sexual ou outro –, toda transgressão exibe um excedente, que poderíamos chamar de "assinatura" ou "selo", rubrica de autor, marca de identidade. Esse excedente só encontra racionalidade no impulso de deixar um traço de existência diferenciada e singular do perpetrador, uma marca de autoria. E é nesse

excesso que geralmente reside a crueldade desnecessária – e esse aspecto apresenta particularidades dependendo da situação. Na Colômbia, por exemplo, a marca deixada nos corpos dos assassinados é uma assinatura coletiva do grupo perpetrador e tem sua tradição, como mostram as etnografias e análises de María Victoria Uribe.[5] Esses gestos cruéis e irracionais, uma vez infligidos e inclusive pouco tempo depois dessa *passage à l'acte*, são tão ininteligíveis para seu autor quanto para o público que os lê em um jornal ou assiste a eles no telejornal. A racionalidade desse aspecto, sempre presente, de excesso, de sobra, pequena ou grande, que todo crime apresenta, desaparece muito rápido, não consegue ser recuperada, examinada, a não ser com muito esforço analítico do delinquente e, em geral, isso raramente acontece e nada o estimula. Mesmo o crime mais limpo e racional tem seu excedente humano, sua autoria. Em outras palavras, todo crime também é um texto.

2. A segunda constatação está em consonância com o que já foi lido em um belo ensaio[6] pelo ex-secretário nacional de Segurança Pública do Brasil, o antropólogo, cientista político, romancista e extraordinário intelectual Luiz Eduardo Soares. Analisando o discurso dos presos entrevistados como parte de um projeto que coordenava, o autor mostra a elipse, o desvio automaticamente desenhado pelo sujeito no ato de falar para se preservar do contato, do vínculo sintático com o crime perpetrado quando este é particularmente abominável, e assim se salvar do que eu então entendi como "culpa" e agora compreendo como "responsabilidade" pela ação – portanto a capacidade de responder pelo ato, de dar respostas sobre ele, prestar contas. Em seu artigo, Luiz Eduardo Soares mostra que, ao relatar o crime, quando o condenado se aproxima da pior cena, ocorre uma falha na continuidade do discurso

---

5 M. V. Uribe, *Anthropologie de l'inhumanité*, 2004. (N.E.)
6 L. E. Soares. "Acaso a necessidade na Ordem do Crime: a utilização da crítica literária na análise sociológica do discurso ordinário", in Jeni Vaitsman; Sábado Girardi (org.), *A ciência e seus impasses*, 1999, p. 111-136. (N.A.)

e o sujeito da ação salta, desliza, da primeira para a terceira pessoa:

> Aí partimos pra lá. Temos de longe olhando e nada do José sair. Aí descemos no intuito de pegar o José. Aí já entramos na casa. Os moleques tavam jogando bola, sabe? Aí saímos, pegamos todo mundo. Aí o José saiu correndo. *Morreu o sobrinho do José, sabe? De um ano e oito meses. Morreu a Nara, a mãe do José. O José ficou com um lado todo aleijado... Morreu a Nara e a criança no quarto dos fundos, aonde o Carlinhos entrou e eu peguei a mãe do José e eu peguei o José, no quarto da frente.*[7]

O texto é seguido pelo comentário do autor: "O sujeito que narra é o personagem que reúne, em si, a dupla autoria do crime e do discurso. Isso, a princípio, enquanto a trama arma a emboscada e o salto para o assassinato; depois, quando é necessário mergulhar no olho do furacão, carregando a primeira pessoa na penosa posição de sujeito, é outra voz que se anuncia: as vítimas da violência se deslocam, inadvertidamente, para o lugar do sujeito: *morreu fulano, morreu beltrano, cicrano ficou aleijado.*" Em outras palavras, a vítima é sujeito ativo da própria morte, mas não há sujeito do assassinato. A responsabilidade pelo ato homicida com seus excessos fica vacante.

Os dribles da responsabilidade

Os prisioneiros nos disseram, repetidamente: "Não há violência maior do que pedir a um preso que fale sobre a violência que ele cometeu." Existe aí uma trava, um limite – e esta é a base para a qual minha análise é dirigida – , que precisa ser ultrapassado para que o processo de pacificação avance.

---

[7] L. E. Soares, "A utilização da crítica literária na análise sociológica do discurso ordinário", 1992, p. 14. (N.A.)

Na linha de análise citada, as entrevistas que realizamos começaram a mostrar o mecanismo que acabei chamando de "drible – ou artimanha – de culpa", e que agora prefiro descrever como "o drible da responsabilidade". Resumo a seguir as variedades de manobras e estratégias que o preso utiliza ao ser pressionado a falar sobre seu ato, além da elipse intermitente que vai modificando as entradas ou variedades de posicionamento do sujeito em seu discurso, conforme descrito por Luiz Eduardo Soares. A análise que apresento tem semelhanças com o que Sykes e Matza chamaram de "neutralização", como forma de conseguir "livrar-se da convenção moral" utilizando "palavras e frases que desculpam e justificam a conduta contraventora da lei" antes do ato, ou "racionalização" quando essa manobra é realizada depois do ato de contravenção.[8] Entre essas técnicas, estão a negação da responsabilidade ("estava bêbado"), a negação do dano ("ninguém se machucou", "ninguém vai sentir falta"), a negação da vítima ("ele mereceu"), a condenação dos condenados ("são todos bandidos") e o apelo a lealdades maiores ("não fiz isso por mim"). Lanier cita ainda mais quatro tipos, que posteriormente foram agregados por outros autores: "fiz mais bem do que mal na minha vida", "todo mundo faz isso", "foi só uma piada", "não sou o pior".[9]

As atitudes dos presos do presídio brasiliense, quando interpelados para que se explicassem, para que respondessem sobre seu crime na frente do entrevistador, foram as seguintes:

1. Negação de autoria: "sou inocente", ainda que essa afirmação vá de encontro a todas as provas constantes no prontuário. Dos dezessete internos entrevistados ao longo de várias sessões, apenas um deles insistiu em negar a culpa.

---

[8] D. Matza, *Delinquency and Drift*, 1964; G. Ykes e D. Matza, "Techniques of Neutralization: Theory of delinquency"; apud M. Lanier e S. Henry *Essential Criminology*, 1957, 148 ff. (N.A.)
[9] M. Lanier e S. Henry, *Essential Criminology*, 1998, p. 149-50. (N.A.)

2. Atribuição da responsabilidade a outro agente: "era outro em mim", "algo em mim" ou "uma influência". Referem-se a: álcool, drogas, má companhia ou influências. No Brasil, não é incomum também encontrar a figura da "possessão" ou alguma de suas variantes – "encosto", "irradiação", "obsessão", no sentido de sentir a proximidade ou influência de uma entidade espiritual. O sentenciado geralmente alega ter sido tomado pelo "diabo", por um "Exu" ou outra entidade do panteão umbandista. Em um dos casos, o entrevistado até descreveu a agência responsável pelo crime como "um balão que inflou dentro de mim até explodir". A explosão foi seu ato violento.

Além dessas formas simples de se isentar da responsabilidade, porém, esse tipo de drible guarda, em minha análise, pelo menos dois subtipos mais complexos e interessantes.

"Era outro... que eu não sou mais." Aqui, a *conversão religiosa* evangélica empresta um vocabulário de "morte e renascimento" no qual o sujeito nega absolutamente reconhecer-se "nesse outro" que cometeu o crime. Interpreto essa estratégia de ter sido outro, já morto, cuja responsabilidade e imputabilidade expiraram por obra da conversão, como mais uma forma de evitar a relação com o ato e pôr a agência em outro suporte, deslocado e não assumido pelo sujeito "atual". Isso tem consequências inesperadas no campo da reincidência, no qual, segundo as autoridades da prisão observada, os níveis de retorno de evangélicos são semelhantes aos daqueles que não passaram pelo processo de conversão. Em uma série de textos recentes, Luisa Ripa Alsina[10] subsidia minha crítica à subjetividade interrompida no processo de conversão apoiando-se na obra *O si-mesmo como um outro*, de Paul Ricoeur. Em Ricoeur, a identidade do sujeito construída

---

10 L. Ripa Alsina, "Culpa y responsabilidad: algunas pistas en el pensamiento de Ricoeur", "Esquizofrenia social y contraseña filosófica: problemas para nuestra libertad" e "Identidad narrativa, responsabilidad y memoria", 2002. (N.A.)

narrativamente no tempo e seu senso de responsabilidade são indissociáveis e interdependentes ("sentir-se responsável agora é... aceitar ser considerado hoje o mesmo que atuou ontem e vai agir amanhã").[11]

O último subtipo que identifico nessa categoria de deslocamento ou atribuição da agência a outro é o que a polícia e os guardas penitenciários chamam de "*preso politizado*", mais uma vez mostrando como a sociedade tende a se equivocar sobre o que é "politização". Embora possa parecer surpreendente, pois contraria a percepção de muitos assistentes sociais e psicólogos, ainda agrupo nessa categoria o preso que declara que "a sociedade é a culpada": "Eu sou o produto da sociedade." "Eu sou um credor, não um devedor." "A sociedade é que não me deu família, nem educação, nem emprego; que me expôs ao abuso e miséria, é ela que deve ser responsabilizada. Ela é a culpada." Esse enunciado, objetivamente verdadeiro e verificável nas estatísticas sobre violência e nos argumentos sociológicos, opera, no entanto, na economia discursiva do preso, como outro drible, transformando a "sociedade" em um termo que o alivia da associação com uma agência nociva. Uma "escuta" mais atenta desse enunciado perfeitamente aceitável, repetido à exaustão no cárcere, revela que o que é apresentado à primeira vista como consciência não é necessariamente assim, pois, como os outros dribles mencionados, leva a uma relação estacionária e passiva com o mundo, por cujas características não se sente capaz de responder. De fato, a suposta consciência que aponta para o erro social não resulta em ações transformadoras ou solidárias com a coletividade dos outros que sofrem, e opera como outra manobra que livra o sujeito de sua responsabilidade. O que parece coincidência continua a se comportar, na realidade, como falsa consciência.

---

11 P. Ricoeur, *Sí mismo como otro*, 1996, p. 326. (N.A.)

Com um pequeno deslocamento, isso poderia ser analisado à luz da crítica de uma "consciência" que se pensa lúcida, mas que não elimina o sintoma, descrita por Slavoj Zizek como "consciência cínica".[12] Zizek aplica esse termo ao cidadão de nossos dias, que "sabe" sobre a mais-valia, mas cinicamente reproduz o mundo, apesar do fato de que este já não consegue enganá-lo e da ideologia não mais operar, supostamente, como "falsa consciência" neste mundo. O prisioneiro, algoz por pouco tempo e vítima definitiva de seu meio, "sabe" que a "sociedade" não tem autoridade moral para julgá-lo, mas reproduz seu lugar infeliz nela. Nenhum dos dois deixa de ser prisioneiro incauto de um desejo que não reconhece, um desejo cativo que assume a forma ditada por esse mesmo sistema e que é a peça central do mecanismo de sua reprodução.

3. Outra estratégia que identifico como uma manobra para se desvincular do crime é pouco usual, mas não inexistente. Pelo menos dois dos entrevistados relataram crimes que não coincidem com os constantes nos registros. Inclusive, em um dos casos, o crime relatado era mais cruel do que aquele pelo qual o narrador foi condenado. Por muito tempo nos perguntamos o que isso poderia significar, para só depois nos lembrar daquela advertência que recebemos dos presos: "nada é mais violento do que nos perguntar sobre o crime que cometemos..."; nada, nem mesmo contar um crime mais brutal, mas que nunca chegou a se concretizar de fato. Esse crime, para o sentenciado, tem uma dimensão não representável, e esse não representável está relacionado à responsabilidade. Mais uma vez, nesse caso, o crime real é indescritível, impronunciável, sendo mais fácil de se relacionar, articular, se envolver, se comprometer em outro ato, inclusive mais abominável, para assim mais uma vez construir um sujeito ficcional: o sujeito de outro crime.

---

12 S. Zizek, "How Did Marx Invent the Symptom?", [1989] 1994. (N.A.)

4. Outra maneira de evitar o processo de responsabilidade é passar da posição de enquadrado para a de enquadrador. Em outras palavras: julgar a lei que me julga. O preso é, em geral, um personagem atento aos acontecimentos atuais, um sujeito bem informado, "antenado" – como se diz no Brasil. Alguém que, através de canais difíceis de rastrear, aprende tudo o que acontece e sabe utilizar todas as pistas do que vem até ele do outro lado dos muros da prisão, mostrando uma capacidade quase inexplicável de "ouvir", "auscultar" o mundo lá fora. Todos aqueles que frequentam ou trabalham na prisão são unânimes em dizer que o preso recebe tudo, ele está absolutamente informado. Por essa razão, a cada caso de corrupção de uma figura pública, de uma autoridade do Estado, o preso enquadra e condena a lei que o sentencia, e a invalida. A cada caso de acusação de um governante, a prisão perde legitimidade. O acontecimento acaba se tornando uma comprovação lógica de que é o estado da natureza que impera, a ordem dos mais fortes. Um afloramento indevido revela que um dia os códigos foram escritos com o sangue dos vencidos e, dessa forma, Foucault torna-se acessível até aos não letrados.[13]

Essa certeza dos presos em relação à incapacidade e ilegalidade do sistema que julga e encarcera dava, até agora, uma conotação especial à cultura carcerária em países latino-americanos acometidos por uma corrupção endêmica. Agora é apropriado deslocar novamente esse problema e ver que, desde 19 de março,[14] para dar uma data ao iníquo, a credibilidade da prisão sofreu um novo desfalque, um novo golpe. Porque a eficácia da prisão depende rigorosamente da credibilidade da lei e dos agentes que a aplicam e a executam. E se,

---

13 Eugenio Raúl Zaffaroni escreveu convincentemente sobre vários aspectos da deslegitimação do sistema penal e da "notória degradação da atividade do órgão judicial, que é esvaziada de qualquer ética, reduzindo-se a uma função totalmente burocrática como parte de *um mecanismo deslegitimado por sua arbitrariedade seletiva*" (*Em busca das penas perdidas: a perda de legitimidade do sistema penal*, 1991, p. 83. Itálicos meus). (N.A.)
14 Em 19 de março de 2003, tropas dos Estados Unidos invadem pela segunda vez o Iraque na Segunda Guerra do Golfo. (N.E.)

como vemos agora, não há mais direito internacional vigente, se a lei maior que regula e permite negociar a convivência entre as nações foi infringida, o prisioneiro, entre todos nós, toma conhecimento disso, e as grades que o encerram se tornam ainda mais intoleráveis e arbitrárias. Se, do nível internacional para o nível local, a lei perde vigência, a prisão também perde vigência, e a realidade social assume a forma de caos. Todo o sistema perde legitimidade.

5. Por fim, identifico uma última estratégia especialmente interessante e possivelmente a mais difícil de "ouvir" de modo adequado. Trata-se de um discurso que não assume absolutamente a aparência de um esquivamento, mas, pelo contrário, parece assumir o ato heroicamente com um "sim, fui eu. Eu fiz isso, sempre vou". Uma clara ancoragem do sujeito em uma ação que, embora passada, se torna definitiva, petrificando-o e prescrevendo-o imutável. Um essencialismo do sujeito que não é característico, e sim excepcional entre os entrevistados de Brasília, dos quais relatamos apenas um caso, mas que percebo com mais frequência, por exemplo, na excelente análise dos resultados das entrevistas com prisioneiros estadunidenses publicadas por Diana Scully.[15] Certamente o drible, a manobra de evasão, o caráter esquivo e móvel do sujeito que fala é maior nos casos brasileiros, o que daria origem a uma longa análise específica. Se isso, como penso, for culturalmente relativo, haverá consequências para as expectativas de reabilitação ou reincidência. Ao contrário do que se poderia esperar, em minha leitura desse tipo de declaração entendo que aderir, estacionar-se rigidamente no ato cometido, não constitui evidência de uma relação responsável com ele. "Eu sou isso. Eu sou assim" é parte de um enunciado maior que afirma que "as coisas são assim", "o mundo é assim". Esse sujeito fala de si mesmo e do mundo objetivando-os, como se fossem "outros", algo que não lhe diz respeito e não pode ser transformado

---

15   D. Scully, *Understanding Sexual Violence: a Study of Convicted Rapists*, 1994. (N.A.)

por ele. A história deixa de ser uma produção constante e se torna um cenário fixo e preestabelecido, um dado da natureza. Mais uma vez, como no caso do "prisioneiro politizado", o que se apresenta como consciência acaba se comportando como a maior de todas as alienações, porque é incapaz de reconhecer o mundo como uma realidade relativa, mutável, em disputa, plenamente histórica.

Este é um sujeito que concordou em falar sobre si o discurso do outro, da máquina, encarnada em todos os seus agentes: policiais, juízes e presidiários por igual. Um sujeito inerte em uma paisagem inerte. Um sujeito fora da história. Um sujeito para o qual o tempo não implica a responsabilidade da transformação e exclui a possibilidade de decidir e escolher entre alternativas. Esse sujeito é a própria criatura da máquina. Um sujeito imóvel é, por definição, determinado por uma essência que não pode – ou não deseja – modificar nem explicar, prisioneiro de sua "natureza-essência-outro", de um programa inexorável que, inclusive, ele e o senso comum muitas vezes percebem como biológico. Habita um mundo sem liberdade – predeterminado, natural, sempre idêntico a si mesmo – e, portanto, sem responsabilidade. Trata-se de um sujeito dostoievskiano,[16] predestinado por uma culpa que precede e não depende do ato incriminador, fixo em uma essência à qual só pode se render passivamente.

A partir desse caso, poderíamos falar longamente sobre o que chamamos de "a confissão boa" e "a confissão ruim", ou seja, aquela que faz a história se movimentar e aquela que opera com a história congelada: a confissão transformadora e a confissão conservadora.

Um sujeito responsável é aquele que se encarrega de suas ações passadas, assume sua capacidade transformadora e aceita as

---

16 S. Freud, "Dostoiévski e o parricídio", [1928] 1980. (N.A.)

consequências da historicidade de sua existência, inevitavelmente tecida pela contínua fluência do tempo – que a vida do sujeito está no tempo é uma realidade difícil de assumir para todos, e especialmente para o preso. Do ponto de vista da antropologia, um estudo da construção – relativa – das noções sobre o tempo por pessoas que passam uma longa temporada entre parênteses, com o tempo de sua vida habitual "suspenso", seria muito revelador.

Seis erros do sistema penal que limitam a capacidade do preso de responsabilização

Esses seis erros referem-se a quatro características da forma como o sistema opera, que já são bastante naturalizadas por todos os atores e pelo público em geral: a interrupção da vida em liberdade causada pela vida encarcerada, o monopólio do vocabulário virtuoso por parte das religiões que se dizem moralmente superiores, a concepção mercadológica da culpa e a ausência de interlocutores dispostos a ouvir sobre os atos cometidos.

Tudo o que foi relatado até agora parece indicar que nada na situação atual do preso o leva a um processo de responsabilização. Seis outros elementos que apresentarei brevemente contribuirão para isso.

1. Assim como operam na vida das pessoas "em liberdade" tecnologias de produção do sujeito chamadas de *iniciatórias* na antropologia, por envolverem rituais de iniciação, de rituais de iniciação – ou de passagem e aquisição de novas identidades sociais – em particular a identidade do sujeito masculino adulto –, a entrada na prisão é fortemente marcada pelo processo de iniciação à identidade do encarcerado, cumprindo-se as três etapas básicas que universalmente fazem parte dessas tecnologias: a) morte diante da vida social

anterior; b) período de reclusão e estado de solidão e isolamento social caracterizado por provações, riscos e exposição à dor física; e c) reingresso na vida social dentro do novo contexto e sob o signo da nova identidade. Depois dessa passagem, a antiga identidade do preso é suspensa e uma nova biografia é iniciada em outra roupagem identitária: nasce o sujeito preso na sociedade conhecida como "comunidade carcerária", às vezes até com uma identidade de gênero diferente da que ele assumia na vida "livre" (veja, por exemplo, em Schifter,[17] uma documentação reveladora da reentrada no gênero de sujeitos encarcerados em presídios da Costa Rica, e em Lemgruber,[18] uma excelente etnografia dos modos de adaptação em uma prisão feminina no Rio de Janeiro). Talvez, tecnicamente, o sujeito "livre" e o sujeito preso não coincidam, mas, nesse caso, não como consequência de estratégias do próprio ator social em suas manobras de autopreservação e drible da responsabilidade descrita anteriormente, e sim como resultado da divisão da vida entre um período anterior e posterior à pena. Esse corte dificulta, e muitas vezes impede, a transferência do que o sujeito preso aprende, entende ou transforma em sua maneira de agir e sentir a vida do ex-presidiário reintegrado à vida "livre". Ou seja, são duas vidas que não têm relação ou comensurabilidade, e, apesar de se tratar da mesma pessoa, são dois sujeitos bem diferenciados, produzidos em máquinas iniciatórias diferentes. Quando entendemos o papel e a eficácia da maquinaria iniciatória em todas as sociedades humanas, percebemos quanto é impossível pedir que um deles responda por ou como o outro, e por isso é tão difícil que a prisão desempenhe um papel transformador e que as autoridades e especialistas que ali trabalham façam previsões sobre a trajetória de um prisioneiro depois da libertação. O preso libertado é um sujeito social que não cumpre as previsões

---

[17] J. Schifter, *Macho Love: Sex behind bars in Central America*, 1999. (N.A.)
[18] J. Lemgruber, *O cemitério dos vivos: análise sociológica de uma prisão de mulheres*, 1999. (N.A.)

realizadas pelo sistema penal para a identidade que ele assumia enquanto sujeito encarcerado.

2. Uma das carências básicas no universo carcerário é a falta de palavras, a pobreza linguística. O vocabulário é escasso e rudimentar e a isso se soma a substituição pragmática das palavras da língua, com todo o seu potencial de significação e sua oferta polissêmica, por signos utilitários destinados a uma comunicação instrumental e telegráfica. A consequência desse "emudecimento" geral, desse ensimesmamento, é a ausência de circulação do recurso fundamental para a reflexão e a autoanálise. Eu me deparei com a necessidade de palavras por parte dos presos em mais de uma ocasião: interrogados, questionados, diante de um interlocutor interessado em "compreender", e não julgar ou avaliar, eles se mobilizam positivamente, pois também querem acessar esse entendimento distante e lúcido em relação ao ato perpetrado. Porém, eles não têm recursos nem ferramentas hermenêuticas para isso. O ato permanece opaco e ininteligível.

3. A presença de determinados tipos de cristianismo no ambiente carcerário não só o torna adepto de um paradigma de conversão que perversamente quebra a unidade narrativa do sujeito, como já mencionado, mas também estabelece o que chamei de "monopólio" ou um "sequestro" das vias de acesso ao bem e à redenção.[19] A observação da vida na prisão me sugeriu a distinção (que posteriormente usei na elaboração de textos sobre outros temas)[20] entre "religiões de superioridade moral" e "religiões trágicas". As primeiras, atuantes na prisão em suas versões menos sofisticadas, impõem o paradigma da inexistência da virtude ou da redenção fora do vocabulário bíblico-islâmico, nas prisões estadunidenses. Portanto, ao já dramaticamente reduzido capital verbal que circula

---

19 R. Segato, "Religião, vida carcerária e direitos humanos", 2001. (N.A.)
20 R. Segato, "Oracle, Destiny and Personality in Afro-Brazilian Cosmologies", 2003. (N.A.)

dentro dos muros da prisão, acrescenta-se um sequestro do vocabulário da virtude perpetrada pela pregação religiosa.

4. A visão mercadológica da pena, dentro do paradigma econômico de Bentham, mais tarde levada às suas últimas consequências na econometria do castigo da Universidade de Chicago,[21] faz todos aqueles que atuam nesse universo – presos, juízes e policiais – participarem do discurso de "ter pagado" ou "ter a conta saldada" ("estar quite" é a expressão mais representativa e recorrente utilizada pelo preso brasileiro, pois se refere diretamente ao sujeito do enunciado e não à sua dívida: "daqui a pouco *estou quite*"). No entanto, existem dívidas que não podem ser pagas e danos que não podem ser restaurados. Assim como Bagdá nunca poderá ser reconstruída, e o discurso da reconstrução é falaz e mentiroso, qualquer vida que tenha sido suprimida nunca poderá ser recuperada mediante pagamento – seja este em dinheiro ou em espécie. Por essa razão, enquanto a linguagem mercantil do "pagamento" do crime cometido está constituída no discurso e na lógica de todos os atores envolvidos no sistema, sem exceção, esse modelo mercadológico da pena generalizado permite que o preso, mais uma vez, evite o caminho da responsabilidade. Isso porque o autoriza a não se referir mais ao ato perpetrado, como gesto dotado de qualidades em sua biografia pessoal e na história, e substituí-lo pela dupla cifra que o classifica: a tipificação do crime – um número na boca do preso: "sou o artigo número tal" – articulado com a natureza também quantitativa da sentença: "tantos anos".

5. O tema anterior se complementa e se complexifica na crítica da noção de "responsabilidade jurídica", bastante afastada em sua formulação e em sua pragmática de uma noção de responsabilidade tanto filosófica quanto de senso comum. No

---

21 E. E. Marí, *La problemática del castigo: el discurso de Jeremy Bentham y Michel Foucault*, 1983. (N.A.)

sentido técnico jurídico, a responsabilidade devida aos "outros" socialmente encarnados é transposta ao Estado, investido em seus representantes autorizados. Em outras palavras, o sujeito não responde aos outros, como interlocutores situados e cheios de concretude, mas a uma sociedade abstrata e emblematicamente reduzida a uma série de funções de operadores, aplicadores e executores da lei. Neste contexto, juiz e policiais se reformulam como peças de um maquinário. Trata-se do maquinário do próprio capitalismo, no qual a ordem fetichista do desejo, como nos lembra Slavoj Zizek, se expressa em um equivalente universal – pressuposto do valor de câmbio das mercadorias.[22] É em sua tradução aos termos desse equivalente universal que a sentença e a culpa, como "responsabilidade jurídica", mantêm sua relação fetichista de objetos em conexão, sem a mediação das relações interpessoais – na verdade, excluindo esta dimensão. No entanto, essas nunca deveriam ter saído de cena, uma vez que ser responsável é responder por algo a um outro situado, interlocutor interrogante, interessado e encarnado – não a uma máquina impessoal, constituída por funções articuladas. Desse ponto de vista, deveríamos ser capazes de ultrapassar as interdições do que David Garland[23] chama de "evolução da sensibilidade" da sociedade diante das formas de punição, para reconsiderar a eficiência de formas pré-modernas de retribuição ainda praticadas em muitas sociedades indígenas, como sugeriu Claudio Tamburrini, por exemplo:

> O que afirmo, com isso, é que a culpa passa a ser medida com referência ao equivalente universal, e a relação entre a culpa e a sentença se comporta como uma relação entre coisas, e não entre pessoas. Ocorre o que podemos chamar de "fetichismo da sentença", resultante da relação entre a codificação do crime e a codificação da pena. Essa

---

22 S. Zizek, "How Did Marx Invent the Symptom?", [1989] 1994. (N.A.)
23 D. Garland, *Castigo y sociedad moderna: un estudio de teoría social*, [1990] 1999. (N.A.)

articulação é, sem dúvida, confortável e econômica, tanto para o preso quanto para o juiz e para a polícia, mas nem por isso eficaz. Assim, a responsabilidade jurídica torna-se uma linguagem inadequada para implicar a noção de responsabilidade prática, de senso comum, vinculada à experiência humana, uma vez que a responsabilidade implica responder pelo que foi feito a alguém, prestar contas a outro encarnado, situado, significativo. Também implica o imperativo de falar sobre si mesmo e, como diz Paul Ricoeur, já citado, comprometer-se com a construção de uma continuidade narrativa entre quem eu fui, quem eu sou e quem serei, e assumir-se capaz de prestar contas por essa continuidade, apesar de suas vicissitudes.

Em outras palavras, quando a justiça fala em termos de "dívida a ser paga", todos os seus agentes: o condenado, o juiz e o policial, assumem posições relativas de devedores e credores em um comércio regido pelos pesos e medidas do equivalente universal; a culpa torna-se um objeto mensurável e o outro – a quem se presta contas – sai de seu lugar parcial para se estabelecer na plataforma do sujeito transcendental – fala a partir da máquina, do Estado. Trata-se de um sistema sem próximos.[24]

É dessa forma que se produz a coincidência perfeita que observamos entre o discurso jurídico policial e o discurso criminal: em nenhum deles se contempla a noção de responsabilidade, tal como ela existe no mundo da vida. O sentenciado se sente confortável nesse paradigma, que não lhe exige a verdade. Dessa forma, na comunidade moral da qual fazem parte tanto os juízes e os policiais quanto o preso que eles condenam, todos falam na linguagem absurda de "ter saldado a dívida".

6. Sem autonomia não há responsabilidade. A condição *sine qua non* que torna possível o exercício da responsabilidade

---

24 C. Tamburrini, *Crime and Punishment?*, 1996. (N.A.)

é, por definição, a liberdade: tenho de ser livre para responder por meus atos. Portanto, o verdadeiro toque de graça dessa real *pedagogia da irresponsabilidade* é a tutela. Esse regime estabelece, por definição, um estado de minoridade para o preso: o tutelado, que não é dono de sua consciência nem de seu corpo, é infantilizado pela redução cotidiana de sua vontade. Nessa condição infantil, deficiente, é impossível ser responsável.

Em suma, tentei listar uma série de erros das práticas penais e das concepções que as sustentam, tentando caracterizar todo o sistema como uma *pedagogia da irresponsabilidade*. Se os regimes totalitários são, como Hannah Arendt disse, uma "*pedagogia da traição*",[25] as instituições totais e principalmente o presídio são, de forma consistente, a escola que produz e reproduz uma comunidade moral de sujeitos irresponsáveis.

As premissas do projeto "Fala, interno!: o direito humano à palavra na prisão"

Apresento a seguir, resumidamente, um projeto que desenvolvi no presídio de Brasília (Centro de Internamento e Reeducação – CIR – Papuda do Distrito Federal, Brasil) e que foi aplicado no sistema carcerário de Campana, na província de Buenos Aires, na Argentina. Depois de uma referência sumária aos seus pressupostos, anexo a versão mais recente do projeto, adaptada para sua próxima aplicação, na Argentina.

Considerando os Direitos Humanos um campo em constante expansão, o projeto complementa o marco do artigo XIX da Declaração Universal dos Direitos Humanos, que garante que "toda pessoa tem direito à liberdade de opinião e expressão". Uma imersão no mundo prisional revela que esse direito é

---

[25] H. Arendt, *Origens do totalitarismo*, p. 387, [1949] 1989. (N.A.)

insuficiente para garantir o que aparentemente enuncia e necessita da formulação de pelo menos um tripé de direitos que lhe permitam realmente se tornar efetivo: o direito ao acesso a recursos expressivos, o direito à audibilidade e o direito à redenção (ou ao perdão, como já sugerido por Antonio Beristain).[26]

O direito de acesso a recursos expressivos enfrenta a pobreza do vocabulário endêmica nas prisões, tendo em conta que as palavras são recursos imprescindíveis para construir as narrativas da responsabilidade e para permitir o espelhamento do sujeito através de sua produção discursiva. O sujeito não pode se encarregar de suas ações, a não ser através de um discurso que recolhe o passado no presente, dá-lhe um novo significado e transforma-o em uma promessa para o futuro. Tudo isso é feito com a ferramenta hermenêutica da palavra. Para isso, é necessário gerar estratégias que corrijam a grave privação léxica característica do ambiente carcerário.

O direito à audibilidade se interpõe ao enclausuramento da voz do preso. Na realidade, toda a sociedade, e não exclusivamente o prisioneiro, sofre as consequências do controle que as corporações midiáticas têm sobre os circuitos de circulação da voz. Mas o silenciamento dos habitantes da prisão é extremo. Seus saberes são negados, suas mensagens são interceptadas. O direito à audibilidade garante a inscrição discursiva, o registro narrativo e a projeção extramuros da mensagem do preso como mais uma voz que deveria se somar à polifonia do coro societário.

O direito à redenção está ligado aos dois anteriores, no sentido de que garante ao preso a certeza da possibilidade de acesso ao bem mediante um vocabulário não religioso, ou seja, não controlado pelas religiões colocadas como moralmente superiores, e o habilita a se pronunciar diante da sociedade

---

26 A. Beristain, *Nova criminologia à luz do direito penal e da vitimologia*, 2000. (N.A.)

"livre" como capaz de algum bem, apesar de seu passado. O acesso à redenção só faz sentido uma vez que se aspira ao perdão e se enuncia esse desejo de forma convincente. Este último direito é aquele que rompe com o circuito fechado da concepção econométrica da pena, pois foge ao controle do equivalente universal, abrindo uma linha de fuga e transformação. Se a violência é, em última análise, o resultado de uma circularidade da dívida social na qual crime e castigo se comportam como dons e contradons, é preciso que alguém perdoe para romper o circuito da reprodução da violência.

Por fim, e dado o enquadramento do regime de tutela dominante nesta derradeira pré-história penal que é a atual era da multiplicação dos presídios, o projeto "Fala, interno!" propõe o exercício da autoria como a abertura de um espaço de autonomia, um parêntese ou suspensão possível do estado de minorização. Ser autor significa exercer a agência, mesmo diante dos limites muito restritivos impostos pela disciplina carcerária. A autoria devolve o que a tutela tira, em um âmbito interno, privado, que pode ser pouco tocado pelos regimes disciplinares.

Na primeira vez que o projeto foi realizado, a Penitenciária da Papuda, em Brasília, foi palco de oito oficinas da palavra: quatro em gêneros letrados – poesia, jornalismo, teatro e roteiro de cinema – e quatro em gêneros populares – mamulengo (um estilo tradicional de fantoches), cantoria (um gênero tradicional de desafio ou competição poética cantada), rap e samba.

Vimos a prisão se converter em uma Casa da Cultura viva, em vez de uma galeria melancólica de lojas de artesanato em um edifício penal, como muitas Casas da Cultura pelo Brasil.

Vimos a sociedade se interessar pelo que estava acontecendo dentro dos muros do presídio devido à atenção que o projeto recebeu na mídia local e do impacto dos muitos alunos que participaram do projeto. A sociedade entrou na prisão, a prisão abriu suas portas, a ponto de um dos cursos de roteiro oferecido, ministrado por roteirista renomado, fazer com que alunos das áreas nobres da cidade transpusessem a estrada empoeirada que leva à prisão – e o medo inicial – e viessem sentar-se lado a lado com os prisioneiros.

Vimos os presos substituírem a violência material pela violência simbólica e verbalizada: agressiva, mas menos letal, menos irreversível.

E também vimos, como sempre, a burocracia, paradoxalmente, transformar tudo o que ela toca em absurdo: contamos com um generoso subsídio do Fundo Penitenciário do Ministério da Justiça, mas fomos obrigados a gastá-lo em quatro meses.

Fala, interno!: o direito humano à palavra na prisão

As ideias básicas:

Partimos das seguintes premissas, para a formulação desse projeto:

1. que a reprodução e escalada de ações violentas têm nas instituições penais um de seus pontos críticos e que, portanto, apenas um maior conhecimento e uma compreensão mais adequada da mentalidade do preso podem nos ajudar a criar mecanismos de prevenção e desativação de dispositivos que perpetuam o ciclo da violência, de outra forma sempre em expansão. A prisão, como é concebida atualmente em países como Brasil e Argentina, é a grande incubadora da violência, e é por isso que devemos concentrar nossos esforços em aperfeiçoar sua inteligência e eficiência como espaço de contenção da violência.

2. que a comunidade carcerária, constituída por presos e agentes penitenciários, é detentora de uma memória e de saberes

específicos que podem contribuir bastante para que a sociedade aprenda a deter e desativar a máquina da violência. O acesso aos arquivos dessa memória e saberes específicos sobre a vida violenta e seus mecanismos é um fator de esclarecimento para a sociedade, contribuindo para a identificação de possíveis ações preventivas.

3. que a convocação para fazer seu relato e o desenvolvimento da capacidade de verter esses saberes na linguagem e dar-lhes passagem no processo de comunicação é um fator libertador e de apaziguamento para o preso, pois permite que ele simbolize suas tensões psíquicas e sociais e reflita sobre aspectos centrais da experiência humana, como as motivações que nos levam a agir, a possibilidade de autonomia, a capacidade de escolher entre alternativas e a responsabilidade do sujeito como um de seus patrimônios morais mais importantes.

4. que a inscrição da voz dos presidiários no conjunto dos discursos que circulam em sua época e país, bem como a garantia de audibilidade do registro de suas experiências, é direito inalienável, que beneficia não só o preso, mas também enriquece o processo de comunicação social como um todo. Da mesma forma, esse acesso à redenção, como capacidade de aspirar ao bem e, no sentido mais específico, de criar caminhos para a reconciliação consigo mesmo e com os outros, é requisito indispensável para a pacificação.

5. que a derrocada da violência não é a derrocada das pessoas violentas, mas a desarticulação dos costumes e hábitos de convivência que a produzem. Que a derrocada da violência só é possível por meio de ações de pacificação e que estas devem fazer parte das metodologias prisionais.

6. que o acesso a recursos qualificados de expressão verbal e a habilitação para participar da produção de discursos

constituem um direito fundamental e um requisito indispensável para o desenvolvimento humano.

A proposta

Com base nas premissas anteriores, o projeto propõe:

1. Interpelar e convocar o preso e o policial penitenciário para que relate sua história de vida e desenvolva uma análise reflexiva sobre ela. Queremos incentivá-lo a se interessar em elaborar um relato e se aventurar em um exercício de reflexão, autoanálise e análise das condições que propiciaram sua entrada no mundo da contravenção. A proposta valoriza, sobretudo, sua interpretação dos acontecimentos e ações narradas.

2. Formar um banco de dados de história oral e um catálogo de noções, valores, categorias e conceitos próprios do mundo prisional.

3. Para isso, deixar ao alcance do interno meios expressivos que lhe permitam elaborar e devolver à comunidade a forma como entende, a partir de sua situação atual de prisão, o crime que cometeu.

Descrição do projeto. Ações.

O projeto poderia ser descrito, portanto, como um conjunto de procedimentos de escuta sistemática, nem judicial nem policialmente orientada, das histórias e dilemas do preso. Trata-se, portanto, de nada mais, nada menos do que um processo de consulta que valoriza a versão que os membros da comunidade carcerária podem oferecer sobre as próprias ações e circunstâncias. Também inclui a consulta aos policiais que trabalham nos presídios. Essa escuta não deve ser entendida como uma forma de inocentá-los ou isentá-los da responsabilidade pelos atos cometidos, mas como um procedimento que os transforma em uma fonte valiosa para a compreensão dos dispositivos de reprodução de ações violentas. Não só os conteúdos das narrativas nos interessam, mas também, e sobretudo, as próprias estratégias discursivas, fazendo parte da abordagem final a aplicação de procedimentos sofisticados de "escuta" e análise do discurso.

Como complemento do próprio processo de interrogar os presos, pedindo-lhes que falem conosco, recrutaremos expoentes da mesma extração social que a maioria dos habitantes da prisão, ou seja, membros das classes populares que tenham se destacado por sua capacidade como comunicadores ou como compositores letristas no campo da música popular e dos gêneros folclóricos tradicionais, para trazer seu estímulo à comunidade carcerária. Vamos organizar oficinas que permitam o contato entre essas figuras exemplares. Nenhum gênero será descartado: rock, rap, recitais, oratória de dirigentes populares, jornalismo ou outros, porque o que importa é levar o preso a valorizar a capacidade de se expressar e mostrar sua voz pessoal, situada, local, popular, circulando em áreas mais amplas do que a interlocução entre pares. Surgirá assim, na consciência do condenado, como consequência inevitável da expansão de seus circuitos habituais de comunicação, a percepção de fazer parte de uma sociedade maior e o mandato de uma solidariedade ampliada e humanizada. Por outro lado, a beligerância verbal, quando bem administrada, canaliza e substitui a violência física, causando danos menos irreparáveis e permitindo a autoescuta e a autoavaliação.

Para isso, selecionaremos, depois de um exame exaustivo, estabelecimentos que representem uma ampla amostragem: uma penitenciária urbana, outra rural, instituições de alta e baixa periculosidade, prisão feminina.

Também recrutaremos uma equipe de assistentes para executar o projeto e fazer os registros necessários para alimentar o banco de dados.

Informatizaremos todos os documentos obtidos.

Criaremos canais para que esse arquivo da "memória" carcerária preste serviços à sociedade em geral e à comunidade carcerária em particular.

Uma versão anterior deste projeto foi implementada com sucesso na cidade de Brasília, no Centro de Internamento e Reeducação (CIR-Papuda), penitenciária do Distrito Federal, no Brasil, entre 1998 e 2001, por meio de um convênio entre a Universidade de Brasília e o Ministério da Justiça, órgão financiador. A presente proposta se baseia e tenta aperfeiçoar a experiência anterior.

Objetivos da consulta

O projeto, como processo de consulta, pretende contribuir para:

1. A compreensão da mentalidade do sujeito que tenha perpetrado atos violentos ou de contravenção, bem como os fatores sociológicos e ambientais que propiciam o ato violento *a partir de seu ponto de vista*.

2. A identificação dos discursos que servem de base para a reprodução da violência, sem cuja retórica esta não seria factível.

3. A indagação sobre os caminhos que levam a um corte do círculo da reprodução da violência no íntimo do sujeito, permitindo sua reabilitação.

4. O papel da comunicação verbal da experiência pessoal na prevenção do crime.

Bibliografia

ARENDT, Hannah. *Origens do totalitarismo.* São Paulo: Companhia das Letras, [1949] 1989.

BERISTAIN, Antonio. *Nova criminologia à luz do direito penal e da vitimologia.* Brasília: Editora da Universidade de Brasília, 2000.

FREUD, Sigmund. "Dostoiévski e o parricídio", in *Edição standard brasileira das Obras completas de Sigmund Freud.* V. XIV. Rio de Janeiro: Imago, [1928] 1980.

GARLAND, David. *Castigo y sociedad moderna: un estudio de teoría social.* México: Siglo XIX, [1990] 1999.

LANIER, Mark M.; HENRY, Stuart. *Essential Criminology.* Boulder, Colorado: Westview Press, 1998.

LEMGRUBER, Julita. *O cemitério dos vivos: análise sociológica de uma prisão de mulheres.* 2.ed. Rio de Janeiro: Forense, 1999.

_____. "Controle da criminalidade: mitos e fatos", in *Revista Think Tank*, Instituto Liberal do Rio de Janeiro, 2001.

MATZA, David. *Delinquency and Drift.* Nova York: John Wiley, 1964.

MARÍ, Enrique Eduardo. *La problemática del castigo: el discurso de Jeremy Bentham y Michel Foucault.* Buenos Aires: Hachette, 1983.

RICOEUR, Paul. *Sí mismo como otro.* Madrid: Siglo XXI Editores, 1996.

RIPA ALSINA, Luisa. "Culpa y responsabilidad: algunas pistas en el pensamiento de Ricoeur". Texto lido no XIII Encuentro Nacional de Fenomenología y Hermenéutica "Herencia, Kairós y creatividad", Buenos Aires: Centro de Estudios Filosóficos – Academia de Ciencias, 2002.

_____. "Esquizofrenia social y contraseña filosófica: problemas para nuestra libertad". Texto lido nas II Jornadas Nacionales *Agora Philosophica*. "Libertad: Implicaciones sociales y filosóficas", Mar del Plata, 23 a 26 de outubro, 2002.

_____. "Identidad narrativa, responsabilidad y memoria". Texto lido nas Terceras Jornadas Interdisciplinarias "Memoria, Historia e Identidad", Universidad Nacional de Quilmes, Centro de Derechos Humanos "Emilio Mignone", Bernal, 28 a 29 de novembro, 2002.

SCULLY, Diana. *Understanding Sexual Violence: a Study of Convicted Rapists.* Nova York/Londres: Routledge, 1994.

SCHIFTER, Jacobo. *Macho Love: Sex behind bars in Central America.* Nova York/Londres/Oxford: Haworth Press, 1999.

SEGATO, Rita. "Religião, vida carcerária e direitos humanos", in NOVAES, Regina (Org.). *Direitos humanos: temas e perspectivas.* Rio de Janeiro: ABA/MAUAD/Fundação Ford, 2001.

_____. "Oracle, Destiny and Personality in Afro-Brazilian Cosmologies", in Schabert, Tilo (org.). *Prophets and Prophecies*. Eranos. Würzburg, Germany: Königshausen & Neumann, 2003.

SOARES, Luiz Eduardo. "Acaso a necessidade na Ordem do Crime: a utilização da crítica literária na análise sociológica do discurso ordinário", in Jeni Vaitsman; Sábado Girardi (org.), *A ciência e seus impasses*. Rio de Janeiro: Fiocruz, 1999, p. 111-136.

_____. "A utilização da crítica literária na análise sociológica do discurso ordinário". Texto apresentado no seminário *Caos, Acaso e Determinismo nas Ciências, Artes e Filosofia*. Câmara de Estudos Avançados do Fórum de Ciência e Cultura da UFRJ, *mimeo*, novembro de 1992.

SYKES, Gresham; MATZA, David. "Techniques of Neutralization: Theory of delinquency", in *American Sociological Review*, 22, p. 664-670, 1957.

TAMBURRINI, Claudio. *Crime and Punishment?* 3.ed. Edsbruk, Sweden: Akademitryck AB, 1996.

URIBE, María Victoria. "Dead certainty in Colombia: Anthropology of the inhuman", manusc. *Public Culture*, set. 2001.

_____. Anthropologie del Inhumanité. Paris: Editorial Calman Levi, 2004.

ZAFFARONI, Eugenio Raúl. *Em busca das penas perdidas: a perda de legitimidade do sistema penal*. Rio de Janeiro: Revan, 1991.

ZIZEK, Slavoj. "How Did Marx Invent the Symptom?", in *The Sublime Object of Ideology*. Londres/Nova York: Verso, 1994 (1989).

O que os museus não entendem

O eurocentrismo é um problema europeu? Mediação decolonial em vinte teses[1]

COMO O EUROCENTRISMO AFETA A EUROPA?

Essa é uma pergunta inédita

Passei horas explicando

como o eurocentrismo nos afeta: a nós, latino-americanos,

não a vocês, europeus.

No entanto, de fato, ele realmente os afeta,

afeta a imaginação,

afeta a inteligência.

I. De um ponto de vista decolonial, a Europa é a consequência do surgimento da entidade América no esquema de uma nova organização mundial e de uma nova subjetividade após as conquistas e a colonização. A América

---

1 Este texto aforístico foi apresentado a convite do Centre Georges Pompidou no encontro de diretores de museus europeus Europe of Museums, em 8 de abril de 2019. (N.A.)

faz nascer a Europa, a modernidade, o capitalismo e a classificação racial das pessoas e da geopolítica. Segundo Aníbal Quijano, o indígena, o negro e o branco nascem no mesmo dia, naquilo que ele chama de reoriginalização do mundo após o advento da América.

II. Nesse novo esquema epistêmico, a Europa precisa se entronar em relação aos outros. E, mais do que isso, deve tornar exclusiva a sua origem, o processo propriamente dito de seu surgimento.

III. Toda a humanidade se torna, assim, o outro da Europa, num contexto em que ser esse outro constitui uma anomalia, um desvio do sujeito universal, um resíduo da verdadeira ágora política, uma minoria.

IV. A própria divisão de tópicos entre temas universais e minoritários (o que, sem dúvida, é algo escandaloso) deriva da consagração da Europa como representante da humanidade, da captura da Humanidade por ela.

Venho dizendo às feministas de todos os lugares:

ceder à minorização foi um erro terrível.

Contudo, esse erro foi uma consequência da

universalização da Europa:

o centro, o normal, o político

e os outros.

V. A modernidade é uma grande máquina de produzir anomalias minorizadas de todo tipo, anomalias que têm de ser filtradas pela rede de referências universais e, na linguagem do multiculturalismo, reduzidas, tipificadas e classificadas como identidades políticas iconizadas de modo que sejam reintroduzidas na esfera pública em sua nova e única forma. Todo aquele que não se adapta a esse exercício, que não se encaixa na matriz do já existente, a qual atua como um grande processo digestivo, torna-se uma anomalia deslocada e está sujeito à expulsão, ao banimento da política.

VI. O normal e suas anomalias – essa é a verdadeira estrutura do binarismo.

VII. As mulheres se tornam o outro, o anômalo, o desvio em relação aos homens; as pessoas não brancas se tornam o desvio em relação às brancas; as pessoas LGBTQIA+ se tornam anomalias em relação às heterossexuais; as pessoas com deficiências se tornam o outro em relação às pessoas sem deficiência.

VIII. Com suas precondições coloniais e sua esfera pública patriarcal, a modernidade produz anomalias e organiza expurgos: transforma as normas em algo positivo (no direito), enumera crimes (nos tribunais), cataloga a dor (na medicina), transforma a cultura em patrimônio (nos museus), classifica a experiência (nos arquivos públicos), monumentaliza a memória (no patrimônio protegido), padroniza identidades (no multiculturalismo global), trata a vida como uma mercadoria (no mundo dos negócios), mercantiliza o planeta (no mercado global), equaliza as temporalidades (na história oficial).

IX. É dessa maneira que a modernidade, com seu estado gerado pela genealogia patriarcal, oferece um remédio para os males que ela mesma causou: devolve com uma das mãos, numa forma degradada, o que tirou com a outra. E, ao mesmo tempo, revoga aquilo que parece oferecer.

X. Nesse contexto, a diferença radical, que não pode ser tipificada ou forçada a servir ao pacto colonial-moderno-capitalista, é inegociável e indigerível, ao passo que, no meio comunitário dos povos *amefricanos*[2] das Américas, ela é constantemente negociada e combinada.

XI. A expulsão do outro do horizonte levou a Europa ao declínio. Não há nenhuma intensidade, nenhuma carga dramática, porque o drama só pode despertar a partir da fronteira límbica de uma existência que encare o limite imposto pela dificuldade do outro. Sem essa tensão, a imaginação europeia se deteriorou, e seu impulso criativo também minguou, enquanto a Europa se tornava cada vez mais encapsulada, mais defensiva.

Nos últimos tempos, tenho dito:

a primeira vítima do pacto corporativo patriarcal,

a primeira vítima da obediência ao mandato masculino

são os homens.

A questão da Europa replica essa estrutura de poder:

a primeira vítima do mandato europeu

é a própria Europa.

Mais uma vez, ela se revela presa

no eterno ciclo do fascismo.

---

2   Na exata expressão forjada pela pensadora negra brasileira Lélia Gonzalez (1935-1994), que partiu cedo demais. (N.A.)

Os sinais estão por toda parte,

até nos movimentos sociais:

a tendência a um crescente "feminismo do inimigo", como gosto de chamar.

Vivo advertindo as feministas:

toda política do inimigo tende ao fascismo.

XII. Não existe o outro para a Europa. No âmbito do pensamento europeu, a alteridade e a diferença são um problema a ser resolvido.

XIII. A Europa não tem espelhos. Falta-lhe o "espelho, espelho meu" da rainha má que age como um estranho, o outro que oferece resistência e uma visão contraditória vinda de fora.

XIV. Ela está presa num espelho narcisista.

XV. Os itens presentes nos museus europeus são incapazes de encarar de volta o olho que os examina. Eles estão reificados, congelados, separados do lugar onde o córrego de suas vidas fluiu um dia. Foram sequestrados do fluxo de suas próprias transitoriedades. É a beleza encarcerada.

XVI. Na Europa, inexiste o direito ao contraditório. Refiro-me ao contraditório radical. Ela lutou com o intuito de apagar o outro da superfície do planeta e, agora, expulsa-o de seu próprio território. Rejeita a "face", o "semblante" do outro, em termos levinasianos,[3] e sofre

---

3 De acordo com os pensamentos do filósofo francês Emmanuel Levinas (1906-1995). (N.E.)

as consequências desse fato porque a ética da insatisfação, a ética insatisfeita, ao desejar menos sofrimento no mundo, precisa da resistência do outro e demanda pontos de vista, modos e gostos distintos a fim de se dar conta do que lhe falta.

XVII. O ambiente comunal das civilizações não ocidentais, não monoteístas, conseguiu recepcionar e incorporar a Europa, mas ela foi incapaz de se abrir a fim de receber o outro em seu núcleo. Em vez de incluí-lo com a dimensão de sua diferença radical, ela o canibalizou. O ambiente comunal opera numa lógica paraconsistente que permite aceitar, acolher e aderir a crenças e a estruturas cosmológicas incompatíveis. A Europa, com sua neurose monoteísta, uma neurose da coerência e do controle, é incapaz de agir assim e expulsa a diferença como se fosse uma anomalia.

XVIII. Ela vive a ficção de uma existência solitária, o que leva ao isolamento existencial, ao tédio e à decadência. O vazio da vida resulta do projeto histórico d'As Coisas em oposição ao projeto histórico d'Os Laços. O primeiro constrói indivíduos, o segundo, comunidades.

Num passado recente,

Eu diria que, a partir da última década,

o argumento moral deixou de ser um argumento.

O mundo se tornou cínico.

XIX. O capitalismo tem sua teologia. Trata-se de uma teologia muito semelhante ao que Hannah Arendt chamava de ideologia, uma ideologia que naturaliza a derrota e o extermínio de todos aqueles que não se encaixem nos valores do vitorioso, do mestre, do conquistador.

XX. O argumento moral não é mais convincente. É por isso que a teoria se tornou urgente outra vez. Somente um argumento analítico bem construído vai além e tem poder de convencimento.

Como se abrir a fim de aprender com os outros sem reduzi-los ao igual por meio de equivalências universais, sem sujeitá-los à tradução racionalizada. É urgente descobrir como fazê-lo.

A escrita dos corpos das mulheres[1]

"A escrita *nos* corpos das mulheres" é o título de um artigo que escrevi em 2006 com o intuito de tratar do que hoje é conhecido como os feminicídios de Ciudad Juárez,[2] onde a fronteira norte de Chihuahua, no México, se encontra com a fronteira sul dos Estados Unidos. A conexão entre aquele artigo e o trabalho de Miriam Cahn[3] pode ser vista nas amputações retratadas em suas pinturas, nas fissuras ensanguentadas dos corpos, na brutalidade à qual seres humanos são inexoravelmente expostos, na nudez e na precariedade das vidas que essas pessoas levam, na crueldade evidente que elas enfrentaram, mas que, de um modo estranho e surpreendente, foi incapaz de transformá-las em objetos ou de se apropriar de seus desígnios – porque elas brilham; ou seja, emitem luz. Porque elas caminham, movimentam-se, apesar da lentidão, com muito esforço e, ao que parece, sem direção. Porque elas continuam a cuidar.

O horizonte permanece claro e ao alcance, mesmo que distante. A encenação da história se dissolveu, e ela se mantém,

---

[1] Este texto foi publicado originalmente em "The Writing Of Women's Bodies", in Dziewanska, Marta (org.). *Miriam Cahn: I as Human*, 2019. (N.E.)
[2] O texto está incluído no livro *A guerra contra as mulheres* [*La guerra contra las mujeres*. Buenos Aires: Prometeo, 2016.], que será lançado pela Bazar do Tempo. (N.E.)
[3] Artista plástica nascida na Suíça, em 1949, com trabalho de forte cunho feminista. (N.E.)

por assim dizer, aberta, exposta, sem destino ou origem, livre, com uma liberdade sem propósito. As regras de convívio em sociedade foram suspensas. E, assim, os corpos parecem flutuar sobre um chão que flui, lá longe, sob os pés e sob um céu pesado demais. São lugares sem estrutura, ou cuja única estrutura é o vazio: uma anomia na qual o único significante preciso, infalível, é a ferida no corpo indefeso. Evidência de que ele foi submetido a uma tentativa de lhe causar dano, de lhe infligir sofrimento, de lhe suprimir a carnalidade que se traduz em suavidade, circularidade, luminosidade. Uma carnalidade feminina...

Por que isso aconteceu? Quem fez isso? Por que o fez? Por que feriram uma carne indefesa? Ou será que feriram apenas a vida propriamente dita?

Qual o significado do que estamos vendo? Quem precisa ferir a vida e deixá-la vagar, sofrendo, por entre espaços sem qualquer saída, espaços nos quais a esperança já perdeu todas as formas?

Durante os últimos 25 anos, eu tenho investigado o propósito e o significado daquilo que as pinturas de Cahn me mostram. KRIEGERIN (guerreira).

A estrutura fundamental: a célula violenta

Tempos atrás, eu descobri, por meio de longas conversas com estupradores de rua numa prisão de Brasília:

- que a agressão contra os corpos das mulheres era uma declaração de masculinidade diante do mundo; uma forma expressiva, não instrumental, de violência;

- que essa declaração era apenas uma obediência a um mandato que o grupo estabelecia a cada um de seus membros: o da masculinidade;

- que o mandato de masculinidade era, portanto, um mandato de estupro;

- que o abuso sexual representava uma sina que ia além da morte – o abuso sexual é a morte e assegura o patriarcado;

- que a habilidade de impor a morte era a única maneira de os homens confirmarem sua masculinidade;

- que esse destino impunha uma camisa de força genital às mulheres – a primazia decisiva da condição de mulher sobre a pessoalidade: "você é uma mulher, nada mais do que isso – eu limito você aos orifícios e às protuberâncias de sua genitália" é o que o estupro declara;

- que longe de ser uma infração, lesionar uma mulher era o cumprimento de um comando inapelável imposto aos membros daquilo que, à época, eu chamava de "fraternidade" e que, hoje em dia, de modo mais preciso, chamo de "corporação" masculina;

- que a masculinidade tem, em linhas gerais, a estrutura organizacional de uma corporação, assim como são também corporações as máfias, as forças policiais, os grandes conglomerados econômicos, todas as forças militares e o Poder Judiciário. Duas características essenciais confirmam que a fraternidade masculina é uma corporação replicada em outras estruturas de poder e de prestígio: a lealdade ao grupo corporativo é o valor supremo ao qual todos os outros valores estão subordinados, e seu ordenamento interno é estritamente hierárquico e autoritário;

- que a ideia de um "mandato de estupro" como parte do mandato de masculinidade implica que apenas o processamento, a ingestão e a desintegração de uma vítima sacrificial mantêm e reproduzem a fraternidade masculina, num ciclo de retorno ininterrupto e mortal, que é a fábrica na qual um mundo sempre assimétrico, desigual e violento é reproduzido;

- que o grupo corporativo masculino é erigido sobre a cobrança de um encargo feminino por meio da subjugação, o que alimenta a masculinidade de modo regular e atua como seu núcleo;

- que é por meio de seus pares, numa encenação infinita, que um agressor é instigado a cometer o abuso, e é a seus pares – estejam eles fisicamente presentes ou ocupando apenas a esfera mental do agressor – que ele dedica a exibição, o grande "espetáculo" da posse forçada de uma tentativa de controle sobre o corpo da vítima. É de seus pares que parte o mandato de masculinidade, bem como o título de "homem", atribuído a qualquer um que cumpra a exigência.

O que Cahn nos mostra é a vida que resta após a violência. Uma vida despida, a mais difícil de matar. A que persiste. Que chega a transcender e sobreviver às guerreiras. Elas jazem derrotadas, como os detritos de sua própria morte.

Ciudad Juárez, México; Sepur Zarco, Guatemala; Triângulo Norte da América Central; Buenaventura, costa do Pacífico colombiano: as novas formas da guerra

É por essa razão que o soldado e o membro da gangue desafiam e triunfam sobre os inimigos, sempre de modo temporário, por meio dos corpos das mulheres.

- O desprezo pelos corpos das mulheres e a sua pilhagem constituem a principal lição da "pedagogia da crueldade", que nos adestra e nos acostuma a transformar a vida em objetos, que nos programa para a desativação dos canais de empatia, que forja as personalidades psicopatas funcionais nessa era da propriedade e do domínio.

- Não há nada que se assemelhe a uma empatia por objetos, existe apenas a empatia por seres vivos, pela vitalidade, pela sensibilidade; no entanto, o mundo-como-objeto é um mundo que se pode possuir.

- O abuso sexual sistêmico contra os corpos das mulheres é, também, uma maneira de dissipar ou de destruir a coesão e o enraizamento local e comunitário, uma vez que o método por meio do qual imensos territórios são invadidos passa pela imposição da crueldade arbitrária contra corpos indefesos, "inocentes de guerra" – corpos que, num imaginário arcaico como o do gênero, não são os do soldado inimigo.

- O temido efeito colateral da guerra sobre os corpos das mulheres passou por uma transformação – as novas formas de guerra fizeram deles alvos táticos a fim de atingir um objetivo estratégico: pôr um fim à unidade e ao ânimo do inimigo.

- A guerra foi feminilizada, e, sem querer, o patriarcado revela nossa centralidade, nossa importância.

- A genderização do contexto, a fim de auxiliar a conquista, nunca foi refreada num mundo pós-dominação, para sempre colonial, numa modernidade nascida de gerações de invasões.

- A autoridade expressa na crueldade desnecessária é a linguagem daqueles que exercem a propriedade e asseguram sua soberania.

- A destruição de um corpo que não seja o do soldado inimigo por meios sexuais expressa a autoridade e o arbítrio da soberania – a gratuidade da crueldade.

- A profanação dizima o ânimo da vítima e demonstra o controle jurisdicional sobre vidas e territórios.

- A impunidade característica dos proprietários torna-se explícita, até exposta; eles precisam disso.

- O contexto patriarcal é replicado e desenvolvido ao longo de toda essa "pré-história patriarcal da humanidade" em sua renovação colonial, com a marca da conquista visível em toda sua força. É a "estrutura elementar", o primeiro contexto, a célula originária – dentro da família, nas ruas e na guerra – de toda violência; seu incubador é o terreno fértil para todas as manifestações de violência e de dominação.

- É também no contexto patriarcal da ordem política inicial, fundacional, na qual a pré-história patriarcal da humanidade tem início, que, em sua fase final e pós-colonial, ela enfim se desintegra.

Como interrompemos essa guerra, sem início ou fim, sem qualquer declaração ou armistício, sem possibilidade de acordos de paz? A guerra só será interrompida com o desmantelamento do mandato de masculinidade, uma vez que, sem a obediência coletiva dos homens a esse mandato, não haverá recursos humanos, nenhum poderio masculino para tal empreitada. O serviço deixará de ser feito.

A vida que resta: a escrita *dos* corpos das mulheres

As pinturas de Miriam Cahn nos oferecem uma ilustração do fim daquele mundo no qual a única coisa que resta é a carnalidade luminosa, andarilha, do corpo feminino com sua prole em busca de algum manancial que possa lhes dar abrigo. Quase não há outras pessoas no entorno. Lá, na solidão e na liberdade daquele mundo novo e desestruturado, ela poderá reconstruir e reorientar a história e seguir rumo ao horizonte desobstruído em alguma direção desconhecida, rumo a um destino ignorado, mas, por essa razão, inteiramente livre. Ela será aquilo que seu corpo traçar, abrindo um caminho, buscando uma direção.

No trabalho de Cahn, o corpo sofre; há aspereza e absoluta precariedade; a pedagogia da crueldade fez dele refém, mas foi incapaz de conquistá-lo: sem dúvida, *não se trata de um corpo-objeto*. Isso demonstra a qualidade oracular do projeto artístico.

Assim como na vida, a bidimensionalidade da tela é incapaz de reduzir a luz a duas dimensões. Mais uma vez, a luz triunfa nos corpos esféricos, moventes, movendo-se de modo lento e contínuo rumo a uma nova história. Sem qualquer utopia. Abrindo o caminho com a caminhada. Sem a autoridade de uma chegada obrigatória. Dessa vez, Ulysses foi virado de ponta-cabeça. Não há destino algum. No trabalho de Cahn, até na retratação das sombras e da escassez extrema, ou de uma procissão rumo à morte, a luz surge devagar, e as pessoas permanecem em movimento. Elas caminham. Elas falam, mesmo em silêncio: é impossível ferir a luz ou calar uma vida que não seja um objeto.

Nas luminosidades da carne ferida, eu encontro uma resposta, um caminho, uma sensação de esperança, uma que me inspira a abordar o trabalho de Cahn de uma perspectiva diversa da costumeira, de nossa derrota: a perspectiva de uma vitória da vida sobre a dor e sobre a morte. Fico surpresa. Eu a considero surpreendente. Não é o que se espera quando se fala de ferimentos em corpos de mulheres.

Certamente, não foi nesses termos que falei desse assunto antes. Até o momento, minhas análises me levavam a discutir outro tipo de escrita: a escrita *no* corpo, a escrita do *outro* no corpo. O trabalho de Cahn – apesar dos intensos dramas, sofrimento e privação – posiciona esse corpo e o faz traçar uma rota radiante, faz com que ele caminhe, retrata-o com vida, a despeito de todas as coisas esculpidas nas superfícies. Não importa que ele se torne uma tela cheia de inscrições, desde que sua luminosidade e carnalidade superem, erodam, minimizem a carga do patriarcado sobre o eu.

Será que a política num tom feminino, uma política em harmonia com a carnalidade das mulheres, é a vida propriamente dita? Se adotarmos esses termos, torna-se claro que o lugar e o papel do feminino no mundo transcende, estilhaça e subverte qualquer ideia de *status* minoritário ou de minorização. Uma política da vida nunca poderia ser minoritária. Quem fez isso? Quem a definiu assim? Que regime institucional enquadrou a política e o projeto da carne viva como um fenômeno minoritário? A pergunta central permanece flutuando no ar: por que nós cedemos?

Até o momento, minha resposta tem sido a de que o Estado e seus rituais burocráticos, apesar da retórica de eficiência e de direitos, não são mais do que o estágio final da história do patriarcado. O genocídio é a consequência da burocracia e do monopólio patriarcal da política. Contudo, aquilo que vemos sobrar e sobreviver das cinzas, flutuando numa atmosfera extrainstitucional, límbica, na pintura de Miriam Cahn, é, enfim, outro tipo de vida, um tipo diferente de pacto, uma busca por sobrevivência num mundo futurístico no qual os significantes estão à procura de significados externos ao código mortal que conhecemos e que toleramos na longa história patriarcal da humanidade.

Na atmosfera de um mundo acabado ou prestes a se acabar visto no trabalho visual de Cahn, fica muito claro que: a única coisa que resta é a carnalidade luminosa da própria vida, tentando se erguer e caminhar à procura de outro destino, de outra história, de outra política, de outro projeto coletivo... Um que seja ainda desconhecido. Lá, a vida será cultivada outra vez, pelas mãos das mulheres. Num mundo sem proprietários, um mundo no qual o mandato da masculinidade tenha sido desmontado.

Bibliografia

SEGATO, Rita. *La guerra contra las mujeres*. Buenos Aires: Prometeo, 2016.

____. "The Writing of Women's Bodies", in Dziewanska, Marta (org.). *Miriam Cahn: I as Human*. Warsaw/Nova York: Museum of Modern Art, 2019.

Sobre Miriam Cahn

A chaga aberta da Palestina e o mal da "razão do Estado" consumindo a inteligência judia

O grito inaudível

Assim como muitas pessoas, e em meio ao espanto que vai tomando conta da opinião pública, assisto ao insuportável espetáculo do massacre do povo palestino. A exibição da agressão letal pretende nos impor a certeza de que nada, nenhum esforço, conseguirá se interpor entre o poder de morte do Estado de Israel e o povo condenado. Esse espetáculo de arbitrariedade é também o espetáculo da decadência moral e jurídica do Ocidente.

Como tantas pessoas nestes dias, tento gritar, mas o grito não se ouve, parece jamais chegar a seu destino. Grito inaudível, como aquele da eficaz pintura de Edvard Munch, que resulta para sempre inesquecível por retratar o grito moderno, o grito isolado próprio da situação de fragmentação existencial que Hannah Arendt magistralmente distinguira da experiência da solidão. O incrível fenômeno da inaudibilidade do grito indica que mergulhamos, sem perceber, na incomunicabilidade própria de toda atmosfera totalitária, com seu estado de sítio midiático, com sua linguagem eufemística, com o encapsulamento dos sujeitos.

A grita geral que se condensa em textos, como este, convulsivos, desassossegados, desvelados, não sai da boca nem alcança seus interlocutores. Não consegue interromper a ação exterminadora de seus destinatários. A escrita é intransitiva. Aquela que Roland Barthes definira e outros consideraram a única forma de expressão legítima da experiência concentracionária, única capaz de captar este presente de intempérie extrema, intraduzível, *bewilderness* – seja física para aqueles que, em seu minúsculo e torturado território-lager, morrem sua morte de ferro, dor, fome e frio, ou moral e espiritual, como a de todos nós, incluindo os próprios algozes, em seu aparente júbilo.

Este padecimento incontornável e inconsolável é algum *déjà-vu*, uma experiência que remete a um passado não distante no qual vozes também desoladas tentaram insurgir-se contra o ferro e o fogo do extermínio de outro povo. É indiscutível a semelhança, tanto na ação quanto na reação desencadeada, com o evento da invasão do Iraque;[1] naquela época, não foi possível deter os gritos eminentes e assombrosamente inaudíveis – por serem inócuos – de autores como Gabriel García Márquez, José Saramago, Gore Vidal, Mario Benedetti, Eduardo Galeano, Harold Pinter, Susan Sontag, John le Carré ou Noam Chomsky. Nada conseguiu, naquela ocasião, interromper o avanço da letalidade estadunidense. Eloquente fora, naqueles dias ainda próximos, a carta-resposta do diretor do jornal uruguaio *La República*, Federico Fasano, para o embaixador estadunidense no Uruguai, publicada em separata do mesmo jornal no dia 30 de março de 2003. A carta desvendava, uma por uma, exaustivamente, as numerosas coincidências entre os Estados Unidos pós-11 de setembro e a Alemanha nazista. Críticas ferozes e convincentes que pouco significaram diante do avanço do fogo genocida.

Vozes otimistas alçaram-se para afirmar que nunca a opinião pública mundial alcançara tal nível de lucidez a respeito do poder imperial, que o protesto popular havia anos não mostrava uma vitalidade tão grande. Milhões de pessoas foram às ruas para se manifestar contra o absurdo. Nunca, segundo

---

[1] A invasão do Iraque pelos Estados Unidos aconteceu em março de 2003. (N.E.)

os analistas, o capital simbólico e o capital moral dos Estados Unidos da América haviam caído a níveis tão baixos; no entanto, se os textos eminentes tivessem podido, como se acreditou, aceder às consciências e chacoalhá-las, o horror de ontem e de hoje teria sido interrompido. A única e maior diferença entre a irracionalidade contemporânea e a da Alemanha da Shoah é que, hoje, a evidência se encontra exposta. E há o grito da opinião pública perante essa evidência. Porém, o grito, por alguma razão que ainda devemos examinar, tornou-se inaudível, e o clamor, surdo. Todas as soberanias foram suspensas e os direitos e recursos de todos os povos alienados quando o poder de morte foi consagrado como única lei, aos olhos do mundo, com a invasão do Iraque e, hoje, com a devastação de Gaza. Uma mecânica primordial, zoológica e primitiva aflorou e desbancou a gramática inteligível das leis humanas quando não houve limite para o poder exterminador do Norte, agora desdobrado no braço de Israel. O que hoje presenciamos é parte da mesma lição de anomia imperial e a emergência da capacidade bélica letal e genocida de um povo sobre outro como procedimento único. Como isso é possível? Ou, como na epígrafe escolhida por Hannah Arendt, citando David Rosset, como "tudo é possível"? E ainda: como representar esse "tudo" das possibilidades, como comunicá-lo e barrá-lo? Como encontrar a palavra eficiente quando a sintaxe que organiza toda a narrativa tenta capturar o monstro agramatical, o mecanismo exclusivo da força bruta e toca no substrato pétreo do pré-humano, do inumano, do inenarrável e indescritível?

Vozes de autores de descendência judaica total ou parcial, como eu, elevam-se uma após a outra, tentando, sem sucesso, denunciar o papel desempenhado pelo Estado de Israel ao mergulhar a humanidade na barbárie da lei do mais forte. Não poderiam nunca ser judeus aqueles que rasgam a preciosa malha do tecido humano, sendo que foi em nome de seu povo que o Ocidente tentou um pacto universal. Mas caem no vazio as repetidas advertências de Norman Finkelstein, Ilan Pappé, Tony Judt, Daniel

Barenboim, Juan Gelman, León Rozitchner, Ricardo Forster, Gilad Atzmon, entre muitos outros que não aceitam se identificar com o belicismo antipalestino. Parece inevitável, no entanto, que coletividades nacionais de judeus sem qualquer conexão com a postura bélica em questão se tornem também reféns e vítimas, elas próprias, ao ficar expostas a um julgamento público cada dia mais irado e nem sempre instruído para compreender a distância existente entre elas e os cúmplices do poder imperial que administram o precário Estado de Israel. A carta que Albert Einstein escrevera já em 1929 para o sionista Georg Weissman é comumente citada salientando a importância de construir uma convivência harmônica com os árabes. Menciona-se que foram judeus sem Estado e sem lealdades nacionais mesquinhas aqueles que prodigalizaram a toda humanidade os dons de sua fecunda imaginação intelectual e libertária para toda a humanidade. Revisam-se as páginas de Hannah Arendt, como sua exploração das simplórias entranhas do Mal expostas no julgamento de Eichmann[2] em Jerusalém: nela nos assomamos à afinidade natural entre o projeto nazista da deportação em massa dos judeus – a assim chamada "primeira solução" – e o projeto sionista inaugurado por Theodor Herzl.[3]

Mas todos os apelos e narrativas esbarram numa impossibilidade, que é a própria impossibilidade da representação: o Mal não pode ser representado, porque a narrativa somente pode veicular, comunicar, aquilo que obedece à estrutura que doa sentido, à lógica humana, à racionalidade e à gramaticalidade própria de toda linguagem. Fora disso, batemos numa porta falsa, emitimos sons fadados ao silêncio. O que dissermos não conseguirá captar o horror dos sucessos, porque os sucessos são tão ininteligíveis quanto o próprio abismo da morte. Ante a impossibilidade de significar o vazio da lei ("esse nada

---

[2] Em 1961, Hannah Arendt acompanhou o julgamento em Jerusalém de Adolf Eichmann, oficial nazista responsável pela deportação de milhares de judeus para os campos de concentração durante a Segunda Guerra Mundial. A partir dessa experiência escreveu o livro *Eichmann em Jerusalém: um relato sobre a banalidade do mal*. (N.E.)

[3] Theodor Herzl (1860-1904) é considerado o pai do sionismo político. (N.E.)

que nos subjuga" na ordem burocrática autoritária), explica Martín Hopenhayn em seu sutil ensaio sobre o autor de *O Castelo*,[4] o texto kafkiano recorre à mimese e à reificação. Nenhuma linguagem referencial, "nenhuma adequação da linguagem à coisa" resultaria eficiente. Foi essa impossibilidade de representar a suspensão de toda lei que Schönberg alegorizou em *Um sobrevivente de Varsóvia*, obra composta para narrador, coro e orquestra, na qual se descreve o caminho de um grupo de prisioneiros de um campo de concentração alemão até a câmara de gás. A composição textualiza o percurso dos prisioneiros, porém, quando alcança o momento de horror supremo, Schönberg se cala e a narrativa se detém para dar lugar à voz coletiva. Escuta-se, então, não mais a voz autoral do compositor, mas sim o hino judaico Shemá Israel, cujo texto está em hebraico com algumas partes em alemão: apenas o coletivo ancestral pode substituir o silêncio abissal do inenarrável.

O Holocausto – palavra que eu preferiria utilizar no plural para dar conta de outros extermínios, incluindo o que agora testemunhamos –, como é discutido na obra coletiva organizada por Saul Friedländer, *Probing the Limits of Representation: Nazism and the Final Solution*,[5] nos coloca perante a questão do inenarrável e do inimaginável, do incomunicável daquilo que, pela monstruosidade, recai fora do domínio do humano e, como tal, evade a representação. A invasão do Iraque e o genocídio de Gaza fazem parte do mesmo grupo de eventos que suspendem toda gramática humana, que ignoram todo contrato. Daí a dificuldade dos textos em tentar gerar a consciência necessária para abalar a ordem genocida e interromper a matança.

Outro judeu notável, George Steiner, afirmou, em seu ensaio

---

[4] M. Hopenhayn, *Por qué Kafka?: poder, mala conciencia y literatura*, 1983. (N.A.)
[5] S. Friedländer, *Probing the Limits of Representation: Nazism and the Final Solution*, 1992. (N.A.)

sintomaticamente chamado "pós-escrito", parte da obra *Linguagem e silêncio: ensaios sobre a crise da palavra*: "Pois é coisa certa, de modo algum, que o discurso racional *possa* lidar com tais questões, estando como estão, fora da sintaxe normativa da comunicação humana, no domínio explícito do bestial."[6] Toda narrativa é ordenamento e, portanto, estetização. Isso representa um limite para a possibilidade de tornar o Mal comunicável.

Se a palavra é inócua diante da barbárie, se a retórica dos textos não alcança nem toca nos ouvidos da Besta e não consegue chacoalhar o marasmo das multidões atônitas, não haverá saída: somente a força bruta restará para se opor à força bruta. O ataque de Israel estará fadado a outorgar validade à luta do Hamas. Trata-se de um teorema sociológico.

Bibliografia

ARENDT, Hannah. *Eichmann em Jerusalém: um relato sobre a banalidade do mal*. São Paulo: Companhia das Letras, 1999.

HOPENHAYN, M. *Por qué Kafka?: poder, mala conciencia y literatura*. Buenos Aires: Paidós, 1983.

FRIEDLANDER, S. *Probing the Limits of Representation: Nazism and the Final Solution*. Harvard: Harvard University Press, 1992.

STEINER, G. *Linguagem e silêncio: ensaios sobre a crise da palavra*. São Paulo: Companhia das Letras, 1988.

---

6   G. Steiner, *Linguagem e silêncio: ensaios sobre a crise da palavra*, 1998, p. 198. (N.A.)

"Somos todos Palestina": a literalidade insuspeitada da consigna[1]

A violência de Israel sobre a Palestina está sendo desatada ciclicamente e cada vez com maior ferocidade. No entanto, os danos de 2014[2] estão mais expostos do que nunca, pois, apesar da agenda da maioria dos meios de comunicação do mundo, as imagens falam claramente por si mesmas. A embaixadora de Israel na Argentina se apresenta em um canal de televisão e repete, como único argumento: "O Estado de Israel está preocupado com a segurança de seus cidadãos." As imagens mostram que é a *Palestina que se encontra indefesa, sem segurança e entregue a um Estado cruel e a um projeto colonial despojador e genocida, projetado pela Inglaterra com aprovação de seus aliados europeus, mais tarde assumido pelos Estados Unidos e executado por Israel. Pois a história é esta: o projeto é colonial, europeu e eurocêntrico, em que Israel não é nada mais do que seu Estado fantoche, o pião executor.*

Isso é facilmente constatável, por exemplo, pela análise de Joseph Massad sobre a composição racial e colonial da agressão

---

1 Originalmente publicado em: *Las Página 12*, Buenos Aires, 15 ago. 2014. (N.A.)
2 Em julho de 2014, Israel realizou uma das mais violentas ofensivas contra a Palestina, resultando em mais de 2 mil palestinos e 71 israelenses mortos. (N.E.)

à Palestina. O autor evidencia a linha de continuidade que se inicia com o racismo aplicado pela Europa ao povo judeu e culmina na forma como hoje Israel representa, no Oriente Médio, a Europa e os Estados Unidos diante dos palestinos. Segundo Massad, os aliados europeus e estadunidenses, judeus e não judeus, que servem como voluntários no exército israelense, mostram claramente que Israel é hoje o abandeirado da superioridade branca, que discrimina não apenas os palestinos e os árabes israelenses, mas também os judeus não brancos, erguendo a bandeira do – eurocentrismo, do racismo e da colonialidade.[3] A respeito dessa mesma bandeira do Norte branco plantada na seção mais insubmissa e indigesta do mundo árabe, a Palestina, é bem interessante constatar que, para além das cifras exorbitantes que circularam nesses dias revelando o fluxo sustentado, ao longo de anos, de fundos e de armamentos enviados dos Estados Unidos para Israel – conforme evidenciam documentos vazados por Edward Snowden para o ex-jornalista do *The Guardian*, Glenn Greenwald –, provocam perplexidade e fornecem uma medida da fusão e da natureza indiscernível das relações carnais entre Israel e os Estados Unidos, pois nos permitem descobrir que "Israel tem acesso direto à mais alta tecnologia militar estadunidense".[4]

Assim, Israel coloca em risco não apenas a grande inteligência judaica – que, devido a sua humanidade despojada de laços e de lealdades militares e estatais, iluminou os caminhos da humanidade desde Spinoza ou mesmo antes –, como também o próprio bem-estar e a sobrevivência do povo judeu, já que, ao que tudo indica, poderá ser perseguido pela ira do mundo mais uma vez; um mundo que não tem critérios suficientes para discernir entre o que é um judeu e o que é uma máfia que opera a empresa avançada do aparelho militar estatal estadunidense.

---

3 J. Massad, "Jewish volunteers for racial supremacy in Palestine", 2014. (N.A.)
4 RT News, "Obama's 'helplessness' an act: Snowden reveals scale of US aid to Israel", 4 ago. 2014. Disponível em <https://www.rt.com/news/177716-us-israel-funding-aggression/> Acesso em 10 jan. 2022. (N.A.)

Sem mencionar o risco que significa para a própria população de Israel, uma vez que, como confirmaram os representantes do governo do Norte em algumas ocasiões, os Estados Unidos não têm amigos, e sim sócios de interesses, e, essas alianças podem eventualmente caducar, como já aconteceu no passado recente.

Dito isso, a palavra "segurança", repetida sem rodeios pela senhora embaixadora com sua ensaiada mansidão, torna-se mais risível. É impossível se convencer de que alguém terá "segurança" bombardeando o quintal de um primo. Depois do povo palestino, a principal vítima do grupo apropriador do Estado de Israel é o próprio povo judeu. A idolatria estatal não é mais do que um desvio da história judaica e um retorno ao evento bíblico da adoração do bezerro de ouro. Por fidelidade ao espírito dessa história, lembremos da referência ao significado do Estado do grande escritor I. L. Peretz, em seu discurso sobre a língua iídiche na abertura da Conferência de Czernowitz, em 1908:

> O Estado ao qual eram oferecidos os povos pequenos e fracos, como outrora foram oferecidas crianças pequenas a Moloch; o Estado que, devido aos interesses das classes dominantes entre os povos, precisava tudo nivelar, igualar: um exército, uma língua, uma escola, uma política e um direito de polícia [...] O "povo" e não o Estado é a palavra moderna! A nação e não a pátria! Uma cultura peculiar e não fronteiras com caçadores guardando a vida peculiar dos povos [...] Queremos viver e criar nossos bens culturais e doravante jamais sacrificá-los aos falsos interesses do "Estado", que é unicamente o protetor dos povos governantes e dominadores e o sanguessuga dos fracos e oprimidos![5]

---

5   I. L. Peretz, Efenung-rede, em: Di Erschte Íidische Schprackh-konferentz, apud Guinsburg, J., *Aventuras de uma língua errante*. São Paulo: Perspectiva, 1996, p.160. Agradeço a Otávio Velho pela referência. (N.A.)

Hoje, por causa disso, ganha ímpeto uma luta mundial contra o controle teocrático do Estado de Israel, de seu racismo e seu colonialismo.

Apenas para revisar, bem por cima, alguns dados: desde 2005, Gaza sofre um bloqueio israelense marítimo e aéreo, e, desde 2007, também um bloqueio terrestre. Os palestinos encontram-se asfixiados no próprio território, impossibilitados de atravessar as fronteiras de Israel e do Egito. Muitos são vítimas de maus-tratos, em alguns casos até mortos, quando precisam ir a Israel para trabalhar ou obter assistência médica especializada. O bloqueio impede o ingresso de alimentos em Gaza, como massas, bolachas, chocolates ou lentilhas. Também impede a entrada de lápis de cor, papel e computadores, instrumentos musicais e bolas de futebol, assim como produtos de primeira necessidade como materiais de construção, papel higiênico, louça, agulhas, lâmpadas, lençóis, cobertores, sapatos, cadeiras de roda, colchões e linhas de pescar, entre muitos outros itens. No ano 2000, foram demolidas 20 mil moradias e 1,4 milhão de árvores frutíferas foram cortadas.[6] Israel detém o monopólio de todo o comércio para Gaza e cobra impostos sobre todos os produtos que ingressam na região, incluindo as doações internacionais. Também impede a exportação de produtos de Gaza tanto para Israel como para a Cisjordânia. Segundo Ezequiel Kopel: "Somente em 2012, as empresas israelenses faturaram US$ 380 milhões a partir de produtos comercializados em Gaza."[7] Em Gaza, 95% da água não é apta para consumo. Israel dispôs que "os habitantes devem se 'conformar' com a água da chuva e com as águas subterrâneas acumuladas sob o território", as quais não são próprias para consumo por serem salinas e sujas. Dez por cento dos serviços e produtos urgentes devem ser adquiridos de

---

[6] N. Armanian, "'Pogromo' palestino y ser mujer bajo el Gran Muro", *Other News en español*, 31 jul. 2014. (N.A.)

[7] E. Kopel, "La realidad de los datos de Gaza", 4 ago. 2014, Disponível em: <https://www.agenciapacourondo.com.ar/internacionales/la-realidad-de-los-datos-de-gaza> Acesso em jun. 2022. (N.A.)

Israel, incluindo a eletricidade. Em 2006, Israel bombardeou e danificou a única usina elétrica de Gaza, e acabou por destruí-la completamente em 2014, privando a população da eletricidade, à exceção das poucas horas diárias em que podem utilizar a energia elétrica importada de Israel. Os habitantes da Faixa de Gaza não tem permissão para pescar em 85% da costa marítima da região, e apenas os 11 quilômetros de pior rendimento lhes são acessíveis, dentro de uma área de 6 milhas desde costa.[8] Conforme Kopel, "Israel permitia o contato de familiares entre Gaza e Cisjordânia somente em 'casos humanitários excepcionais'". Somam-se a isso a Lei da Propriedade de Ausentes e a Lei do Retorno, que representam um opróbrio para a inteligência jurídica mundial. A Lei da Propriedade de Ausentes legislou a transferência de moradias e propriedades palestinas a mãos israelenses. Através da Lei do Retorno, qualquer pessoa *do mundo* convertida ao judaísmo terá todas as facilidades para se mudar para Israel, além de fundos de apoio para se estabelecer e estudar, enquanto os mesmos direitos *não são concedidos* a um palestino ou uma palestina, moradores ancestrais daquele território. Os palestinos casados com estrangeiros também não estão autorizados a receber seus cônjuges em seu país, mas aos israelenses esse direito é garantido.[9] A lista de iniquidades é interminável. No entanto, no discurso mais divulgado pela mídia, parece ser legítimo que Israel busque a "segurança" de seus cidadãos, mas não que a população palestina busque a sua.

O mundo vê com receio a dimensão dessa agressão, que, apesar dos operativos militares, *revela-se mais próxima de uma invasão do que de uma guerra, pela falta de simetria radical: de um lado está o agressor, do outro quem se defende, ainda que os discursos midiáticos busquem apagar essa diferença inegável e inventem fórmulas discursivas com a intenção de obstruir, distrair e desviar a compreensão dos fatos.* Nessa

---

8   Ibid. (N.A.)
9   O. Rodrígues, "Israel, Palestina: cómo empezó todo", 2014. (N.A.)

última investida, e exercendo ainda o direito legítimo de defesa, a reação palestina causou 27 vítimas no lado israelense, das quais 25 eram militares, enquanto, como é sabido, Israel matou quase 2 mil palestinos, dos quais mais de 80% eram civis. Segundo informou a Unicef, em 5 de agosto de 2014, 392 crianças foram mortas, 2.505 ficaram feridas e 370 mil precisam de ajuda psicológica com urgência. "A ofensiva teve um impacto catastrófico e trágico nas crianças", comenta-se na mesma matéria.

Nesse cenário, o mais marcante, e o que, finalmente, leva ao meu argumento aqui, é que *nada pode ser feito*. A razão está do nosso lado, *mas a força não está*. E quando emerge essa dimensão agramatical da existência, quando emerge a anomia, tudo o que resta é o terror e o grito, que, como na famosa obra de Edvard Munch, não passa de uma careta muda. Nada nem ninguém pode intervir para proteger um povo que se tornou um inerme espectador de seu próprio extermínio. Seu grito, como afirmei em uma matéria publicada neste mesmo jornal em 2009,[10] é um grito inaudível, incapaz de chegar a seu destino.

Aqui e lá, tenho insistido na importância de perceber, além da dimensão instrumental, material e imediatista da violência, sobretudo a *dimensão expressiva*, que é também, ao final, mediatamente utilitária, destinada a construir o poder de uma forma superlativa e, poderíamos dizer, final. A agressão a Gaza precisa ser submetida a esse escrutínio, a essa "escuta". O que pode ser observado no sustentado despejo dos palestinos de suas terras, na violação de seus direitos à propriedade, à saúde, à água, à vida? O que resulta da impossibilidade de pôr fim à insensatez da violência massiva, excessiva, indiscriminada, irracional, apesar de todas as vozes que se levantam no mundo, apesar de todos

---

10 R. Segato, "El grito silencioso", *Las 12*, 2009. (N.A.)

os argumentos éticos? Pois estamos diante de uma *pedagogia do arbítrio e da crueldade, que é uma ameaça contra todos os povos do mundo*. Nesse sentido, bem concreto, s*omos todos palestinos*, porque a subjugação da Palestina, sem qualquer restrição legal, inaugura uma fase da história na qual o autoritarismo, o controle ditatorial, arbitrário e forçado foram globalizados. Tínhamos medo das ditaduras setentistas em diversos países e regiões, e agora temos uma mão ditatorial de espectro global exibida diante dos olhos do mundo: estamos todos expostos à sua patrulha, à sua discrição, ao seu poder de tortura e morte. Acabamos de descobrir que *não há lei ou que, na verdade, a única lei é a força*. Acabamos de descobrir que vivemos em um mundo anômico, onde nada é capaz de deter a letalidade dos mais fortes. Chegamos a uma fase cínica da história, na qual a força é razão necessária e suficiente, sem qualquer obrigação de responder até à ficção da legalidade, nem sequer à referência à norma como uma gramática que organiza a confiança e a previsibilidade nas relações entre as nações. Somente uma luta decolonial em escala mundial contra o caráter teocrático do controle estatal de Israel, do racismo e da colonialidade do poder pode oferecer uma saída para o genocídio em curso e para a ameaça que ele representa para toda a humanidade.

Bibliografia

ARMANIAN, Nazanín. "'Pogromo' palestino y ser mujer bajo el Gran Muro", in *Other News em español*, 31 jul. 2014.

KOPEL, Ezequiel. "La realidad de los datos de Gaza". 4 ago. 2014. Disponível em <https://www.agenciapacourondo.com.ar/internacionales/la-realidad-de-los-datos-de-gaza>. Acesso em jun. 2022.

MASSAD, Joseph. "Jewish volunteers for racial supremacy in Palestine", in *The Electronic Intifada*, 4 ago. 2014. Disponível em http://electronicintifada.net/content/jewish-volunteers-racial-supremacy-palestine/13695. Acesso em out. 2022.

PERETZ, I. L. "Efenung-rede", in Di Erschte Íidische Schprackh-konferentz, apud Guinsburg, J. *Aventuras de uma língua errante*. São Paulo: Perspectiva, 1996, p. 160.

RT NEWS. "Obama's 'helplessness' an act: Snowden reveals scale of US aid to Israel", in *RT News*. Disponível em http://rt.com/news/177716-us-israel-funding-aggression/. Acesso em out. 2022.

RODRÍGUES, Olga. "Israel, Palestina: cómo empezó todo", in ALAI América Latina, 25 jul. 2014.

SEGATO, Rita. "El grito silencioso", *Las 12*, 23 jan. 2009, p. 12.

Antropologia, religião e ética

Antropologia e direitos humanos: alteridade e ética no movimento de expansão dos direitos universais[1]

Introdução

Passarei em revista quatro grandes temas que revelam a tensão entre normas locais e normas de mais amplo espectro. Em primeiro lugar, abordarei a diferença entre a lei e a moral, cuja distinção se faz necessária para o entendimento da coabitação de uma diversidade de *comunidades morais*[2] no universo de uma nação diante do papel mediador da lei (em condições ótimas e em contextos plenamente democráticos, essas comunidades morais podem se desenvolver como verdadeiras *jurisdições étnicas* bem articuladas com a *jurisdição estatal moderna*). Em seguida, tratarei da pluralidade de jurisdições estatais diante do *internacionalismo dos direitos humanos*.

---

1 A expressão "movimento de expansão" faz referência ao fenômeno de constante desdobramento das categorias jurídicas que compõem os direitos humanos. (N.A.)
2 Definirei as noções de moral e ética de modo a distanciar-me da concepção habermasiana, que vem tendo forte impacto no pensamento contemporâneo e nos estudos do direito. Em minha concepção, diferente daquela, como se verá, a moral é arraigadamente cultural e a ética é pessoal e, precisamente, o último bastião de autonomia e irredutibilidade do sujeito, qualquer que seja seu nicho social e cultural. (N.A.)

Examinarei, então, o conflito entre o projeto relativista da antropologia e o projeto universalista dos direitos humanos, e exporei muito sinteticamente as estratégias alternativas propostas por quatro autores para a solução desse impasse. Finalmente, retomarei o tema inicial e defenderei a importância de se considerar a dimensão ética da existência humana como algo distinto tanto da moral quanto da lei moderna. Nessa concepção, o impulso ou desejo ético é visto como motor e fundamento dos direitos humanos em seu constante processo de expansão – e a marca definidora de tal impulso é a disponibilidade para a interpelação pelo outro. Para isso, muitos setores já demandam uma antropologia capaz de cumprir um novo papel e de colaborar no complicado processo de expansão do direito e de articulação entre horizontes culturais particulares e uma jurisdição que se confunde com a própria humanidade.

A construção do direito perante a diversidade das comunidades morais

Em novembro de 2002, 41 mulheres indígenas, representantes de povos dispersos pelo extenso território brasileiro, reuniram-se em Brasília durante uma semana para participar de uma Oficina de Capacitação e Discussão sobre Direitos Humanos, Gênero e Políticas Públicas. Fui incumbida, pela Fundação Nacional do Índio (Funai), de preparar uma cartilha, que serviria de base para a discussão, com os conceitos básicos relativos a gênero e direitos humanos, bem como de lhes explicar durante a oficina as categorias centrais do pensamento teórico ocidental sobre ambos os temas, para mais tarde recolher descrições dos problemas que as participantes indígenas e suas comunidades enfrentavam e relatar suas aspirações na forma de políticas públicas de seu interesse. O informe final, com uma proposta de ações afirmativas voltadas para mulheres indígenas, destinava-se ao registro das demandas ali apresentadas.[3]

Um dos momentos mais ricos e complexos da discussão de conceitos ocorreu quando uma das participantes, a advogada indígena Lucia Fernanda Belfort, da etnia kaingang, perguntou sobre a possibilidade de se considerar o costume tradicional de um povo originário equivalente à lei, ou seja, sobre a possibilidade de se considerar o direito "tradicional", o costume, equivalente ao direito em seu sentido moderno e passível de substituição dentro da comunidade. Essa é, sem dúvida, uma grande pergunta, que encontra as respostas mais diversas na literatura sobre o tema.

Se nos remetermos à Convenção 169, de 1989, da Organização Internacional do Trabalho (OIT) sobre Povos Indígenas e Tribais em Países Independentes, ratificada pelo Brasil em junho de 2002, seremos advertidos de que, embora se recomende sensibilidade com relação ao chamado direito "consuetudinário" e aos costumes das sociedades indígenas, esses *outros direitos*, ou *direitos próprios*, tal como às vezes são denominados, não podem contradizer os direitos definidos pelo sistema jurídico nacional nem os direitos humanos internacionalmente reconhecidos. Mantém-se, assim, certo grau de indefinição, ao se inovar no pluralismo que a Convenção introduz, insistindo-se, contudo, na necessidade de negociar quando as leis modernas e em especial os direitos humanos instituírem o caráter intolerável de determinados costumes:

> Artigo 8º.
> 1. Ao aplicar a legislação nacional aos povos interessados, deverão ser levados na devida consideração seus costumes ou seu direito consuetudinário.

---

3   R. Segato, *Uma agenda de ações afirmativas para as mulheres indígenas do Brasil*, 2002. (N.A.)

2. Esses povos deverão ter o direito de conservar seus costumes e instituições próprias, desde que eles não sejam incompatíveis com os direitos fundamentais definidos pelo sistema jurídico nacional nem com os direitos humanos internacionalmente reconhecidos. Sempre que for necessário, deverão ser estabelecidos procedimentos para se solucionarem os conflitos que possam surgir na aplicação deste princípio.
3. A aplicação dos parágrafos 1 e 2 deste Artigo não deverá impedir que os membros desses povos exerçam os direitos reconhecidos para todos os cidadãos do país e assumam as obrigações correspondentes.

Artigo 9º.
1. Na medida em que isso for compatível com o sistema jurídico nacional e com os direitos humanos internacionalmente reconhecidos, deverão ser respeitados os métodos aos quais os povos interessados recorrem tradicionalmente para a repressão dos delitos cometidos pelos seus membros.
2. As autoridades e os tribunais solicitados para se pronunciarem sobre questões penais deverão levar em conta os costumes dos povos mencionados a respeito do assunto.

Artigo 10º.
1. Quando sanções penais forem impostas pela legislação geral a membros dos povos mencionados, deverão ser levadas em conta as suas características econômicas, sociais e culturais.
2. Dever-se-á dar preferência a outros tipos de punição que não o encarceramento. Vemos que, apesar das recomendações especiais e do pluralismo no reconhecimento das formas tradicionais de resolução de conflitos, retribuição e reparação, a Convenção deixa claro não perceber como equivalentes ou do mesmo nível as normas tradicionais baseadas em práticas e valores culturais ancestrais e

as leis de âmbito estatal ou supraestatal. Ressalte-se que o tema do *pluralismo jurídico* é de grande complexidade e inclui polêmicas fundamentais para a regulamentação do uso da Convenção (ver, por exemplo, Albó;[4] Castro e Sierra;[5] Maliska;[6] Sánchez Botero;[7] Sousa Santos;[8] Sousa Santos e García Villegas;[9] Yrigoyen Fajardo;[10] e Wolkmer,[11] entre muitos outros que contribuíram para esse instigante campo de estudos).

Apesar de meu interesse pela regulamentação de procedimentos jurídicos que levem em consideração a pluralidade de concepções de justiça dos diversos povos que habitam nosso continente, devo salientar que o direito moderno encontra-se em tensão com alguns costumes não somente no caso das sociedades "simples" ou dos "povos originários", mas também no próprio Ocidente, em plena modernidade. De fato, a lei entra em rota de colisão com a moral estabelecida e com crenças arraigadas em sociedades que julgamos "modernas", erodindo o costume no seio do próprio Ocidente, quando, por exemplo, um novo código civil suprime o "chefe de família" ou a *patria potestas* exclusiva do pai e especialmente quando incorpora e constitucionaliza as convenções contra todas as formas de discriminação racial e de gênero, põe órgãos coercitivos a serviço da erradicação do racismo e sanciona leis que garantem ações afirmativas para beneficiar as mulheres, as

---

4 X. Albó, "Derecho consuetudinario: posibilidades e límites", 1998; "Principales características del derecho consuetudinario", 1999. (N.A.)
5 M. Castro e M.T. Sierra, "Derecho indígena y pluralismo juridico en America Latina", 1999. (N.A.)
6 M.A. Maliska, *Pluralismo jurídico e direito moderno*, 2000. (N.A.)
7 E. Sánchez Botero, "Justicia, multiculturalismo y pluralismo jurídico", in *Derechos propios: ejercicio legal de la jurisdicción especial indígena en Colombia*, 2003. (N.A.)
8 B. de Sousa Santos, *La globalización del derecho: los nuevos caminos de la regulación y la emancipación* e "Por uma concepção multicultural de direitos humanos", 1998. (N.A.)
9 B. de Sousa Santos e M. García Villegas, *El caleidoscopio de las justicias en Colombia*, 2001. (N.A.)
10 R. Yrigoyen Fajardo, *Pautas de coordinación entre el derecho indígena y el derecho estatal*, 1999. (N.A.)
11 A.C. Wolkmer, *Pluralismo jurídico: fundamentos de uma nova cultura do direito*, [1994] 2001. (N.A.)

pessoas negras ou os portadores de deficiências físicas. Nesse sentido, a Convenção sobre a Eliminação de Todas as Formas de Discriminação contra a Mulher das Nações Unidas (na sigla em inglês, Cedaw), adotada pela Assembleia Geral da ONU em 1979, é clara ao determinar, no Artigo 5°, que

> [...] os Estados-Parte tomarão todas as medidas apropriadas para [...] modificar os padrões socioculturais de conduta de homens e mulheres, com vistas a alcançar a eliminação dos preconceitos e práticas consuetudinárias e de qualquer outra índole que estejam baseados na ideia de inferioridade ou superioridade de qualquer dos sexos ou em funções estereotipadas de homens e mulheres.[12]

No caso do encontro ao qual me referia, as mulheres perguntaram, em seguida, qual é a relação entre o *costume* e a *cultura*, esperando também que, como antropóloga, eu lhes pudesse dar algum subsídio técnico para o que necessitavam elaborar. Respondi da seguinte maneira: a cultura é constituída por costumes – tanto do pensamento e dos valores, ou seja, das normas e modos costumeiros de pensar e julgar, quanto das práticas, englobando ações e formas de interação habituais. Em consonância com a finalidade que nos congregava, as mulheres recomendaram, então, que se tentasse sempre, durante a formulação das reivindicações de gênero, pensar e sugerir maneiras de modificar os costumes que as prejudicavam, evitando que essas modificações alcançassem a cultura como um todo. Em outras palavras, o que se apresentou como o grande desafio para as culturas fragilizadas pelo contato com o Ocidente foi a necessidade de implementar estratégias de transformação de alguns costumes, preservando o contexto de continuidade cultural. Isso não é tarefa simples, sobretudo se levarmos em conta que, em sociedades nas quais

---

[12] Para uma análise mais detalhada, ver: R. Segato, "La argamasa jerárquica: violencia moral, reproducción del mundo y la eficacia simbólica del derecho", in R. Segato, *Las estructuras elementales de la violencia: ensayos sobre género entre la antropología, el psicoanálisis y los derechos humanos*, 2003, p. 107-130. (N.A.)

a economia doméstica é central para a sobrevivência, a estreita complementação entre os papéis e posições dos dois gêneros não só se confunde com a própria cultura e se torna inseparável da autoimagem pela qual a identidade se solidifica, como também tem um papel crucial na reprodução material do grupo.[13] Nesse caso, é difícil alterar os direitos de um dos gêneros sem consequências para a sobrevivência e a continuidade de todo o grupo como unidade política e econômica.

O relato da discussão do grupo de mulheres sobre um conjunto de políticas públicas que poderia beneficiá-las expõe o difícil dilema da universalidade dos direitos humanos e uma de suas contradições inerentes: pelo menos no caso específico dos direitos humanos da mulher, se afirmarmos que a norma moral tradicional vale tanto quanto a lei, estaremos no caminho do reconhecimento pleno da autonomia dos povos originários, mas nos distanciaremos, na maior parte dos casos, do que os instrumentos internacionais promulgam com relação aos direitos humanos da mulher e até, em alguns casos, das crianças, entre outras categorias marcadas por um *status* inferior e dependente. Porém, se negarmos tal equivalência, ficaremos confinados ao paradigma jurídico do Estado democrático, que deve albergar, administrar e intermediar diversas comunidades morais, sem coincidir com nenhuma delas.

Hoje, mais do que nunca, com as evidências incontestáveis da diversidade de visões de mundo e sistemas de valores reunidas pelos etnógrafos durante um século de antropologia, devemos perceber nitidamente a diferença e a distância entre lei e moral, entre sociedade nacional e comunidades morais.

---

13 Baseada na novela homônima de Witi Ihimaera, publicada em 1987, o filme *Encantadora de baleias* (*Whale Rider*), da diretora neozelandesa Niki Caro, ilustra magistralmente a possibilidade de uma cultura, nesse caso a dos maoris, outorgar a uma mulher a posição de líder e herdeira da chefia do grupo, contrariando todos os princípios de sucessão arraigados nos preceitos da tradição e da concepção de linhagem. No caso da história fictícia narrada no filme, um costume tem de ser modificado justamente para que a cultura possa sobreviver. (N.A.)

O costume "nativo", de povos originários ou ocidentais (tão "étnicos" para a perspectiva antropológica quanto qualquer grupo tribal), não pode ser considerado equivalente à lei constantemente gerada e transformada como consequência das lutas entre grupos de interesse dentro das sociedades nacionais e da comunidade internacional. Em todos os contextos, quando algum dos domínios do sistema hierárquico de *status* arraigados na vida social de todos os povos – como gênero, raça, etnicidade, região, entre outros – é posto em questão, a lei encontra-se (ou deveria encontrar-se) em tensão com o costume. De fato, no Ocidente, a lei também se volta contra os hábitos e o costume, porque o *status* – a estratificação fixa de grupos sociais com marcas indeléveis que determinam sua exclusão – deveria ser estranho ao idioma legal moderno e igualitário, para ser tratado como uma infiltração de um regime prévio, decerto muito resistente, às tentativas de mudança e modernização.

Essa diferença deve ser pensada no contexto da crítica às concepções primordialistas de nação,[14] que afirmam algum tipo de continuidade entre a nação moderna e uma de suas etnias formadoras e transformam a nação em resultado e manifestação de um destino civilizacional.

A confusão entre identidade étnica e desígnio nacional é o que a racionalidade da lei deve vir a combater. A representação dominante da nação alemã teve essas características, com as consequências que conhecemos.

A ideia de uma sociedade nacional como uma unidade de base étnica e com as características de uma comunidade moral prescreve continuidades entre a lei e o costume do grupo dominante para todos os habitantes de seu território, afirmando o parentesco entre o sistema legal e o sistema moral desse grupo

---

14 M. T. Pechincha, *Uma antropologia sem outro*, 2022. (N.A.)

particular e, portanto, entre o regime de contrato – no qual se baseia a ideia de Constituição e a jurisprudência – e o regime de *status*, assentado no costume.

Endosso a crítica a esse tipo de concepção e, embora controvérsias (férteis e interessantes) a esse respeito possam surgir, opto por uma visão contratualista da nação, segundo a qual a lei deve mediar e administrar o convívio de costumes diferentes, ou seja, a convivência de comunidades morais distintas. Apesar de se originar de um ato de força com o qual a etnia dominante impõe seu código às etnias dominadas, a lei assim estabelecida passa a se comportar, a partir do momento de sua promulgação, como uma arena de contendas múltiplas e tensas interlocuções. A lei é um campo de luta em que, sem dúvida, a interação das forças em conflito e o controle da força bélica são, em última instância, decisivos. No entanto, sua legitimidade e o capital simbólico que ela representa para a classe que a ratifica e a administra dependem de sua capacidade de, uma vez instaurada, passar a contemplar de sua plataforma uma paisagem diversa, em cujo contexto preserve habilidade da mediação. Quando a lei adere a uma das tradições, ou seja, a um dos códigos morais particulares que convivem sob a administração de um Estado nacional, e se autorrepresenta como algo indiferenciado com relação a esse código, encontramo-nos diante do que poderíamos chamar de "localismo nacionalizado", dirigindo ao universo da nação a mesma crítica que levou Boaventura de Sousa Santos a formular a categoria "localismo globalizado" para descrever o processo arbitrário de globalização de valores locais.[15] Seremos, nesse caso, prisioneiros de um "colonialismo moral interno", para aplicar à nação a crítica ao "imperialismo moral" de certa concepção e certa prática dos direitos humanos, que culpabiliza a diferença sem se deixar alcançar

---

15 B. de Sousa Santos, "Toward a multicultural conception of human rights", in B. E. Hernández-Truyol (org.), *Moral imperialism: a critical anthology*, 2002, p. 39-60. (N.A.)

pela crítica que esta, por sua vez, poderia dirigir-lhe, como assinalou Berta Hernández-Truyol.[16]

Nessa perspectiva, o texto da lei é uma *narrativa mestra* da nação, e disso deriva a luta para inscrever uma posição na lei e obter legitimidade e audibilidade dentro dessa narrativa. Trata-se de verdadeiras e importantes lutas simbólicas. Alguns exemplos, entre outros possíveis, como a luta em torno da questão do aborto ou do casamento gay, são particularmente reveladores, pois neles está em jogo não meramente a legislação sobre as práticas concretas – capazes de encontrar caminho com ou sem a lei –, mas a inscrição delas e, com isso, o próprio *status* de existência e legitimidade, na nação, das comunidades morais que as endossam. Essas lutas simbólicas não fazem mais que reconhecer o poder nominador do direito, entronizado pelo Estado como a palavra autorizada da nação e por isso capaz não só de regular, mas também de criar, de dar *status* de realidade às entidades sociais cujos direitos garante, instituindo sua existência com o mero ato de nominação.[17]

Lei e leis: o problema da "superioridade moral" diante das leis de *outros* estados nacionais

O panorama da heterogeneidade dos sistemas de direito complica-se, como se sabe, mesmo se deixarmos para trás a tensão entre as legislações estatal e supraestatal e as morais tradicionais para então observarmos a tensão entre legislações nacionais diferentes. Exemplos paradigmáticos que marcam a diferença com relação aos Estados regidos pelo liberalismo ocidental são os Estados islâmicos, o Estado de Israel e os Estados socialistas.

---

16 B. Hernández-Truyol e C. Gleason, "Introduction", in B. Hernández-Truyol (org.). *Moral imperialism: a critical anthology*, 2002. (N.A.)
17 Ver, sobre isso: P. Bourdieu, *O poder simbólico*, 1989, p. 238. (N.A.)

Antônio Augusto Cançado Trindade, em sua crítica à formulação da tese das "gerações de direitos humanos" de Norberto Bobbio,[18] pergunta-se: por que a discriminação é combatida e criticada nos direitos civis e políticos e é considerada inevitável, e assim tolerada, nos direitos econômicos, sociais e culturais? Porque esses direitos são supostamente de "segunda geração" e de realização progressiva. Então, vemos uma condenação absoluta de qualquer tipo de discriminação quando se trata do direito individual, ou mesmo de direitos políticos, mas uma tolerância absoluta quando se trata de disparidades salariais, de renda etc. Em vez de ajudar a combater essa visão atomizada, essa teoria das gerações dos direitos valida esse tipo de disparidade [...]. [No entanto], no caso da China, para os chineses, ao contrário dos estadunidenses, os verdadeiros direitos são econômicos e sociais. Os direitos civis e políticos e os direitos ao devido processo ficam para o século XXI ou para o século XXII.[19]

Deparei-me com outra dimensão dessa diferença em Cuba, quando em setembro de 2003 visitei esse país com o objetivo de começar a formar um banco de dados para subsidiar o trabalho de futuros pesquisadores interessados em comparar o mundo da cultura e da sociedade afro-cubanas com o mundo da cultura e da sociedade afro-brasileiras.[20] O tema incluía também as relações raciais em ambos os países. Como participo, no Brasil, da luta pela implantação de um sistema de cotas (ou reserva de vagas) para estudantes negros nas universidades públicas, o assunto interessava-me especialmente.

---

18 Tese cuja formulação original, diga-se de passagem, Cançado Trindade atribui a Karel Vasak, em uma conferência pronunciada em 1979 no Instituto Internacional de Direitos Humanos de Estrasburgo, sem que seu criador lhe tenha dado, mais tarde, grande transcendência. Segundo Cançado Trindade, o próprio Vasak confessou-lhe, depois, que se tratava simplesmente de uma forma de organizar sua exposição, à falta de uma ideia melhor na ocasião, mas não de um enunciado de um modelo definitivo para a compreensão dos direitos humanos. (N.A.)
19 A. A. Cançado Trindade, "Cançado Trindade questiona a tese de 'gerações de direitos humanos' de Norberto Bobbio", 2000. (N.A.)
20 Para a sede da Unesco no Brasil e no Projeto "A Rota dos Escravos". (N.A.)

Queria saber se, em um país onde ocorreu um processo revolucionário e se democratizou a educação de forma notável, persistia o problema da exclusão racial, especialmente no acesso à formação superior. Isso era importante para mim, já que uma das perguntas que sempre nos fazem a respeito do projeto de ação afirmativa para estudantes negros e indígenas[21] é se não seria melhor destinar vagas nas universidades para os alunos de escolas públicas ou de baixa renda, em um país onde as elites frequentam escolas particulares durante anos para garantir o acesso às universidades públicas, instituições tão excludentes. Cuba, portanto, apresentava-se a meus olhos como o laboratório ideal para testar nossa aposta. Constatei, por meio de entrevistas, que a democratização profunda do acesso à educação naquele país de fato permitiu que muitos estudantes negros e pobres alcançassem profissões de prestígio, antes inacessíveis, mas não erradicou o problema racial. O próprio Fidel Castro admitiu em diversas ocasiões – por exemplo, em sua visita à União Nacional dos Escritores e Artistas Cubanos (Uneac), diante de autores negros que debatiam esse delicado tópico – que o problema persistia e que o critério de classes sociais não fora suficiente para tratar da questão racial. Mas por que relato esse episódio? Porque é interessante constatar que em Cuba a questão é abordada de uma perspectiva totalmente diferente da adotada pelos países capitalistas. Lá, não se trata de um ideal pluralista a deflagrar a necessidade de incluir a diferença representada pelo negro, sua memória e seu mundo de cultura como realidades distintas em um Estado cujas instituições devem, em uma situação de juridicidade avançada, refletir a pluralidade. No universo dos Estados liberais, o multiculturalismo do mundo capitalista exige a marca e a presença da pluralidade em suas instituições e opera de acordo com os direitos considerados parte da terceira geração: os direitos étnicos e culturais. Em Cuba, contudo, em consonância com a análise anteriormente citada de

---

21 J.J. Carvalho e R. Segato, "Uma proposta de cotas para estudantes negros na Universidade de Brasília", 2022. (N.A.)

Cançado Trindade, o tema da igualdade precede a discussão. O objetivo é analisar que fatores impedem a concretização da igualdade, considerada o valor máximo da sociedade – e não a diversidade, valor máximo no capitalismo de mercado que, entre outras coisas, aposta na variedade de seus consumidores. Se a raça é um fator impeditivo, a discriminação racial deve ser atacada para cumprir, em primeiro lugar, o mandato dos direitos de tipo econômico e social, deixando evidente que é outra a hierarquia de valores incidente na concepção dos direitos humanos.

Nos países islâmicos, o movimento dos direitos humanos é visto como imposição dos valores ocidentais e símbolo da continuidade da hegemonia política e cultural do Ocidente. No Islã, portanto, surgem outros problemas.

Nos regimes islâmicos, o próprio Deus ordena os princípios da justiça e da vida pública. A lei islâmica, ou *sharia* (*shari'ah*),

> [...] regula a higiene pessoal, a dieta, a conduta sexual e alguns aspectos da criação dos filhos. Também prescreve regras específicas para a oração, o jejum, a esmola e outros temas religiosos. A lei civil e a lei ordinária focalizam primeiramente a conduta pública, mas também regulam alguns assuntos privados.[22]

Nesse caso, portanto, a grande diferença não reside somente na constatação de que o público e o privado são regidos pela lei, mas também no fato de que não há separação entre a Igreja e o Estado: a lei islâmica é controlada, dirigida e regulada pela religião islâmica. A teocracia controla todos os assuntos, públicos e privados. Governo, lei e religião são uma só entidade.

---

22 M.S. Madkoar, "Politics and human rights in Islam: human rights from an islamic perspective. An outline of Hudud, Ta'zir and Qisa". Disponível em <http://www.islamicpaths.org/Home/English/Issues/Politics_Rights/Human_Rights_02.hm> Acesso em jan. 2004. Tradução da autora. (N.A.)

Por outro lado, a *sharia*, com seus direitos e obrigações, só é aplicável aos muçulmanos. A partir daí, as diferenças e incompatibilidades entre as duas concepções de justiça somente se somam.

Não esqueçamos que não apenas o mundo islâmico é regido por uma lei religiosa: há também uma Lei de Moisés, baseada no Antigo Testamento, a guiar ainda hoje o pensamento do *Knesset*, o Parlamento, em Israel; e uma lei hindu, utilizada em algumas partes da Índia. Essas e outras diferenças entre as concepções de justiça e os direitos próprios fizeram a defesa dos direitos humanos no Ocidente resultar, muitas vezes, em uma desmoralização da diferença, uma "alterofobia", nos termos de María Cristina Álvarez Degregori, propiciando, com suas críticas das práticas alheias, a cegueira com relação às violações dos direitos humanos cometidas pelos países ocidentais.[23] Nesse processo de censura, que deveria ser sempre de mão dupla e repatriar o olhar crítico constantemente dirigido aos outros, acaba-se produzindo de maneira acrítica a equivocada certeza de *superioridade moral* e o nocivo reforço de estereótipos negativos, com consequências frequentemente nefastas e com o custo de vidas.

Outros autores desenvolveram argumentos importantes nesse mesmo sentido, como a já citada Berta Esperanza Hernández-Truyol com sua crítica ao *imperialismo moral* da prática ocidental dos direitos humanos. Nessa lista, poderia figurar também Edward Said,[24] quando invoca o discurso de um ideólogo do colonialismo britânico sobre a arma mais importante com a qual os impérios contam para exercer e justificar seu domínio: a superioridade moral, mais valiosa que a

---

23 M.C. Álvarez Degregori, *Sobre la mutilación genital femenina y otros demônios*, 2001. (N.A.)
24 E. Said, *Culture and imperialism*, 1993. (N.A.) [Ed. bras.: *Cultura e imperialismo*. Tradução Denise Bottmann. São Paulo: Companhia das Letras, 2011.] (N.E.)

superioridade tecnológica, econômica ou bélica.[25] Seria possível dizer que a superioridade moral é o capital simbólico de maior peso no exercício da dominação.[26]

Em um esclarecedor artigo, Gil Gott[27] reconstrói a história do que chama de "humanismo imperial" e mostra que seu desenvolvimento tem a estrutura de uma "dialética aprisionada", na medida em que os direitos humanos de hoje surgem lado a lado com o humanismo imperial que acompanhou o processo de colonização e, por conseguinte, tanto aquele quanto sua versão contemporânea própria do mundo pós-colonial teriam um pé nessa origem e nessa coetaneidade. O humanitarismo – dos missionários e dos voluntários – entra em conflito com as administrações coloniais em cuja companhia chegou às terras conquistadas, mas não pode se libertar de sua natureza derivativa do sistema colonial. A única solução para essa armadilha de posições historicamente prefixadas é, para aquele autor, o traçado de uma *política humanitária*, ou seja, de uma política cujo fundamento seja o projeto dos direitos humanos, em contraposição a uma concepção dos direitos humanos que se contenta com os interstícios da política, atuando nos espaços residuais que ela deixa livres.[28]

---

25 Ibid., p. 17. (N.A.)
26 A arma da superioridade moral a que Edward Said faz referência não se instala sem processos históricos de dominação material – conquista, colonização e, mais tarde, espoliação imperialista. Ao lado do processo de consolidação material da dominação, um processo de hegemonização da nova unidade estabelecida pela força e prolongada em situação de desigualdade resulta em uma assimetria moral dos povos anexados. A superioridade moral é a própria retórica da validação de uma perspectiva sobre outra, de determinados valores sobre outros. O círculo autoconfirmatório se fecha quando a moral superior estabelece para todos que seus valores são superiores – por exemplo, a superioridade tecnológica e a lógica da acumulação – e, ao mesmo tempo, constata que ela se encontra associada ao desenvolvimento tecnológico e à riqueza. O que assim se apresenta como "superioridade" de acordo com uma hierarquia de valores universais – em verdade, universalizados pela força – é simples tautologia. (N.A.)
27 G. Gott, "Imperial humanitarianism: history of an arrested dialectic", 2002, p. 19-38. (N.A.)
28 Ibid. (N.A.)

O relativismo das culturas e o universalismo dos direitos humanos: estratégias antropológicas para a resolução desse dilema

Pelo que se expôs até aqui, é evidente a dificuldade, a partir da perspectiva antropológica, de conviver com o projeto universal – senão universalizante – dos direitos humanos. Ao longo do século XX, a antropologia tentou trabalhar a consciência da humanidade para perceber e aceitar a variedade das perspectivas culturais e dos conceitos de bem. A empreitada, contudo, alcançou seu limite no momento presente, quando as culturas consideradas mais distantes, segundo a perspectiva ocidental, têm de dialogar e negociar seus direitos nos foros estabelecidos por seus respectivos Estados nacionais.

Isso não torna obsoleto o projeto da antropologia como área de conhecimento, mas, de certa maneira, o desloca.

Selecionei aqui três propostas de cunho antropológico[29] de conciliação de ambos os princípios – o relativista e o universalista, que exporei de forma muito sintética.

1. A primeira, dos anos 1990, é a apresentada pelo antropólogo Richard Wilson na introdução de seu livro *Human Rights, Culture and Context*. Nela, Wilson fala dos direitos humanos como um recurso à mão, disponível:

> [...] vamos em direção a um mundo "pós-cultural" [no qual] as sociedades encontram-se crescentemente integradas em redes globais [...] Os direitos humanos são a primeira ideologia universal do mundo [...] Assim como

---

29 Enfatizo o fato de que me refiro a soluções de cunho antropológico porque, no campo do direito, autores como Will Kymlicka (*Multicultural citizenship: a liberal theory of minority groups*), Michael Walzer (*Esferas da Justiça: uma defesa do pluralismo e da igualdade*) e o próprio já mencionado Abdullahi An-Na'im (*Human rights in cross-cultural perspective: a quest for consensus*) têm proposto saídas jurídicas para esse impasse. (N.A.)

anteriormente os relativismos boasianos ignoraram realidades globais tais como o colonialismo, as tentativas de minar os direitos humanos invocando a cultura ignoram os processos jurídicos transnacionais [...] É simplesmente impossível viver atualmente em qualquer lugar sem ter encontros regulares com agentes ou instituições do Estado-nação, como ocorria nos dias dourados do funcionalismo antropológico e do relativismo cultural até meados do século XX.[30]

Nesse novo contexto mundial, a tarefa do antropólogo é, portanto,

> [...] estudar a interconexão e a interação dos processos legais que operam em diferentes níveis. Isto pode incluir o estudo de como a legislação dos direitos humanos vai enquadrando e dando forma às ordens normativas locais e como estas, por sua vez, resistem ou se apropriam da legislação internacional [...], como os atores sociais desenvolvem formas distintas de usar a lei transnacional em tribunais nacionais para constituir um caso como um 'caso de direitos humanos'[...], como discursos normativos baseados nesses direitos são produzidos, traduzidos e materializados em uma variedade de contextos.[31]

Um caso já clássico dessa interação é o dos indígenas U'wa da Colômbia, que articularam os princípios de sua cosmologia tradicional e o idioma dos direitos humanos para garantir o controle dos recursos naturais localizados em seu território – neste caso particular, do petróleo.[32] A particularidade da

---

[30] Weissbrodt apud A. R. Wilson, *Human Rights, Culture and Context: Anthropological*, p. 9-10. Tradução da autora, 1997. (N.A.)
[31] Ibid., p. 13. (N.A.)
[32] L. C. Arenas, "Postcriptum: sobre el caso u'wa", in B. S. Santos; M. Villegas (org.). *El caleidoscopio de las justicias en Colombia*, 2001, p. 143-157; "A luta contra a exploração do petróleo no território u'wa: estudo de caso de uma luta local que se globalizou", in B. S. Santos (org.). *Reconhecer para libertar: os caminhos do cosmopolitismo multicultural*, 2003, p. 153-197 (N.A.)

cultura e o internacionalismo dos direitos humanos se conjugaram aqui para apoiar a continuidade do grupo.

2. Outra possibilidade, que sugeri em alguns textos, consiste em revisar a maneira como nós, antropólogos, entendemos a noção de relativismo. De fato, costumamos recorrer ao relativismo de forma um tanto simplificadora, focalizando as visões de mundo de cada povo como uma totalidade. Com isso, muitas vezes não vemos ou minimizamos as parcialidades com pontos de vista diferenciados e os variados grupos de interesse que fraturam a unidade dos povos que estudamos. Não levamos em consideração as relatividades internas que introduzem fissuras no suposto consenso monolítico de valores que, por vezes, erroneamente atribuímos às culturas. Por menor que seja a aldeia, sempre haverá nela dissenso e grupos com interesses que se chocam. É a partir daí que os direitos humanos fazem eco às aspirações de um desses grupos.

No entanto, enfatizar as relatividades internas e colocar em foco as perspectivas e vontades diversas dentro de um mesmo grupo pode levar, perigosamente, à fragilização da coletividade e à consequente debilitação de seus interesses comuns e de sua unidade na resistência política. A acolhida do padrão dos direitos humanos por um grupo – por exemplo, o das mulheres –, ao manifestar sua insatisfação com o costume e tentar transcender a jurisprudência étnica tradicional, pode ameaçar a coesão grupal, fundamento de direitos coletivos vitais para a continuidade de cada povo, como o próprio direito à terra. Nesse caso, ademais, pode também prejudicar o equilíbrio das relações de gênero, que ordenam uma economia de base doméstica. Por isso, os direitos humanos podem entrar na comunidade moral pelas suas fissuras e apoiando grupos de interesse internos particulares, mas esse não é um caminho inócuo.

Estou convencida de que essa forma de renegociar a unidade do grupo, pela articulação entre o discurso dos direitos humanos e os interesses e aspirações dissidentes de alguns de seus membros, está por trás da ideia do teórico dos direitos humanos no mundo islâmico Abdullahi An-Na'im, quando este afirma que o correto será, neste novo mundo, passar a falar em "transformação dos conflitos", em vez de "resolução de conflitos". Para An-Na'im e Svetlana Peshkova, que reúnem, por sua vez, formulações de autores como Raimo Vayrynen[33] e John Paul Lederach,[34] a maneira adequada e frutífera de pensar o tema do conflito é buscar sua transformação, mais que sua resolução, uma vez que não são apenas os direitos do grupo insatisfeito que se transformam, mas o conjunto da sociedade: "o sistema, as estruturas e as relações que se encontram no centro do conflito".[35]

3. Finalmente, o jurista e antropólogo Boaventura de Sousa Santos[36] também formulou uma estratégia que merece menção. Em seu recente ensaio sobre a possibilidade de construir uma versão multicultural dos direitos humanos, propõe o conceito de "hermenêutica diatópica" como instrumento útil no diálogo intercultural dos direitos. A ideia, em síntese, é a de que todas as culturas são, em alguma medida, incompletas e o diálogo entre elas pode avançar precisamente a partir dessa incompletude, desenvolvendo a consciência de suas imperfeições.

O topos dos direitos humanos na cultura ocidental pode conversar, assim, com o do *dharma* na cultura hindu e com o da *umma* na cultura islâmica.

---

33 R. Vayrynen, *New directions in conflict theory: conflict resolution and conflict transformation*, 1991. (N.A.)
34 J. P. Lederach, *Preparing for peace: conflict transformation across cultures*, 1995. (N.A.)
35 A. An-na'im e S. Peshkova, "Social movements revisited: mediation of contradictory roles", in I Amadiume e A. An-na'im (org.). *The politics of memory: truth, healing and social justice*, 2000, p. 68-89. (N.A.)
36 B. de Sousa Santos, "Toward a multicultural conception of human rights", in B. E. Hernández-Truyol (org.), *Moral imperialism: a critical anthology*, 2002, p. 39-60. (N.A.)

135

Vistos a partir da perspectiva (topos) do *dharma*, os direitos humanos são incompletos porque falham em estabelecer o vínculo entre a parte (indivíduo) e o todo:

> [...] [e] focalizam o que é meramente derivativo, os direitos e não o imperativo primordial, o dever dos indivíduos de encontrar seu lugar na ordem de toda a sociedade e do cosmos inteiro.[37]

Por se basear em uma reciprocidade mecânica entre deveres e direitos, "nos direitos humanos ocidentais, a natureza não tem direitos, porque não há deveres que a ela se possam impor".[38] Por outro lado, seguindo esse raciocínio, o *dharma* também é incompleto, devido a seu forte desequilíbrio em favor da harmonia e do *status quo* religioso e social, "ocultando, por isso, as injustiças e negligenciando o valor do conflito como caminho para uma maior harmonia".[39] O *dharma* é totalmente insensível ao sofrimento individual.

No caso da *umma* islâmica, Boaventura cita o teórico muçulmano mencionado, Abdullahi Ahmed An-na'im, e destaca o fato de que, se vista do Ocidente, a *sharia* ou lei islâmica distancia-se da ideia moderna de uma humanidade comum, pois exclui o "outro ocidental" da *umma*, ou irmandade islâmica, e segrega as mulheres do próprio grupo ("com respeito aos não muçulmanos, a *sharia* dita a criação de um Estado para muçulmanos como únicos cidadãos, onde os não muçulmanos não gozam de direitos políticos [...] [e] sobre a mulher, a igualdade está fora de questão");[40] por outro lado, se visto sob a perspectiva da *umma* islâmica e sua ênfase na fraternidade, o Ocidente se apresenta fatalmente individualista e carente de valores comunitários.

---

37 Ibid., p. 48. (N.A.)
38 Ibid., p. 48. (N.A.)
39 Ibid., p. 49. (N.A.)
40 Ibid., p. 51. (N.A.)

Dessa forma, para Boaventura de Sousa Santos, pode-se construir gradativamente um "multiculturalismo progressista", com base em uma conversação transcultural, em uma *hermenêutica diatópica* – conceito que, na realidade, nosso autor toma de Raimundo Panikkar,[41] pelo qual cada povo esteja disposto a se expor ao olhar do outro, um olhar que lhe mostre as debilidades de suas concepções e lhe aponte as carências de seu sistema de valores.

Direitos humanos, relatividade cultural e as consequências de se entender lei, moral e ética como princípios diferentes

Retorno agora ao sistema normativo da lei. Como já disse, creio que a lei não é somente produtiva no trabalho dos juízes ao emitir sentenças. É importante também perceber a importância pedagógica do discurso legal que, por sua simples circulação, é capaz de inaugurar novos estilos de moralidade e desenvolver sensibilidades éticas desconhecidas. Por isso, não basta à lei existir. Para sua eficácia plena, ela depende da divulgação ativa de seu discurso e, inclusive, da propaganda. Da aliança entre a lei e a publicidade depende a possibilidade de instalar novas sensibilidades e introduzir mudanças na moral vigente.[42] David Garland é, por exemplo, um autor que compreende e expressa de forma convincente o papel da "sensibilidade" nas transformações das penas. Embora não faça minhas todas as suas teses sobre o castigo, considero que sua formulação sobre as "áreas de insensibilidade" de uma determinada época nos fornece parâmetros para perceber que há, de fato, uma história social da "sensibilidade" relativa ao sofrimento dos outros, e é no curso

---

41 R. Panikkar, "É a noção dos direitos do homem um conceito ocidental?", in *Diógenes*, n. 5, 1983, p. 5-28. (N.A.)
42 R. Segato, "La argamasa jerárquica: violencia moral, reproducción del mundo y la eficacia simbólica del derecho", in R. Segato, *Las estructuras elementales de la violencia: ensayos sobre género entre la antropología, el psicoanálisis y los derechos humanos*, 2003, p. 107-130. (N.A.)

desta história que o discurso da lei pode vir a incidir.[43] Mais que nos tribunais internacionais, é pelo caminho da transformação da sensibilidade que os direitos humanos correm o mundo e apropriam-se de uma época.[44]

Pode-se, portanto, dizer que a moral de uma determinada época ou de um determinado povo e a lei são sistemas que interagem e cruzam influências – a primeira, com base em seu enraizamento na tradição e nos costumes; a segunda, a partir do ato deliberado e racional do contrato e da promulgação por parte do grupo que controla os mecanismos de ratificação de leis. Ambos os sistemas normativos têm em comum o fato de que são positiváveis, substantivos, capazes de se expressar em um elenco de regras ou em uma lista de mandamentos estabelecidos, seja pela tradição e pelo costume, seja por intermédio de um contrato moderno – não necessariamente igualitário – entre os setores que convivem e fazem parte de uma mesma sociedade. Essa positividade os fixa como repertório de normas, sem que isso exclua a possibilidade de algumas inconsistências e ambiguidades em ambos os sistemas.

No entanto, como ressaltou Norberto Bobbio em seu ensaio "Sobre el fundamento de los derechos del hombre", os direitos humanos desdobram-se em um processo inacabado, do qual a Declaração Universal deve ser entendida como o ponto de partida em direção a uma meta progressiva.

O problema não é, portanto, somente construir os instrumentos para garantir os direitos já definidos, mas também

---

43 D. Garland, *Castigo y sociedad moderna: un estudio de teoría social*, 1999, p. 288. (N.A.)

44 Como demonstrou brilhantemente Talal Asad, isso não significa que o curso dessa história da sensibilidade seja arbitrário. Ao contrário, há uma constelação de elementos sociais, tecnológicos, intelectuais, econômicos e culturais, verdadeiros contextos que produzem as formas de sensibilidade perante o sofrimento manifesto nos códigos jurídicos de cada época (T. Asad, "On torture, or cruel, inhuman, and degrading treatment"). (N.A.)

[...] aperfeiçoar o conteúdo da Declaração, articulando-o, especificando-o, atualizando-o, de modo a não deixá-lo cristalizar-se e mumificar-se em fórmulas tanto mais solenes quanto mais vazias [...] Trata-se de um verdadeiro desenvolvimento, ou talvez até de uma gradual maturação da Declaração, que gerou e está por gerar outros documentos interpretativos ou simplesmente integradores do documento inicial.[45]

No ensaio que cito, o autor dá vários exemplos da "historicidade" do documento inicial e inclusive da historicidade da sensibilidade normativa:

[...] os direitos do homem constituem uma classe variável, como a história destes últimos séculos demonstra abundantemente. A lista dos direitos do homem modificou-se e continua a se modificar com a mudança das condições históricas, ou seja, das necessidades, dos interesses, das classes no poder, dos meios disponíveis para sua realização, das transformações técnicas etc. [...] Direitos que tinham sido declarados absolutos em fins do século XVIII, como a propriedade *sacré et inviolable*, foram submetidos a radicais limitações nas declarações contemporâneas; direitos que as declarações do século XVIII sequer mencionavam, como os direitos sociais, estão proclamados com grande ostentação em todas as declarações recentes. *Não é difícil prever que no futuro poderão surgir novas exigências que agora nem conseguimos vislumbrar* (ênfase minha) [...] Aos autores da Declaração de 1789 devia parecer evidente, com toda probabilidade, que a propriedade era "sagrada e inviolável". Hoje, em compensação, toda alusão ao direito de propriedade como direito do homem desapareceu por completo dos documentos mais recentes das Nações Unidas. Atualmente, quem não pensa que é evidente

---

45 N. Bobbio, "Sobre el fundamento de los derechos del hombre", 1991, p. 50. (N.A.)

que não se deve torturar os presos? E, no entanto, durante muitos séculos, a tortura foi aceita e defendida como um procedimento judicial normal.[46]

Norberto Bobbio disserta amplamente sobre a historicidade e a expansão constante dos direitos como parte de um argumento destinado a invalidar a tese do jusnaturalismo e da autoevidência dos valores que fundam os direitos humanos como valores objetivos e permanentes. Em sua perspectiva, o que os funda é um consenso produzido historicamente. Gostaria de sugerir que, se por um lado, tal como Bobbio argumenta, a a-historicidade inerente às teses do jusnaturalismo as torna insustentáveis quando confrontadas com a evidência histórica da expansão dos direitos – e, em realidade, também acaba invalidando as teses baseadas na suposta existência de fundamentos morais objetivos e universais –, por outro lado, as teses do juspositivismo que fazem referência ao caráter objetivo dos contratos jurídicos já firmados também deixam de explicar o movimento das leis. Mesmo se concebermos que, depois de um período bélico, em tempos de paz, a lei é produto de lutas sociais e negociações, faltaria dar conta do aparecimento histórico dos direitos humanos e identificar a natureza da usina que alimenta sua constante expansão.

Sugiro que, para entender esse fenômeno, é necessário incorporar um terceiro princípio de justiça, distante tanto da moral quanto da lei, porque, embora oriente decisões e avaliações de comportamentos próprios e alheios, não se baseia em um repertório de normas positivas e enumeráveis. Refiro-me ao impulso ou *desejo* que nos possibilita, habitemos aldeias ou metrópoles, contestar a lei e refletir sobre os códigos morais que nos regem para os estranharmos e os considerarmos inadequados e inaceitáveis. O impulso ético é o que nos permite abordar criticamente a lei e a moral e considerá-las

---

[46] Ibid., p. 56-57. (N.A.)

inadequadas. A *pulsão* ética nos possibilita não somente contestar e modificar as leis que regulam o "contrato" impositivo em que se funda a nação, mas também nos distanciar do leito cultural que nos viu nascer e transformar os costumes das comunidades morais de que fazemos parte. Para utilizar metáfora recorrente no cinema dos últimos tempos, é a pulsão ética que desinstala os chips que automatizam nosso comportamento. A pulsão ética nos permite fugir da automação: se a cultura é uma *paranatureza*, ou seja, uma segunda natureza ou programação não biológica, *parabiológica*, implantada em nós mediante o processo de socialização e coincidente, portanto, com nossa própria humanidade, o *desejo* ético, transcendente e complexo, leva-nos a vislumbrar o outro lado da consciência possível e nos possibilita ultrapassar a visão programada de uma época e desarticular o programa cultural e jurídico que a sustenta.

Se o cinema é a imagem projetiva do inconsciente social em um determinado tempo histórico, *Matrix, O vingador do futuro, Blade Runner: o caçador de androides* e outros filmes populares e clássicos do cinema contemporâneo, blockbusters que atingem todos os públicos, nos falam exatamente sobre as memórias que não aceitamos plenamente como nossas, sobre as programações que fazem parte de nós, mas às vezes revelam-se alheias, sobre a suspeita de que os códigos morais e jurídicos possam ser um programa ao qual estamos sujeitos independente de nossa escolha, mas não de forma inescapável. Se, como sugere Walter Benjamin,[47] o papel da representação da fantasia e de sua reprodução e difusão por meios técnicos consistiria em servir de espelho para que a sociedade reconheça sua tendência e seus perigos e, se o cinema e outros meios de comunicação de massa são produtos da transferência das imagens do inconsciente social a um suporte projetivo no

---

[47] W. Benjamin, "A obra de arte na era de sua reprodutibilidade técnica", in *Obras escolhidas*, 1985 [1936], p. 165-196. (N.A.)

qual adquirem visibilidade, os filmes citados, de audiência maciça, falam do estranhamento e da suspeita com relação a códigos instalados que programam e automatizam nosso comportamento com o apoio de uma crença incontestável na inevitabilidade do mundo que habitamos. A ética é justamente o que nos faz poder vislumbrar a evitabilidade.[48]

Somos plenamente humanos porque a mesma cultura que nos implanta os chips de valores morais e as práticas semiautomáticas para nos habilitar como membros de uma comunidade moral e "naturais" de uma sociedade juridicamente constituída também nos equipa com as ferramentas que permitem detectar refletidamente esses mesmos chips e desativá-los. A isso alude o antropólogo Clifford Geertz quando, relançando conceitos já trabalhados por linguistas desde o século XIX, afirma contarmos como humanos, ou seja, como seres de cultura, com padrões *para* o comportamento e padrões *de* comportamento (*patterns for* e *patterns of behavior*) e recorda a importante diferença entre ambos: os primeiros nos fazem agir, impulsionam a conduta, inoculados pelo processo de socialização que instaura nossa humanidade e nos possibilita a vida em comum; os últimos são esses mesmos padrões quando já identificados após um processo de análise cultural e de autoanálise. Os padrões para o comportamento automatizam a conduta; os padrões de comportamento são nossas apostas

---

48 Cedo à tentação, em um limitado pé de página, de detalhar um pouco mais a alegoria que o cinema proporciona. "Eis o som da inevitabilidade", afirma, sem sombra de dúvida, o agente Smith, um "programa" de baixo nível no mundo da Matrix, a Neo, um programa mais sofisticado e de alta indeterminação, ao deixá-lo preso no trilho do metrô para ser "inevitavelmente" atropelado por um trem na iminência de chegar. O tema do antagonismo entre a inevitabilidade e a evitabilidade (palavra nunca pronunciada no filme em questão) atravessa e impregna a narrativa inteira dos três episódios de *Matrix*. Ao fim, revela-se que sequer o "oráculo" – a autoridade sobre o destino encarnada em uma mulher negra que se ocupa de tarefas eminentemente domésticas – conhecia o futuro das personagens. No entanto, cumpria rigorosamente seu papel de "predizer" e conduzir a história. No imaginário expresso nesse tipo de texto cultural, podemos encontrar chaves importantes para entender o que é possível pensar sobre o destino humano conforme a perspectiva de nosso tempo, uma vez que o tempo de todas e cada uma das sociedades que habitam o planeta é, apesar da relatividade de seus costumes, um tempo comum – assim como seu espaço. (N.A.)

intelectivas a respeito dos moldes que nos fazem agir, já em sua versão reflexiva, como produto da tentativa de autoconhecimento por parte de uma sociedade ou de um indivíduo.[49] É nesse segundo nível, devo acrescentar, que nos fazemos seres históricos, que exercemos algum grau de liberdade e autonomia e, portanto, damos plenitude humana à nossa existência, seja qual for a sociedade em que vivamos.

Reside, então, no trabalho reflexivo de identificação dos padrões de comportamento a possibilidade da ética como impulso em direção a um mundo regido por outras normas e a recondução da vida – bem como de nossa própria historicidade – no sentido do trabalho constante de transformação do que não consideramos aceitável. Somos plenamente humanos não por sermos membros natos e cômodos de nossas respectivas comunidades morais e sociedades jurídicas, mas por *estarmos na história*, ou seja, por não respondermos a uma programação, da moral ou da lei, que nos determine de forma inapelável.[50]

---

49 C. Geertz, *The interpretation of cultures*, 1973. (N.A.)
50 Jacques Lacan, no *Seminário 7*, vincula ética e desejo – no sentido de ser fiel e consistente com o próprio desejo, de se recusar a ceder o próprio desejo e de nele reconhecer-se – e encontra em Antígona a encarnação do *ato ético*. Poderíamos mencionar também os amantes shakespearianos que, com sua morte, arrancam do príncipe um acordo entre Capuletos e Montéquios e uma exortação ao fim da regra de *vendetta* até então observada. Trata-se do mesmo dever de *Desobediência civil* formulado por Henry David Thoreau e capaz mesmo de instaurar um novo regime. Élisabeth Roudinesco interpreta esse desejo como desejo de liberdade, que pressupõe a liberdade de morrer representada por Antígona (*Jacques Lacan: esboço de uma vida, história de um sistema de pensamento*, p. 319). Não estou de acordo com isso. Não se trata da liberdade de morrer, mas da liberdade de dissentir, desobedecer ou desviar-se do caminho traçado pela moral e pelas leis, mesmo que tal atitude leve à morte. Slavoj Zizek parece seguir Hegel quando afirma que Antígona, por não sentir culpa, não constitui um sujeito ético, não tem em conta o bem comum. Zizek entende a ética lacaniana de fidelidade ao desejo como uma ética egoísta, absolutamente centrada no sujeito (*The metastases of enjoyment: six essays on woman and causality*, p. 69), "inumana" e "assustadora em sua crueldade" (*The sublime object of ideology*, p. 135). Todavia, inclino-me a concordar com Judith Butler, para quem a desobediência civil de Antígona e seu amor por Polinices representam o "caráter mortal de todos aqueles amores para os quais não há um lugar viável e vivível na cultura" (*Antigone's claim: Kinship between life and death*, p. 24). Nesse sentido, Antígona, ao não claudicar em seu desejo, não fala só por si, mas também por *outros*, por outros não tipificáveis, cuja qualidade compartilhada é a de sentir *outro* desejo. (N.A.)

Nesse ponto, julgo oportuno introduzir a ideia de que a expansão histórica dos direitos depende desse terceiro fator sem conteúdos enumeráveis ou normas positivas. A *ética*, definida nesse contexto, resulta da aspiração ou do desejo de *mais bem*, de *melhor vida*, de *maior verdade*, e se encontra, portanto, em constante movimento: se a moral e a lei são substantivas, a ética é pulsional, um impulso vital; se a moral e a lei são estáveis, a ética é inquieta.

Isso torna possível que, em uma mesma comunidade moral – a comunidade de cultura estudada pelos antropólogos, exista mais de uma sensibilidade com relação à ética, que poderíamos, de forma grosseira, enquadrar em duas posições: a ética dos conformistas e a dos desconformes; a dos satisfeitos e a dos insatisfeitos; a dos que estão abertos à diferença, ao novo e ao *outro* e a dos que não estão; a dos sensíveis às margens (o que se encontra do outro lado das muralhas de contenção da "normalidade" moral do grupo) e às vítimas e a dos não sensíveis a elas. Parece-me – e é precisamente a isso que desejo chegar – ser esse motor ético o impulso por trás do desdobramento expansivo dos direitos humanos, da abertura das comunidades morais e do processo constante e histórico de despositivação da lei – e, portanto, o motivo que permite explicá-los.

O autor cuja obra assentou as bases da noção contemporânea de ética é, sem dúvida, Nietzsche, com seu elogio dos espíritos livres e da vontade de viver e sua investida contra a moral e os valores vigentes. Nietzsche é o grande representante de uma ética contraburguesa, anticonformista. O super-homem nietzschiano, entendido dessa forma, encontra-se além da moral, encarna a *insatisfação como postura filosófica* e como valor, e faz de sua vida um esforço permanente e um *estado de luta*. Embora despreze a piedade, a compaixão e a bondade quando reguladas pela comunidade moral da época, o super-homem nietzschiano mantém uma abertura fundamental em direção ao *outro*, em sua busca constante, em sua permanente aspiração a transpassar o dado em um presente achatado pela mesmice. O sujeito ético seria, se nos inspirássemos nessa perspectiva, o ser em movimento, aberto ao futuro e à transformação, o ser *exigido* por uma vontade infatigável de transmutar valores e minar certezas, o ser que duvida e suspeita. A iconoclastia nietzschiana é parte dessa pulsão ética que se distingue da complacência moral e da obediência convencional às leis.

Michel Foucault também se refere, em sua resenha da obra de Jean Daniel, *L'ère des ruptures*, a uma *ética da incomodidade* e sugere que ela seria o fundamento de uma "esquerda essencial": "não uma coalizão de partidos no tabuleiro político, mas uma adesão experimentada por muitos sem poder ou sem querer lhe dar uma definição clara [...] um lar, mais que um conceito."[51] E ainda a vincula ao que Maurice Merleau-Ponty considerava "a tarefa filosófica essencial: nunca consentir em estar completamente cômodo com nossas próprias pressuposições".[52] Justamente, parece-me que esse desafio às próprias pressuposições, característico da atitude ética, seria idealmente a contribuição do etnógrafo, que deveria nos interpelar e nos desafiar com as pressuposições do *outro* a cuja pesquisa se dedica. Essa seria, por excelência, a contribuição ética de uma antropologia empenhada em mobilizar constantemente o campo da moral e do direito.

Por isso mesmo, não me parece ser uma essência ou metafísica humana o que detona esse estado de busca naqueles que são, em minha definição, *éticos*. Como observei anteriormente, através das fendas e das inconsistências do sistema normativo que nos aprisiona, acedemos a algum grau de percepção dos *outros*, das *outras* soluções, das *outras* moralidades, das

---

51 M. Foucault, "For an ethic of discomfort", in P. Rabinow (org.), *Essential works of Foucault 1954-1984*, 2000, p. 444. (N.A.)
52 Ibid., p. 448. (N.A.)

outras legislações. Tudo o que permanece como virtual e não realizado em nosso horizonte de cultura infiltra-se por brechas abertas na imperfeita trama de ideias que habitamos.[53] Assim surge, ou não, a pulsão que nos alimenta o desejo de desconfiar de nossas crenças e de ouvir o que o *outro* tem a nos ensinar – pulsão constitutiva não só da aspiração ética, mas também da disponibilidade cognoscitiva.

Mais do que uma natureza moral, uma objetividade dos valores ou uma positividade das leis que convêm, aponto como motor expansivo dos direitos uma faculdade desse tipo em constante agitação. Os direitos estão na história, desdobram-se e transformam-se porque um impulso de insatisfação crítica os mobiliza. Esse impulso age, em maior ou menor medida, entre membros de qualquer sociedade. Não é por outra razão que desde sempre viajantes ou etnógrafos se depararam, uma ou outra vez, com relatos de normas e práticas já em desuso nas culturas chamadas "primitivas" ou nos "povos sem história", como alguns autores os consideram. Muitos são os costumes dos quais os primeiros etnógrafos ouviram falar, sem terem podido observá-los. Ou seja, *os povos sem história nunca existiram, e a suposta inércia das outras culturas não é mais do que um produto da episteme culturalista de uma antropologia hoje inaceitável. Nem a insatisfação, nem a dissidência ética são patrimônio de um povo em particular, mas atitudes minoritárias na maioria das sociedades.* São elas os vetores que assinalam o que falta, o que não pode continuar como é. Como atitude, portanto, o anseio ético é universal, no sentido de que pode ser encontrado dentre alguns membros de qualquer grupo humano, mas seus objetos são variáveis. A ética, portanto, não tem conteúdos a serem listados.

Ética, moral e lei são, em meu modelo, princípios diferenciados em interação. Diz Drucilla Cornell: "[...] ética, tal como

---

[53] R. Segato, "Um paradoxo do relativismo: o discurso racional da antropologia frente ao sagrado", *Religião e Sociedade*, vol. 16, n. 1/2, p. 114-135, 1992. (N.A.)

a defino, não é um sistema de regras de comportamento nem um sistema de padrões positivos a partir dos quais é possível justificar a desaprovação dos outros. É, sobretudo, uma atitude com relação ao que é alheio."[54] Para definir esse *outro* capaz de orientar a atitude ética, Cornell ampara-se nas noções de *falibilidade* e *assombro*, do filósofo pragmático americano Charles Peirce. Essas noções implicam uma abertura, uma exposição voluntária ao desafio e à perplexidade imposta a nossas certezas, pelo mundo dos *outros*: é o limite instituído pelos outros, pelo que é alheio a nossos valores e às categorias que organizam nossa realidade, causando-nos perplexidade e mostrando sua falibilidade, seu caráter contingente e, portanto, arbitrário. O importante aqui é o papel da alteridade com sua resistência a confirmar nosso mundo, as bases de nossa comunidade moral.

Por esse caminho, então, a relatividade trabalhada pela antropologia e as evidências etnográficas da pluralidade de culturas deixam de ser percebidas em posição antagônica com relação ao processo de expansão dos direitos humanos.

Justamente na diferença das comunidades morais ampara-se e alimenta-se o anseio ético tanto para conseguir desnaturalizar as regras que sustentam nossa paisagem normativa quanto para dar ritmo histórico à moral, por definição mais lenta e apegada ao costume, e às leis – a princípio, produto da conquista de um território por um vencedor que implanta sua lei, mas, a partir de então, do jogo de forças entre os povos que habitam tal território e da negociação no âmbito da nação. A presença ineludível dos outros habitando o mesmo mundo, o estranhamento ético e o progressivo desdobramento dos direitos são engrenagens de uma articulação única. Por isso, modificando o enunciado hegeliano sobre a consciência ética na Fenomenologia do Espírito, poderíamos dizer que, se

---

[54] D. Cornell, "What is ethical feminism?", in S. Benhabib et al (org.). *Feminist contentions: a philosophical exchange*, p. 78-79. (N.A.)

a consciência moral é a que reconhece a culpa, a consciência ética é a que reconhece a responsabilidade, o sentido preciso de responder ao outro, admitindo sua interpelação e seu pedido de prestação de contas.

No discurso filosófico de Emmanuel Levinas, a ideia de ética aqui proposta alcança sua realização mais plena. Levinas nos fala de uma disponibilidade existencial para um *outro* que cumpre um papel humanizador. O outro se apresenta diante do sujeito ético como um rosto irredutivelmente outro, que o obriga ao desprendimento.

Levinas alegoriza poeticamente o papel interpelante da alteridade na ética da insatisfação que nos humaniza sem descanso. A expansão dos direitos humanos é, em minha concepção, um dos aspectos desse processo de humanização.

> A significação do rosto, em sua abstração, é, no sentido literal do termo, extraordinária, exterior a toda ordem, exterior a todo mundo [...] Insistamos, por ora, no sentido trazido pela abstração ou pela nudez do rosto que atravessa a ordem do mundo e, de igual maneira, pela turvação da consciência que responde a essa "abstração" [...] E, assim, anuncia-se a dimensão ética da visitação. Enquanto a representação continua sendo possibilidade de aparência, enquanto o mundo (como outro, alteridade) que se defronta com o pensar nada pode contra o pensar livre capaz de se negar interiormente, de se refugiar em si, de continuar sendo, precisamente, pensar livre frente ao verdadeiro, e permanecer capaz de voltar a si, de refletir sobre si e *se pretender origem do que recebe* [...]; enquanto, como pensar livre, *continua sendo o mesmo* – o rosto se impõe a mim sem que eu possa fazer ouvidos moucos a seu chamado, nem esquecê-lo, ou seja, deixar de ser responsável por sua miséria. *A consciência perde sua primazia* [...]. A consciência é questionada pelo rosto

[...] O "absolutamente outro" não se reflete na consciência. Resiste-se de tal forma, que nem sua resistência se converte em conteúdo de consciência. *A visitação consiste em transtornar o egoísmo do eu mesmo que sustenta esta conversão* [...] Trata-se do questionamento da consciência e não da consciência do questionamento. *O Eu perde sua soberana coincidência consigo*, sua identificação na qual a consciência volta triunfalmente a si para repousar em si mesma. Ante a exigência do Outro, o Eu se expulsa desse repouso, deixa de ser a consciência gloriosa deste exílio. *Toda complacência destrói a lealdade do movimento ético.* Ser eu significa, portanto, não poder subtrair-se à responsabilidade, como se todo o edifício da criação repousasse sobre minhas costas [...] O eu ante o outro é infinitamente responsável. *O outro que provoca este movimento ético na consciência, que desajusta a boa consciência da coincidência do mesmo consigo mesmo*, implica uma aproximação inadequada com a intencionalidade. Isto é o Desejo: arder de um fogo distinto da necessidade que a saturação apaga, pensar além do que se pensa [...].[55]

Para Levinas, uma reflexão que nos conduz a coincidir com o que já somos é uma reflexão inválida, porque o outro não fez sua intervenção autêntica – *o outro, justamente, é plenamente outro quando tem por consequência fraturar o nós, não o deixar incólume.* O *outro*, na narrativa de Levinas, diferencia-se do *outro* no modelo lacaniano, porque em Levinas não instala o sujeito com sua violência fundadora, mas o desloca, *torna-o mais humilde e o infiltra com dúvidas: convida-o a desconhecer-se e a abandonar suas certezas, entre elas a de sua superioridade moral.* Levinas introduz, portanto, o valor ético daquilo que nos desconfirma, ou seja, o valor ético da alteridade.

---

[55] E. Levinas, *Humanismo del otro hombre*, [1964] 1993, p. 60-63. Grifos da autora. (N.A.)

O impulso ético ou, mais exatamente, a ética como impulso, como aspiração, como salto em direção ao outro é, portanto, em Levinas, o que nos arranca de sermos nós mesmos e *nos salva da coincidência com o que já somos*. Responsabilidade e abertura são os predicados do eu ético. Nesse sentido, a permanência e a validez da lei instituída – invocada pelo juspositivismo – e a ancoragem em uma natureza humana, sugerida pelo jusnaturalismo, teriam dificuldade para explicar o movimento de ampliação constante dos direitos humanos. Somente o moto contínuo de uma ética transiente e desarraigada o torna possível.

Enrique Dussel, em sua ambiciosa obra *Ética de la Liberación*, também coloca no *outro* – neste caso, o outro vitimizado – a âncora de uma perspectiva ética transformadora. O outro é aqui entendido como negatividade substantivada, em sua materialidade contingente transformada em transcendente no argumento dusseliano. Esse outro pode estar contido em uma lista de categorias constituída pelo "operário, o índio, o escravo africano ou o explorado asiático do mundo colonial, a mulher, as raças não brancas e as gerações futuras",[56] entendendo-se que devem ser acolhidos em um "nós" também substantivo. O argumento de Dussel centra-se justamente nesse ato de inclusão da perspectiva das vítimas em "nossa" perspectiva.

A ética, em todas essas acepções, é o que nos permite estranhar nosso próprio mundo, qualquer que seja, e revisar a moral que nos orienta e a lei que nos limita. Por isso, podemos dizer que constitui o princípio motor da história dos direitos humanos. Ser ético, entendido dessa forma, é acolher a interpelação do intruso, do diferente no nós da comunidade moral, especialmente quando o intruso, em sua intervenção, não pode ou não poderia ter controle material sobre as condições

---

[56] E. Dussel, *Ética de la Liberación: en la edad de la globalización y de la exclusión*, 1998, parágrafo 210. (N.A.)

de nossa existência, quando não intervém em nossa vida de uma posição de maior poder. Nesse sentido, a antropologia, como ciência do outro, seria o campo de conhecimento destinado a contribuir para o desenvolvimento da sensibilidade ética. Em uma guinada radical de sua deontologia, sua tarefa não seria a de dirigir nosso olhar para o outro com a finalidade de conhecê-lo, mas a de possibilitar que nos conheçamos no olhar dele.[57] Em outras palavras, permitir-lhe pousar os olhos sobre nós, intermediar para que seu olhar nos alcance. Isso, no entanto, representaria uma mudança radical na prática e nos valores que inspiram a disciplina até hoje, pois não significaria a mera refletividade ou o retorno de nós mesmos, antropólogos, ao Nós, depois de uma imersão passageira no mundo do outro – como se aceita, considerando-se corolário do exercício etnográfico, a ideia de regresso com estranhamento de nossas premissas. Não me refiro a esse exercício; refiro-me ao negro, ao indígena ou ao camponês, estudados como objeto privilegiado da disciplina, dizendo-nos quem somos para eles e o que eles esperam de nós – o que, gostemos ou não, de fato já está ocorrendo.

Se as tendências renovadoras e pluralistas do direito pretendem hoje uma franca *interlegalidade*; se a educação caminhou do multiculturalismo elementar de uma década atrás em direção a uma perspectiva *intercultural*; se a própria missiologia católica radical tende a uma inter-religiosidade, é porque o *outro*, nessas práticas, já não é nem objeto, nem tema, sequer interlocutor abordado de fora e unilateralmente em um processo

---

[57] Anos atrás, muito antes de chegar a essa formulação, procurei descrever uma experiência semelhante. Ao ir a campo, nos Andes Centrais da Argentina, para compreender a expansão evangélica em uma região antes fortemente marcada por um catolicismo andino e popular, um dos "irmãos" evangélicos me contrainterpelou: "A senhora vem ver onde guardo meu cocar?" Em seguida, ao conjunto de minhas perguntas, respondeu: "A senhora me pede razões humanas e só posso dar razões divinas"; "a senhora quer se apresentar como observadora de nossa realidade, mas para nós é mais uma alma a ser convertida"; "a senhora quer as razões da cabeça e só podemos falar das razões do coração". Dediquei um texto a assimilar essa dura interpelação e a ela reagir positivamente (R. Segato, "Um paradoxo do relativismo: o discurso racional da antropologia frente ao sagrado"). (N.A.)

progressivo de inclusão pela modernidade ocidental avançada. Esse processo esboça agora uma inversão. No caso do direito, o Estado nacional começa a render-se às modificações impostas pelas novas juridicidades legitimadas no interior das nações e se expõe ao impacto de uma nova concepção pluralista de nação. No caso da educação, as escolas e universidades cada vez mais abrem-se ao acesso dos *outros* da nação, já não mais para transformá-los em sujeitos dóceis ao Ocidente e de mentalidade branqueada, mas para que eles retroalimentem e transformem as instituições educativas, mostrando o rumo em direção a uma instrução que não padeça de *fobia da localidade*. No caso das missões, o Deus cristão espera enriquecer-se com os *Rostos Índios de Deus*.[58] A antropologia, portanto, terá de se expor e se curvar à demanda e à interpelação daquilo que outrora fora seu "objeto" e deixar-se interpelar. O estudo de *outras culturas* não garante a interculturalidade, a exposição radical à transformação demandada pelo *outro*. Mas a interculturalidade me ocorre como o único futuro não somente interessante, mas também plausível se pretendemos a sobrevivência de uma disciplina sem objeto.

Os que têm dificuldade para aceitar um discurso fortemente teológico e religioso – no caso de Levinas, de raiz judaica, e no caso de Dussel, de raiz católica – podem encontrar na obra de Fernando Savater outra noção, que se origina dessa mesma perspectiva de uma ética em movimento, impulsionada pelo desejo, pelo anseio e pela inversão libidinal. Para esse autor, com sua ética antialtruísta, o impulso ético, como único caminho para a transcendência e a derrota da morte, resulta do amor-próprio e do egoísmo. É por mim mesma que sou ética – contra Levinas.[59]

Poderíamos ainda nos estender aqui, se o tempo o permitisse, sobre a ética do desejo de Jacques Lacan que, como Nietzsche

---

58 Faço referência aqui ao livro dos antropólogos jesuítas Xavier Albó, Manuel Marzal e Bartolomeu Meliá (*Rostros indios de Dios*). (N.A.)
59 F. Savater, *Ética como amor-próprio*, 1991, p. 70. (N.A.)

– e também, acrescentaria agora, Levinas – introduz a obrigação da suspeita, a desconfiança de uma suposta coincidência não problemática com nós mesmos, com nossa consciência.

A crítica ética da psicanálise nos responsabiliza pelo que desejamos sem saber, pelo que obscuramente maneja nossos atos e pelas consequências desse nosso desejo não sabido no mundo. Depois da psicanálise, nunca mais pudemos fugir à responsabilidade pelo impacto no mundo, o que Weber um dia chamou de "as consequências não intencionais da ação".

***

Argumentei aqui que o *anseio ético* é o princípio que promove a expansão dos direitos em seu movimento universal. O anseio ético é um movimento em direção ao bem não alcançado, uma abertura alimentada pela *presença da alteridade* e que se manifesta na experiência de insatisfação com relação tanto aos padrões morais compartilhados – que nos fazem membros natos de uma comunidade moral – quanto às leis que orientam nossa conduta na sociedade nacional da qual fazemos parte. Em outras palavras, não é outra coisa senão *uma ética da insatisfação*, encontrada entre os cidadãos de qualquer nação e nos membros da mais simples e coesa das comunidades morais, o que constitui o *fundamento dos direitos humanos*. Nesse caminho, o nós se mostra sensível e vulnerável à desafiadora existência dos outros, e vontades estranhadas, dissidentes, inconformadas, inscrevem lentamente suas aspirações no discurso da lei.

Bibliografia

ALBÓ, Xavier. "Derecho consuetudinario: posibilidades e límites". XII Congreso Internacional, Derecho Consuetudinario y Pluralismo Legal: Desafíos en el Tercer Milenio. Arica: Universidad de Chile e Universidad de Tarapacá, 1998.

_____. "Principales características del derecho consuetudinario", in *Revista Artículo Primero*, n. 7, 1999, p. 11-22.

_____; **MARZAL, Manuel; MELIÁ, Bartolomeu.** *Rostros indios de Dios.* La Paz: Ed. CIPCA/HISBOL/UCB. 1992.

DEGREGORI, María Cristina Álvarez. *Sobre la mutilación genital femenina y otros demonios.* Barcelona: Publicacions d'Antropologia Cultural; Universitat Autònoma de Barcelona, 2001.

AN-NA'IM, Abdullahi; PESHKOVA, Svetlana. "Social movements revisited: mediation of contradictory roles", in AMADIUME, I.; AN-NA'IM, A. (org.). *The politics of memory: truth, healing & social justice.* Londres: Zed Books, 2000, p. 68-89.

_____ (org.). *Human rights in cross-cultural perspective: a quest for consensus.* Filadélfia: University of Pennsylvania Press; Pennsylvania Studies in Human Rights, 1991.

ARENAS, Luis Carlos. "Postcriptum: sobre el caso u'wa", in SOUSA SANTOS, B. de e VILLEGAS, M. García (org.). *El caleidoscopio de las justicias en Colombia.* Tomo II. Bogotá: Colciencias/Ediciones Uniandes/Centro de Estudos Sociais da Universidade de Coimbra, 2001, p. 143-157.

_____. "A luta contra a exploração do petróleo no território u'wa: estudo de caso de uma luta local que se globalizou", in SOUSA SANTOS, B. de (org.). *Reconhecer para libertar: os caminhos do cosmopolitismo multicultural.* Rio de Janeiro: Civilização Brasileira, 2003, p. 153-197.

ASAD, Talal. 1997. "On torture, or cruel, inhuman, and degrading treatment", in KLEINMAN, A., DAS, V. e LOCK, M. (org.). *Social suffering.* Berkeley: University of California Press, 1997, p. 285-308.

BENJAMIN, Walter. "A obra de arte na era de sua reprodutibilidade técnica", in *Obras escolhidas*, vol. I. São Paulo: Brasiliense, 1985 [1936], p. 165-196.

BOBBIO, Norberto. "Sobre el fundamento de los derechos del hombre", in *El tiempo de los derechos.* Madri: Editorial Sistema, 1991, p. 56-57.

BOURDIEU, Pierre. *O poder simbólico.* Rio de Janeiro: Bertrand Brasil, 1989.

BUTLER, Judith. *Antigone's claim: Kinship between life and death.* Nova York: Columbia University Press, 2000.

CANÇADO TRINDADE, Antônio Augusto. "Cançado Trindade questiona a tese de 'gerações de direitos humanos' de Norberto Bobbio", em entrevista durante o Seminário Direitos Humanos das Mulheres: a proteção internacional, V Conferência de Direitos Humanos da Câmara dos Deputados. Brasília, 25 maio 2000.

CARVALHO, José Jorge; SEGATO, Rita. "Uma proposta de cotas para estudantes negros na Universidade de Brasília". Série Antropologia, 314. Brasília: Universidade de Brasília, Departamento de Antropologia, 2002.

CASTRO, Milka; SIERRA, Maria Teresa (org.). 1999. "Derecho indígena y pluralismo juridico en America Latina", *Revista América Indígena*, LVIII (1-2). Convenio para la eliminación de todas las formas de discriminación contra la mujer (Cedaw). Organización de las Naciones Unidas, 1979.

CORNELL, Drucilla. 1995. "What is ethical feminism?", in Benhabib, S. Butler, J.; Cornell, D. et al (org.). *Feminist contentions: a philosophical exchange*. Nova York/Londres: Routledge, p. 75-106.

DUSSEL, Enrique. *Ética de la Liberación: en la edad de la globalización y de la exclusión.* México: Editorial Trotta, 1998.

FOUCAULT, Michel. "For an ethic of discomfort", in Rabinow, Paul. (org.). *Power: Essential works of Foucault 1954-1984*. Volume 3 (editado por James Faubion). Nova York: The New Press, 2000, p. 443-448.

GARLAND, David. *Castigo y sociedad moderna: un estudio de teoría social.* México/Madri: Siglo XXI Editores, 1999.

GEERTZ, Clifford. *The interpretation of cultures.* Nova York: Basic Books, 1973.

GOTT, Gil. "Imperial humanitarianism: history of an arrested dialectic", in Hernández-Truyol, B. E. (org.). *Moral imperialism: a critical anthology*. Nova York: New York University Press, 2002, p. 19-38.

HERNÁNDEZ-TRUYOL, Berta; GLEASON, Christy. "Introduction", in HERNÁNDEZ-TRUYOL, Berta (org.). *Moral imperialism: a critical anthology*. Nova York: New York University Press, 2002, p. 1-18.

IHIMAERA, Witi. *The whales rider.* Auckland, Nova Zelândia: Reed Publishing, 1987.

KYMLICKA, Will. *Multicultural citizenship: a liberal theory of minority groups.* Oxford: Clarendon Press, 1995.

LACAN, Jacques. *Semináario 7: la ética del psicoanálisis.* Buenos Aires: Paidós, 1987.

LEVINAS, Emmanuel. *Humanismo del otro hombre.* México: Siglo XXI Editores, [1964] 1993.

LEDERACH, John Paul. *Preparing for peace: conflict transformation across cultures.* Syracuse/Nova York: Syracuse University Press, 1995.

MADKOAR, Muhammad Salam. "Politics and human rights in Islam: human rights from an islamic perspective. An outline of Hudud, Ta'zir and Qisa". Disponível em <http://www.islamicpaths.org/Home/English/Issues/Politics_Rights/Human_Rights_02.hm> Acesso em jan. 2004.

MALISKA, Marcos Augusto. *Pluralismo jurídico e direito moderno: notas para pensar a racionalidade jurídica na modernidade.* Curitiba: Juruá, 2000.

PANIKKAR, Raimundo. "É a noção dos direitos do homem um conceito ocidental?", in *Diógenes*, n. 5, 1983, p. 5-28.

PECHINCHA, Mônica Thereza Soares. *Uma antropologia sem outro*. Brasília: Tese de Doutorado, Departamento de Antropologia, Universidade de Brasília, 2002.

ROUDINESCO, Elisabeth. *Jacques Lacan: esboço de uma vida, história de um sistema de pensamento*. São Paulo: Companhia das Letras, 2001.

SAVATER, Fernando. *Ética como amor propio*. México: Consejo Nacional para la Cultura y las Artes/Mondadori, 1991.

SÁNCHEZ BOTERO, Esther. "Justicia, multiculturalismo y pluralismo jurídico". Primer Congreso Latinoamericano Justicia y Sociedad. Centro de Convenciones Alfonso López Pumarejo, Universidad Nacional de Colombia, Bogotá, 20 a 24 out. 2003.

____. *Derechos propios: ejercicio legal de la jurisdicción especial indígena en Colombia*. Bogotá: Procuraduría General de la Nación, Instituto de Estudios del Ministerio Público, Imprenta Nacional, 2004.

SAID, Edward. *Culture and imperialism*. Nova York: Alfred Knopf, 1993. [Ed. bras.: *Cultura e imperialismo*. Tradução Denise Bottmann. São Paulo: Companhia das Letras, 2011.

SEGATO, Rita. "Um paradoxo do relativismo: o discurso racional da antropologia frente ao sagrado", *Religião e Sociedade*, vol. 16, n. 1/2, p. 114–135, 1992.

____. *Uma agenda de ações afirmativas para as mulheres indígenas do Brasil*. Série Antropologia 326, nova edição. Brasília: Departamento de Antropologia, Universidade de Brasília/Fundação Nacional do Índio – Funai/ Deutsche Gesellschaft für Technische Zusammenarbeit – GTZ, 2002.

____. "Las estructuras elementales de la violencia: contrato y estatus en la etiología de la violencia", in SEGATO, Rita. *Las estructuras elementales de la violencia: ensayos sobre género entre la antropología, el psicoanálisis y los derechos humanos*. Buenos Aires: Universidad Nacional de Quilmes/ Prometeo 3010, 2003, p. 131–148.

____. "La argamasa jerárquica: violencia moral, reproducción del mundo y la eficacia simbólica del derecho", in SEGATO, Rita. *Las estructuras elementales de la violência: ensayos sobre género entre la antropología, el psicoanálisis y los derechos humanos*. Buenos Aires: Universidad Nacional de Quilmes/Prometeo, 3010, 2003, p. 107–130.

SOUSA SANTOS, Boaventura de. *La globalización del derecho: los nuevos caminos de la regulación y la emancipación*. Bogotá: Universidad Nacional de Colombia, 1998.

____. "Toward a multicultural conception of human rights", in Hernández-Truyol, B. E. (org.). *Moral imperialism: a critical anthology*. Nova York: New York University Press, 2002, p. 39–60.

____. "Por uma concepção multicultural de direitos humanos", in SOUSA SANTOS, Boaventura de (org.). *Reconhecer para libertar: os caminhos do cosmopolitismo multicultural*. Rio de Janeiro: Civilização Brasileira, 2003, p. 427-461.

SOUSA SANTOS, Boaventura de; GARCÍA VILLEGAS, Mauricio (org.). *El caleidoscopio de las justicias en Colombia*. Tomo II. Bogotá: Siglo del Hombre Editores, 2001.

THOREAU, Henry David. *Civil disobedience*. Bedford: Applewook Books, 2000 [1849].

VAYRYNEN, Raimo (org). *New directions in conflict theory: conflict resolution and conflict transformation*. Londres: Sage, 1991.

WALZER, Michael. *Esferas da Justiça: uma defesa do pluralismo e da igualdade*. Lisboa: Martins Fontes, 2003.

WEISSBRODT, David. "Human rights: an historical perspective", in Davies, P. (org.). *Human rights*. Londres: Routledge, 1988, p. 42-62.

WILSON, Richard A (org.). *Human rights, culture & context. Anthropological perspectives*. Londres/Chicago: Pluto Press, 1997.

WOLKMER, Antonio Carlos. *Pluralismo jurídico: fundamentos de uma nova cultura do direito*. São Paulo: Alfa-Omega, [1994] 2001.

YRIGOYEN FAJARDO, Raquel. *Pautas de coordinación entre el derecho indígena y el derecho estatal*. Guatemala: Fundación Myrna Mack, 1999.

ZIZEK, Slavoj. *The sublime object of ideology*. Londres: Verso, 1989.

____. *The metastases of enjoyment: six essays on woman and causality*. Londres: Verso, 1994.

Um paradoxo do relativismo: o discurso racional da antropologia frente ao sagrado[1]

A crítica que esboço aqui assinala o paradoxo que se constitui quando afirmamos que a operação que relativiza busca compreender de dentro e em seus próprios termos uma crença nativa que nos é estranha, enquanto aqueles que aderem a essa crença o fazem de maneira absoluta e não vislumbram a possibilidade de colocá-la em termos relativos.

Este tipo de contradição, como argumentarei, surge do recorte clássico a partir do qual a antropologia social tem se aproximado das questões religiosas e da adaptação, um tanto reducionista, da teoria da interpretação que tem prevalecido nos estudos antropológicos. Essa prática interpretativa nos leva a sacrificar uma parte da verdade dos seres humanos retratados em nossos relatos etnográficos, perdendo de vista ou mesmo censurando as evidências que falam de um horizonte íntimo no qual se dá a experiência humana do transcendente. A meu ver tal censura decorre das convenções até agora aceitas para a construção de nosso discurso teórico-etnográfico mais do que dos limites propriamente ditos da disciplina, que

---

[1] "Una paradoja del relativismo: el discurso racional de la antropología frente a lo sagrado", publicado em F. Gorbach e M. Rufer (org.), *O arquivo, o campo: interdisciplina e produção da evidência*, 2016. (N.E.)

são e devem ser permanentemente reelaborados. Devido à sua inadequação, na maioria das vezes, esse discurso trai a experiência que deveria revelar.

Futuramente, pretendo elaborar uma análise crítica mais detalhada das formas pelas quais a antropologia da religião adapta as descobertas da teoria da linguagem a seu campo, incluindo a abordagem performática de autores como Tambiah[2] e as tendências interpretativas atuais que recomendam a mudança do foco da análise de aspectos referenciais para aspectos indéxicos da comunicação. Por enquanto, sem desconsiderá-las, seria suficiente assinalar que elas tendem a constituir-se mais uma vez em formas de decodificação do universo semântico observado, embora em um estágio mais sofisticado. Diante da temática religiosa, caberia ao discurso etnográfico ele mesmo passar por transformações radicais (como já foi mencionado por vários autores, como Stoller[3] e Velho,[4] entre outros), visando, sim, à possibilidade de intelecção, mas também procurando recriar no leitor a experiência da alteridade ao fazer ressoar nele a possibilidade do absoluto do outro.

Um obstáculo no caminho

Entre fevereiro e abril de 1987, realizei uma pesquisa de campo sobre o crescimento dos cultos evangélicos e o abandono do catolicismo popular em povoados da região da Quebrada e da Puna, na província de Jujuy, no noroeste argentino.[5] Tinha em mente o clássico projeto de encontrar as articulações

---

[2] Especialista em antropologia da religião e da política, o cingalês Stanley Jeyaraja Tambiah (1929-2014) foi antropólogo social e professor da Universidade de Harvard. (N.E.)
[3] P. Stoller, "Eye, Mind and Wont in Anthropology", *L'Homme*, n. 24, v. 3-4, pp. 91-114, jul.-dez. 1984. (N.A.)
[4] O. Velho, "Religiosidade e Antropologia", *Religião e Sociedade*, vol. 13/1:46-71, mar., 1986. (N.A.)
[5] R. Segato, "Cambio Religioso y Des-etnificación: La Expansión Evangélica en los Andes Centrales de Argentina", *Religiones Latinoamericanas*, México, n. 1, jan.-jun., 1991. (N.A.)

entre os componentes ideológicos e interacionais da sociedade que me permitissem dar sentido às articulações de seu cosmos, de forma que a trama do discurso racional pudesse captá-las. Um recorte parcial do cosmos, correlato do recorte social da experiência humana. Dois planos horizontais iluminando-se mutuamente até se tornarem inteligíveis para mim.

Assim, fui preparada para o campo, disposta a ver em que direção apontava o vetor significante da nova opção religiosa pelo protestantismo, em um meio onde o culto andino à Pachamama e o catolicismo deram origem a um culto popular sincrético de raízes antigas. Perguntava-me se a nova opção religiosa estava afirmando algo da ordem da etnicidade, no sentido de que podia conter uma proposição negativa em relação à identidade nacional, ou se seu significado podia ser encontrado dentro da ordem da micropolítica local; ou ainda se se tratava, mais precisamente, da expressão, em linguagem religiosa, de uma opção contrária à economia tradicional e em prol da modernização. Na verdade, a mera escolha de uma nova modalidade de crença e culto dentro de meu projeto era ininteligível em si mesma, e só estaria completa quando fosse identificado o campo semântico ao qual, de maneira cifrada, estaria se referindo.

Foi então que, devido a obstáculos imprevistos, vislumbrei em que medida a perspectiva nativa era irredutível à minha pergunta pelo sentido, refratária à rede conceitual lançada por mim. De fato, nessa rede, uma adesão religiosa, uma crença, uma experiência vivida, sempre é entendida como um significante cujo referencial se encontra em uma área pensada como mais concreta, mais assimilável e com parâmetros mais universalmente comparáveis da experiência humana.

Na antropologia, vale lembrar, o que costuma obrigar o pesquisador a repensar sua abordagem das questões ligadas à crença e à religião é algum tipo de dificuldade operacional durante o trabalho de campo. São bons exemplos o caso do feitiço sofrido pelo próprio etnólogo, relatado autobiograficamente por Stoller,[6] ou a turbação de Sperber[7] diante do pavor de um de seus informantes que dizia ter se encontrado com um dragão. O caso ao qual vou me referir é bem menos espetacular do que os dois mencionados e, simplesmente, consiste em três respostas dadas por três informantes em ocasiões diferentes, confrontados com meu projeto de relativizar a verdade que eles me apresentavam como absoluta.

O primeiro informante, durante uma entrevista na qual lhe perguntava acerca de sua história de vida, interrompeu-me com uma aparente docilidade para dizer: "Você está buscando razões humanas, enquanto nós acreditamos em razões divinas." O segundo informante, quando expus brevemente as perguntas orientadoras de meu projeto, me disse: "Não poderemos nos entender. Você está à procura do racional e, para nós, trata-se de algo emocional: nosso coração foi tocado, comovido etc., etc." E o terceiro informante, ao comprovar minha absoluta indiferença perante sua efusiva leitura de uma seleção de trechos bíblicos, me fez entender que, enquanto eu me percebia como uma observadora neutra, inteiramente imune às profissões de fé deste mundo, decretado por mim, de antemão, como alheia, eu era vista apenas como outra alma a ser conquistada, um ser humano como os outros, passível de ser "chamado" a se converter ou de "se perder" definitivamente. Não existia o tal lugar do meio, de observadora neutra, no qual eu me sentia segura; para falar claramente, só existiam duas opções: o céu e o inferno, e era possível pertencer a apenas um deles.

Essas três diferenças eram, de fato, demasiado fundamentais e produziam uma lacuna praticamente intransponível na

---

6   P. Stoller, op. cit., 1984. (N.A.)
7   D. Sperber, "Apparently Irrational Beliefs", in Hollis, M.; S. Lukes (orgs.), *Rationality and Relativism*. Oxford Basil Blackwell, 1982. (N.A.)

comunicação. E mais: somente o universo protestante, tão próximo e identificado com a modernidade quanto a própria ciência, seria capaz de contrapor um discurso tão evidente sobre a incomensurabilidade da lógica da ciência com a lógica da crença, ou seja, fazendo uso dos termos de Needham das categorias cognitivas da ciência ao imaginário da crença,[8] sobre os quais voltarei mais adiante.

Há muitas especulações que podem ser extraídas do episódio relatado, porém quero enfatizar particularmente que o relativismo encontra sua fronteira mais intransponível na forma como o nativo experimenta seu absoluto, não enquanto uma posição, mas sim uma experiência vivida na interioridade. Fica evidente que, na minha missão antropologizante, parti da exclusão desta experiência, buscando transformá-la em um texto digerível para as ciências sociais estabelecidas. A coordenada vertical da fusão afetiva com a divindade devia ser projetada, de alguma maneira, sobre a coordenada horizontal da vida mundana; outro tipo de imaginário tentava sufocar, silenciar o imaginário nativo. Por outro lado, tal operação – como já havia sido advertida – me levava a me excluir desde o início da experiência que me era relatada. Não estava claro se essa autoexclusão era uma precondição para poder fazer o rodeio racional, uma consequência desse mesmo rodeio ou ainda uma estratégia para encobrir a ausência de simpatia da minha parte, meu desgosto inicial pelo absoluto e pelas práticas às quais o outro aderia. Se assim fosse, deveria retomar esse desgosto e colocar claramente minha antipatia no ponto de partida, no centro de minhas considerações, assim como aceitar a radicalidade da diferença, neste caso, por exemplo, entre a horizontalidade de minha pergunta e a verticalidade da experiência que me era narrada. Essa divergência constituía o verdadeiro eixo do diálogo com meus informantes. Portanto, minha suposta fidelidade ao "ponto de

---

8 R. Needham, *Primordial Characters*, 1985, p. 21. (N.A.)

vista nativo" mostrava-se falsa, assim como minha pretensão dialógica, pois, como apontou Gadamer, nenhum dos participantes numa conversação autêntica pode ter um comando real sobre a direção que ela deve tomar.[9]

Encontrei-me assim diante do que há de mais específico na dimensão religiosa, que não aceita totalmente um sentido fora de si mesma, nem perguntas que possam substituir por significado o próprio ato de significar. O que meus informantes me apontavam, de forma inescapável, era que a própria operação de compreender passava pela destruição de um componente essencial do que devia ser compreendido; e que minha abordagem era particularmente insensível às características do próprio ato de crer. Isso levou-me a pensar que, embora na busca da inteligibilidade de um conjunto de crenças seja certamente possível acessar aspectos que lhe são concomitantes e, apesar destes aspectos poderem proporcionar informações relevantes sobre uma determinada sociedade, é necessário ter em mente que não se acessa assim à qualidade básica da crença ou, pelo menos, à qualidade considerada fundamental por aqueles que creem.

Consequentemente, esse episódio também me fez repensar minha etnografia anterior sobre o culto xangô do Recife. Durante minha pesquisa sobre esse culto, de fato não faltaram comentários de informantes que pudessem me levar ao mesmo problema. Eu também não era, para os membros do culto, uma observadora neutra, mas alguém que, como todo mortal, "tinha santo", isto é, estava acompanhado de divindades tutelares ou "santos de cabeça", cujos laços de obrigação recíproca com minha pessoa deviam eventualmente ser reconhecidos e fixados mediante os rituais de iniciação. Também no xangô, o fator emotivo da relação com os orixás e, sobretudo, as formas não verbais em que esta comunicação se estabelece e se define

---

9 H. G. Gadamer, *A atualidade do belo: a arte como jogo, símbolo e festa*, 1985, p. 345ss. (N.A.)

constituem a substância do culto. E para além de tudo isso, no xangô são as divindades, e não as pessoas, que se nutrem com os alimentos das oferendas e que decidem quais membros do culto lhe pertencem e quando é o momento de "se manifestar" em possessão. Esses aspectos foram enfatizados com muita frequência pelos membros, porém eu não destaquei sua importância na etnografia resultante. Da mesma forma que no outro caso relatado, não me sentia confortável com a noção de agência divina sustentada e experienciada pelos informantes, e praticamente intraduzível no código disciplinar.

A noção de relativismo

Em geral, quando falamos em relativismo[10] nos referimos a duas dimensões da problemática da diferença: uma que se refere ao conceito e outra que se refere à atividade de conhecer. Desta maneira, é possível distinguir, por um lado, o relativismo que está embutido, de forma em parte explícita, nas definições de cultura como simples afirmação da diferença e, pelo outro, os programas mais ou menos formalizados com os quais os autores abordam essas diferenças. No primeiro sentido, o conceito nos permite apenas reconhecer a possibilidade de cada grupo humano aderir a um conjunto de valores particulares e habitar um mundo construído com base nas representações que lhes são próprias. O segundo sentido refere-se à atitude intelectual que é elaborada em um método, isto é, ao papel ativo (já não mais contemplativo) do intelecto do observador diante da diferença concreta. O que é, em sua base, uma atitude, passa por uma elaboração racional e transforma-se em método, uma estratégia para resolver o problema colocado pela diferença.

---

10 Deixo de lado a discussão sobre as diferentes acepções do termo relativismo, como os conceitos de relativismo moral, perceptual, cognoscitivo etc. discutidos por autores como Giddens, Lukes e Bernstein, entre outros, para abordar esta questão de uma maneira mais geral e suficiente aos fins deste trabalho. (N.A.)

O primeiro dos sentidos mencionados não implica a necessidade do outro, e acredito que seria possível simplesmente reconhecer a existência da diversidade entre os grupos humanos, ou seja, poderíamos nos render a suas evidências sem necessariamente ter que elaborar procedimentos para diminuir a angústia causada pelas perguntas sem resposta que a existência da diversidade nos propõe.

Recentemente, a possibilidade de uma terceira postura foi elaborada de forma brilhante por Luiz Eduardo Soares[11] quando alertou que o próprio reconhecimento das diferenças já pressupõe a identificação de um horizonte universal humano, de modo que oscilamos permanentemente entre as duas constatações. O caráter relativo das verdades e a existência de universais se constituem, assim, em polos de uma aporia que coexistem em uma relação agonística. O reconhecimento desta aporia nos permitiria, então, lidar com a diferença, mas com a devida consciência da qualidade provisória e precária de nossos níveis de compreensão.

Pretendo me concentrar no segundo desses aspectos, pois acredito que a tradição de pensamento à qual pertencemos como antropólogos assumiu, de forma peculiar, que a existência da diversidade não é apenas um fato, mas um problema a ser resolvido, seja através de sua eliminação pura e simples, seja por meio de alguma equação que permitisse encontrar um denominador comum humano. Em outras palavras, assumiu esta tarefa como imprescindível, obrigatória, e me parece que a antropologia constituiu um desenvolvimento recente e mais sofisticado dessa preocupação de longa data no Ocidente, que não é de modo algum universal.

Os métodos pelos quais se concretiza esta dimensão ativa do relativismo dão forma à prática profissional do antropólogo

---

11 L. E. Soares, "Hermenêutica e ciências humanas", *Estudos Históricos*, n 1, CPDOC--FGV e Vértice Editor, 1988. (N.A.)

e orientam a constituição do corpo de dados da disciplina, ou seja, das etnografias. Certamente, a forma que a atividade intelectual deste segundo aspecto assumirá dependerá da definição de cultura da qual se partiu, como mostra Geertz[12] quando caracteriza a maneira como a questão da diferença é trabalhada por autores culturalistas norte-americanos. Esses estudiosos partem de categorias analíticas, conceitos supostamente neutros e entendidos como anteriores à existência da própria diversidade, como religião, família ou sistema social, entre outros, ou de questões previamente definidas como a da relação entre indivíduo e sociedade. Tais categorias e questões são, para pensadores como Kluckhohn,[13] por exemplo, uma linguagem em comum, "pontos invariáveis de referência" que permitem explorar as particularidades de cada grupo humano, fazendo-as caber numa rede conceitual comum e, portanto, universalmente válida. Este tipo de programa, estas estratégias, apesar de já se definirem como relativistas, ainda têm seu pivô no que caracterizam implicitamente como o substrato universal de todo comportamento, na crença de que estas categorias analíticas atuam como denominadores comuns que recobrem e resolvem toda variação.

Diante deste programa, Geertz – a quem cito por ser ainda hoje um dos antropólogos que não hesitam em defender os baluartes do relativismo com um certo fervor – optou por se refugiar em uma definição do humano baseada na diferença. Para ele, a humanidade se define justamente por essa paranatureza que é a cultura, ao mesmo tempo que – acredito oportuno acrescentar – a noção de cultura implica em si a existência de um componente de inércia e outro de mobilidade. O componente inércia nos possibilita falar de uma cultura

---

12 C. Geertz, "The Impact of the Concept of Culture on the Concept of Man", in *The Interpretation of Cultures*, 1975a. (N.A.)
13 O professor e antropólogo estadunidense Clyde Kluckhohn (1905-1960) é conhecido pelas suas contribuições para a antropologia, sobretudo por suas teorias da cultura e seus estudos etnográficos no território indígena navajo. (N.E.)

como igual a si mesma; o de mobilidade nos permite ver nela um movimento constante de diferenciação e resistência em relação às outras. A natureza humana estaria, assim, constituída precisamente por este jogo entre inércia e mobilidade que definimos como cultura.

Por conseguinte, a essência humana apresenta-se caracterizada por sua liberdade, no sentido de indeterminação biológica. Porém, no lugar dessa indeterminação é introduzida uma outra: a cultural, isto é, dos padrões reconhecidos em uma cultura. Segundo Geertz, os conjuntos de símbolos são "como genes",[14] pois providenciam o programa que guia o comportamento, com a especificidade de que, diferentemente dos genes biológicos, podem também se tornar autoconscientes (transformar-se em "modelos-de", segundo um de seus conceitos conhecidos).

Assim, a proposta de Geertz para fugir das categorias analíticas, no sentido de denominadores comuns descritos acima, não é uma novidade, mas tem justamente o valor de expor e caracterizar com precisão ideias e procedimentos que podem ser considerados clássicos na antropologia, ou seja, próprios e idiossincráticos da atividade da disciplina.

Em primeiro lugar, e inspirado na célebre frase de Malinowski, Geertz propõe captar "o ponto de vista nativo"[15] e articula uma confluência teórica entre aquele autor e os conceitos weberianos de *ethos* e de "visão de mundo".

Em segundo lugar, salienta que para fazer isso não devemos buscar a identidade dos fenômenos ou agrupá-los segundo o princípio que supõe que fenômenos classificados *a priori*

---

14 C. Geertz, "The Impact of the Concept of Culture on the Concept of Man", in *The Interpretation of Cultures*, 1975a. (N.A.)
15 C. Geertz, "From the Natives Point of View: On the Nature of Anthropological Understanding", in *Local Knowledge*, 1983. (N.A.)

como religiosos tenham uma base idêntica, ou que fenômenos classificados dentro da esfera do parentesco tenham uma referência em comum etc. Muito pelo contrário, Geertz diz que "precisamos buscar relações sistemáticas entre fenômenos diversos",[16] isto é, substituir a concepção estratigráfica, em que os fenômenos econômicos seriam constituídos como variantes de uma essência comum, o econômico, os fenômenos religiosos como variantes do religioso etc., por uma concepção sintética. Tal concepção sintética permite formular "proposições significativas" com base nas relações sistemáticas que possam ser estabelecidas entre a interação social observada, a hierarquia de valores e o sistema de crenças. Em síntese, ao identificar as relações significativas que existem entre diversos aspectos do *ethos* e da "visão de mundo" de uma sociedade, é possível acessar seu universo ideacional, entendido como um conjunto de sentidos expressos nos símbolos que ela produz.

Dessa forma, a proposta do autor, resumida na citação a seguir, serve como ponto de partida de meu argumento, pois sintetiza o que, de maneira implícita, me parece constituir a tarefa dos antropólogos desde os tempos de Malinowski:

> Fazer etnografia é como tentar ler (no sentido de "construir uma leitura de") um manuscrito estranho, desbotado, cheio de elipses, incoerências, emendas suspeitas e comentários tendenciosos, escrito não com os sinais convencionais do som, mas com exemplos transitórios de comportamento modelado [...] O que devemos indagar é qual é a sua importância: o que está sendo transmitido com a sua ocorrência e através da sua agência [...].[17]

---

16   C. Geertz, op. cit., 1975a. (N.A.)
17   C. Geertz, "Thick Description", in *The Interpretation of Cultures*, 1975c. (N.A.)

Apesar das diferenças de linguagem e de estratégias interpretativas, atribuir significados ao comportamento nativo é a base da prática de antropólogos das mais diversas posturas. Um exemplo interessante é a já clássica polêmica sobre a crença no "nascimento virgem", difundida entre vários grupos melanésios, na qual se enfrentaram no fim da década de 1960 Melford Spiro e Edmund Leach.[18] Caracterizarei muito brevemente as posições desses autores buscando ilustrar a amplitude dessa operação a qual denominamos interpretar, quando se trata de crenças dificilmente assimiláveis pelo ponto de vista ocidental.

Leach, por um lado, partindo de uma operação de corte estruturalista, contrapõe a crença no nascimento virgem entre melanésios ao mito cristão equivalente, e dá significado aos dois à luz da estrutura social e dos padrões de herança e sucessão genealógica em cada uma das respectivas sociedades. Spiro, por sua vez, baseando-se em pressupostos psicanalíticos, afirma que os melanésios realmente desconhecem o fundamento biológico da procriação, mas que se compreende melhor tal desconhecimento como uma negação que obedece a um desejo substantivo. Esta negação teria o sentido de suprimir o fator de angústia derivado do conflito edipiano. Trata-se, para Spiro, de uma teoria nativa sobre a paternidade, teoria que evita a emergência do complexo de Édipo.

Escolhi precisamente estes dois exemplos antagônicos de interpretação de um mesmo tema etnográfico para salientar que em nenhum deles é possível encontrar a literalidade que cada um reclama para si. Ambos os autores, da mesma forma de Geertz, resolvem o problema da compreensão apontando para algo que está fora da experiência vivida – neste caso a crença – a ser interpretada. Algo que está fora quer

---

18 M. E. Spiro, "Virgin Birth, Parthenogenesis and Physiological Paternity: an Essay in Cultural Interpretation", *Man*, n.s, 3: 242-61, 1968; E. Leach. "Virgin Birth", *Prooceedings of the RAI for 1966*, 1967. (N.A.)

dizer algo que, sem ser alheio ao mundo cognitivo do nativo, deve pertencer a outra ordem fatual que aquela da ação a ser interpretada, justamente para gozar de valor interpretativo. Neste caso, uma afirmação relativa à ordem biológica pode, segundo um ou outro intérprete, significar algo que já se encontraria, ora dentro do campo do parentesco e da herança, ora dentro do campo psicológico e efetivo. Em outros termos, e a depender do caso, um fato da ordem social pode nos dizer algo relacionado com a ordem econômica; um comportamento musical pode nos dizer algo da ordem do parentesco; um fato de ordem psicológica pode nos informar sobre uma postura filosófica; ou uma crença pode ser uma psicologia camuflada. E assim poderíamos continuar citando aleatoriamente possibilidades de relação entre significantes e significados, para evidenciar como toda observação é, cada vez mais, para o antropólogo, primeiramente uma linguagem vazia, cuja intenção significativa deve ser encontrada ao se investigar outra parte.

Steven Lukes, que revisitou o debate entre Leach e Spiro, colocou a questão em termos parecidos aos utilizados por Geertz:

> [...] interpretar o que as pessoas fazem quando "acreditam" em algo é equivalente a interpretar o que as pessoas dizem ao pronunciar orações indicativas: exige uma hipótese estratégica cuja aplicação (uma vez resolvidos os quebra-cabeças explicativos que tal hipótese levanta) torna inteligível o que está sendo dito e feito.[19]

Reencontramos aqui a ideia de que todo ato deve ser entendido como uma fala, em que o dito é sempre algo que está fora do próprio ato de dizer. O vetor que liga significante e significado define uma linearidade horizontal regida pelo entrecruzamento racional das relações próprias de uma

---

19   S. Lukes, "Relativism in its Place", in Hollis, M.; S. Lukes (orgs.) *Rationality and Relativism*, 1982, p. 292. (N.A.)

estrutura igualmente horizontal. Chamo de horizontal à relação entre homem e sua pólis vista como uma extensão ou em complementaridade com o mundo da natureza, isto é, explorável por meio do método científico, para contrapô-la com a relação vertical do ser humano e seu cosmos, com as causas que o transcendem e que apenas pode vislumbrar. Este uso das imagens de horizontalidade e verticalidade evoca, ou melhor, constitui uma transformação da oposição entre o pensamento aristotélico e o neoplatônico, na qual a vertente aristotélica do pensamento moderno estaria marcada pelo horizontalismo da ciência, ou seja, o pressuposto de "homologia entre a causalidade real dos processos naturais e a causalidade lógica da demonstração";[20] em contraposição com a verticalidade da causalidade final, cuja estrutura é "eminentemente teológica" e de raiz platônica.[21] Considero que a linearidade significante-significado é horizontal ainda que se trate de uma "descrição densa", como aquela sugerida por Geertz. Apesar de incorporar as múltiplas dimensões da cultura e da sociedade, esta descrição passa sempre a reduzir-se a proposições lineares do tipo: x significa y ou y se expressa em x, dentro do conjunto z.

Apesar das variações teóricas, esta horizontalidade reaparece em outros autores. Para Anthony Giddens, por exemplo, o relativismo seria a busca de sentido com referência a um marco de significação determinado, sendo que esses marcos de significação estão constituídos por "realidades distintas", sejam estas culturas, épocas ou paradigmas científicos. Portanto, ao reconhecer uma crença religiosa é necessário compreendê-la e compará-la com outras crenças, mas sempre passando pela mediação necessária do marco de significação no seio do qual tal crença tem o seu lugar.[22] Devido ao fato de que se considera que esse marcos são sempre mais acessíveis ao

---

20 H. C. de L. Vaz, *Escritos de Filosofia I: Problemas de fronteira*, 1986, p. 46. (N.A.)
21 Ibid., p. 47. (N.A.)
22 A. Giddens, *Novas regras do método sociológico*, 1978, p. 174. (N.A.)

observador, sua realidade parece mais contundente, mais óbvia que a própria crença (o mesmo poderia ser dito, por exemplo, em relação à inteligibilidade de uma obra de arte em uma cultura alheia àquela que lhe deu origem).

Existem inúmeros exemplos dessa concepção: a feitiçaria entendida como discurso acerca das tensões estruturais em uma sociedade e as variações sobre este tema como vem sendo explorado a partir da obra de Evans-Pritchard sobre os azande;[23] ou a monografia de Godfrey Lienhardt sobre a religião dos dinka, hoje considerada por muitos uma "obra-prima" da concepção "de dentro".

Evans-Pritchard, em suas *Teorias da religião primitiva*, caracterizou esta forma de trabalhar a qual venho me referindo:

> Tudo isso significa que devemos dar conta dos fatos religiosos à luz da totalidade da cultura e da sociedade na qual os encontramos, para tentar compreendê-los nos termos que os psicólogos da escola *Gestalt* denominaram *Kulturganze*, ou aquilo que Mauss chamou de *fait total*. Eles devem ser vistos como uma relação de partes entre si, dentro de um sistema coerente, cada parte fazendo sentido só em relação às outras, e o próprio sistema fazendo sentido só em relação a outros sistemas institucionais, como parte de um conjunto de relações mais amplo.[24]

Trata-se, portanto, do antigo lema "contextualizar para entender", em suas inumeráveis versões. Ao definirmos *entender* como o que está dito pelo significante para além do ato de significar, o objetivo é traduzir o que foi dito pelo ato para esquecer o ato. Esta concepção levou – e continua levando – muitos antropólogos cada vez mais ao caminho sem retorno do modo intuitivo de aproximação dos

---

23 E. E. Evans-Pritchard, *Witchcraft, Oracles and Magic among the Azande*, 1972. (N.A.)
24 Ibid., p. 112. (N.A.)

fenômenos humanos, os distanciando da apreciação, assim como do gozo, das descobertas formais de seus nativos. O peso das obrigações ultrarracionais do discurso interpretativo muitas vezes, resulta na atrofia de toda forma de empatia – expurgada da antropologia por Geertz[25] em sua leitura da *Verstehen* weberiana –, mesmo nos casos em que ela poderia desempenhar um papel.

Numa análise dos rumos da crítica da arte contemporânea, Susan Sontag sugere problemas semelhantes aos que assinalei aqui em relação à antropologia:

> Numa cultura cujo dilema já clássico é a hipertrofia do intelecto em detrimento da energia e da capacidade sensorial, a interpretação é a vingança do intelecto sobre a arte [...] a vingança do intelecto sobre o mundo. Interpretar é empobrecer, esvaziar o mundo – para erguer, edificar um mundo fantasmagórico de "significados".[26]

Segundo a autora, este vício tem origem na separação entre forma e conteúdo que o Ocidente introduz, privilegiando o conteúdo e considerando a forma como acessória. Tal separação começa com a teoria grega da arte como mimese e representação, sendo que o valor é colocado na identificação do que é representado, no objeto da representação ou, mais modernamente, no "significado", e não na forma de significar. Esta dissociação atingiu tal ponto entre nós que compreender, como diz a autora, tornou-se sinônimo de interpretar, tomando o lugar da autêntica sensibilidade:

> A nossa é uma cultura baseada no excesso, na superprodução; a consequência é uma perda constante da acuidade de nossa experiência sensorial. Todas as condições da vida

---

25 C. Geertz, "From the Native's Point of View: On the Nature of Anthropological Understanding", in *Local Knowledge*, 1983. (N.A.)
26 S. Sontag, *Contra a interpretação*, 1987, p. 16. (N.A.)

moderna [...] combinam-se para embotar nossas faculdades sensoriais [...] O que importa agora é recuperarmos nossos sentidos. Devemos aprender a ver mais, ouvir mais, sentir mais [...] Nossa tarefa é reduzir o conteúdo para que possamos ver a coisa em si.[27]

Entre os autores responsáveis por levar mais longe o pensamento contemporâneo nesta direção quase sem retorno, Sontag menciona Freud, que teria sido assim como Marx, um exemplo supremo desta obsessão moderna por substituir toda forma por significado.

Devo, finalmente, advertir que não acredito que seja possível suspeitar de qualquer tipo de ingenuidade teórica por parte dos antropólogos citados, e não é minha intenção colocar nesses termos a crítica a qual aqui me dedico, mas sim expressar algumas das insatisfações às quais esse enfoque conduz tanto aos antropólogos quanto, muitas vezes, aos próprios membros das sociedades observadas.

O ofício de antropólogo

O antropólogo trabalha com três princípios mutuamente relacionados:

a) Um símbolo, para que cumpra seu destino e obtenha efeito em mim, como alguém empenhado em uma interlocução com aquele que o emite, deve sofrer um processo de elaboração racional. Essa elaboração consiste em colocá-lo em um contexto de relações que o torna inteligível para mim. A antropologia compartilha com a psicologia, com a crítica da arte e literária essa restrição à via puramente cognitiva e o imperativo do périplo racional para acessar a eficácia

---

27 Ibid., p. 23. (N.A.)

dos símbolos. O caso da história me parece diferente, pois embora abra espaço para interpretação, ela contém um aspecto de produção simbólica quase tão importante – ou mais – do que o próprio trabalho de exegese, e certamente maior do que o da antropologia, da psicologia ou da crítica. Vejo a história mais como uma disciplina que constrói a experiência do que uma tradutora da experiência ao *logos* semiótico.

Voltando à antropologia, a crítica de Bachelard ao freudismo psicanalítico poderia de fato ser estendida a ela. Defendendo o caráter imagístico da poesia contra as investidas racionais da psicologia, Bachelard diz:

> Para o psicanalista, a imagem poética sempre tem um contexto. Interpretando a imagem, ele a traduz para uma outra linguagem que não é o *logos* poético. Nunca, então, poderia se dizer com mais justiça: *"traduttore, traditore"*.[28]

Em outro contexto, em que comenta o tratamento que a psicanálise dá ao sonho de voo, Bachelard mostra um caminho possível para recuperar a dimensão estética, propriamente imagética, do símbolo: "Voando, a voluptuosidade é bela"; "é necessário chegar a uma psicologia direta da imaginação".[29]

O antropólogo sacrifica exatamente a substância poética dos atos que observa, ao passo que Bachelard propõe mais a antecipação do que a expectação, mais o mergulho sem reservas do que a observação, no imaginário abordado. Para Bachelard, a imagem é substância, e não uma forma a ser substituída pelo sentido. A substância do símbolo é mais do que forma, no sentido de mero revestimento de uma ideia; é mais do que o significante que remete a um conceito. A finalidade, o destino desta substância, é mais ser experienciada, vivida, degustada,

---

28 G. Bachelard, *A poética do espaço*, 1989, p. 8. (N.A.)
29 Idem, 1980, p. 32-22. (N.A.)

que de ser interpretada. Na interpretação, como no caso da psicanálise freudiana criticada por Bachelard, há uma permuta de uma forma por um conceito. É um trabalho geométrico, no qual são possíveis as equivalências, as substituições, as trocas. A substância é insubstituível, é a matéria da vida, da qual não devemos nos separar, sob risco de desvitalizar o conhecimento, o encontro, a verdadeira aproximação.[30]

Tudo isso nos esclarece, como já mencionei, sobre o trabalho do antropólogo e sobre o que venho descrevendo como o rodeio racional que medeia o encontro com as sociedades que estuda, particularmente com o âmbito da experiência religiosa e artística das mesmas.

b) Compreender uma crença consiste em achar nela um sentido que a torne verossímil. A antropologia, de fato, procede constantemente em busca de um sentido que torne factíveis, verossímeis, as proposições nativas. Por trás do exercício da disciplina existe um princípio de verossimilitude, e todas aquelas afirmações nativas que não respondem a este princípio ou que não podem ser traduzidas a uma proposição verossímil para o ponto de vista do intérprete são deixadas de lado; sua consideração é adiada. A análise racional consiste em tornar verossímeis aquelas afirmações aparentemente irracionais. Este princípio está relacionado a outros dois, chamados "princípio de caridade" e "princípio de humanidade", respectivamente. O princípio de caridade pode ser resumido em "todas as crenças são corretas",[31] ou seja, toda crença deve ser pressuposta como certa, para ser achada certa no final do rodeio interpretativo. O princípio de humanidade "prescreve a minimização da ininteligibilidade".[32]

---

[30] Sobre estes aspectos da obra de Bachelard, ver também: G. Durang, *A imaginação simbólica*, 1988. (N.A.)
[31] S. Lukes, "Relativism in its Place" apud Hollis, M.; S. Lukes (orgs.) *Rationality and Relativism*, 1982, p. 262. (N.A.)
[32] Ibid., p. 164. (N.A.)

c) Como já mencionei, a inteligibilidade é buscada a partir do pressuposto de que existem relações significativas entre a crença e algum aspecto do contexto interacional no seio do qual ela existe; sendo que se acredita que os padrões deste contexto interacional desempenharão o papel de significado, ou seja, formarão parte do universo de sentido da sociedade do antropólogo. Para ser mais gráfica: x significa y dentro do conjunto z, sendo que y também existe dentro do conjunto z'. Aqui, x é a crença ou ação nativa que deve ser compreendida; y é um aspecto do contexto interacional característico da sociedade estudada; z, o conjunto das interações, conceitos e valores da sociedade estudada; e z', o conjunto das interações, conceitos e valores da sociedade do antropólogo.

Este esquema é uma abstração, por exemplo, do caso no qual: x é a crença de que um determinado mal foi causado por feitiço; y, a presença de tensões entre os membros da sociedade em questão, tensões que vinculam as vítimas do mal aos acusados de causá-lo; z, o conjunto da sociedade azande e de outras sociedades africanas estudadas por antropólogos ingleses a partir de Evans-Pritchard; e z', a sociedade inglesa, onde também existem tensões do mesmo tipo. O elemento contextual y, isto é, as tensões sociais, por estarem presentes em ambas as sociedades, constitui o termo mediador cuja associação significativa com x permite fazer a tradução, ou seja, torna a x inteligível para o antropólogo.

Em alguns casos, a mediação que permite a tradução da crença ou ato estranho é de ordem psicológica, para logo cair novamente na ordem sociológica. Tomando um exemplo do meu próprio estudo sobre o culto xangô do Recife: x seria a afirmação de que duas divindades ou dois orixás brigam para apropriar-se da cabeça de um membro do culto; y significa que a pessoa vive em uma disjuntiva constante entre tendências comportamentais igualmente enraizadas nela, sendo que

y é uma experiência familiar não só para os membros de z, que representa a sociedade do culto xangô, mas também para os membros de z', que representa minha sociedade. Porém, no conjunto z, tal experiência é expressa nos termos x – como briga de orixás – e não em termos de y – como conflito interno da personalidade; x tem sentido, e não y, pois se trata de um meio social onde o indivíduo não existe plenamente enquanto ideia-valor nem a nação enquanto marco da cidadania plena, de modo que boa parte da responsabilidade pelo comportamento das pessoas é alocada fora destas (nos orixás) e não em um espaço de interioridade.

Retomando a questão central da discussão, é esclarecedor um comentário de Needham sobre o tratamento que a feitiçaria recebe por parte dos antropólogos:

> A concessão padrão dos antropólogos é a ideia de que a feitiçaria deve ser relacionada [...] a algo *real* na experiência humana; porém a racionalização que se segue implica cair em outro preconceito, a saber, naquele que postula que a realidade em questão consiste em pressões sociais e psicológicas para as quais a afirmação de feitiçaria seria uma resposta social. Não estou dizendo que essas correlações não podem ser feitas [...] mas que o lócus da realidade que se impõe à feitiçaria corresponde principalmente às predileções sociológicas dos antropólogos.[33]

Nos dois exemplos mencionados acima, é evidente que, embora cheguemos à constatação da existência de experiências comuns concomitantes à crença propriamente dita (as tensões sociais internas em um caso e o conflito interno de personalidade no outro), a intradutibilidade de aspectos essenciais da crença permanece, tal é a forma pela qual a agência responsável é vivenciada. De fato, deixa-se de lado,

---

[33] R. Needham, *Primordial Characters*, 1985, p. 28. (N.A.)

suspende-se, a consideração acerca da possibilidade de uma experiência de contato com uma agência atuante e extrafísica, o que leva ao esquecimento da diferença radical dada pela relação vertical com um universo de causas exteriores ao que é materialmente humano, predominante em uma sociedade e não na outra.

Além disso, como diria o último Turner – o Turner da antropologia como experiência –,[34] também se perde uma quantidade de aspectos performativos dessa relação e toda a riqueza formal derivada de sua expressão sensível. Penso, como Needham, que ao nos aproximarmos das práticas e crenças relativas ao sagrado ou simplesmente ao extrafísico como instituições (meramente) cognitivas",[35] sacrificamos a possibilidade de acessar o frondoso imaginário que está presente nelas. Enfim, damos preeminência ao aspecto cognitivo sobre o imaginativo, ao aspecto intelectivo sobre o sensível, à compreensão sobre a experiência.

Assim, ao lançar uma rede racionalmente estruturada em busca de uma coerência previamente assumida entre crença e sociedade, a antropologia produz um achatamento de ambas as sociedades. Mais graficamente, para dar sentido a um conjunto de crenças relativas à ordem sagrada (representada por B), partimos da base social (representada por A) em que esse conjunto de crenças existe:

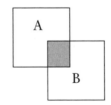

---

34 V. Turner, *On the Edge of the Bush*. Anthropology as Experience, 1985. (N.A.)
35 R. Needham, op. cit., 1985, p. 44-21. (N.A.)

Porém, desta maneira apenas enxergamos o recorte em que A e B se sobrepõem, ou seja, onde realmente existe algum tipo de coerência ou relação significativa entre o universo da interação social e o universo do sagrado,[36] ignorando uma série de aspectos que não participam desta coerência, isto é, que não contribuem para tal inteligibilidade. A primeira e mais importante das consequências desta seleção é que aquela realidade passa a ser pensada como se os elementos não contemplados pela pergunta antropológica não existissem. Deste ponto de vista, a antropologia se comporta como uma espécie de empresa missionária, no sentido de produzir o mesmo achatamento do mundo que a pregação dos missionários religiosos, já que capta em sua rede de possibilidades racionais somente aquelas práticas ou aspectos de práticas que se adequam a um sincretismo muito particular, que podem conviver com a razão ocidental, condenando aqueles aspectos que não se adequam a serem atenuados ou até esquecidos.

Lembro-me de um exemplo, surgido de meu próprio trabalho de campo no xangô de Recife. A pesquisa que fiz sobre o culto xangô de Recife focou no sentido que as divindades do culto – ou orixás – têm enquanto descritores da personalidade e cheguei a defini-las como uma verdadeira tipologia psicológica. Isso significa que, quando um novo membro se inicia, lhe é atribuído um orixá principal que descreve os componentes fundamentais de sua personalidade. Ao tratar o tema desta maneira, concentrando-me na relação racional entre o significante e o significado que vincula cada orixá a um determinado tipo de personalidade, consegui francamente passar ao largo do fato de que a atribuição de um orixá a uma pessoa é feita por meio de um método de adivinhação (o jogo de búzios). Para exemplificar, sendo

---

36 Aqui seria possível substituir "universo do sagrado" por "universo da experiência estética" ou por "universo afetivo", ou ainda por "universo da experiência erótica". Para todas essas áreas, o raciocínio é igualmente válido. (N.A.)

Iansã minha orixá – que, segundo acredito, me descreve quase precisamente, não soube qual papel dar na redação final da etnografia[37] ao fato de que, cada vez que os búzios foram jogados para mim, realmente caíram na posição em que Iansã fala. Na verdade, teria sido possível discorrer sobre tudo o que me interessava sem precisar mencionar essa "coincidência" nem uma vez. No entanto, pergunto-me: o que é prescindível, o que é acessório aqui? Essa coincidência significativa do oráculo ou a relação significativa entre orixás e tipos de personalidade? Tenho evidências de que, para a maioria dos membros do xangô, a precisão dos veredictos emitidos pelo oráculo constitui uma das matérias centrais e ineludíveis do culto.

Este recorte, embora legítimo, carrega o risco de nos introduzir em uma excessiva "antropologização" do mundo, esta sim ilegítima, não pelo fato de só levar em consideração os aspectos que lhe interessam – o que constitui um exercício legítimo do direito de optar –, mas porque, a partir daí, passa a retirar-lhes a visibilidade, ocultando seu *status* existencial, o que constitui uma distorção de dados.

Em suma, as crenças estranhas são levadas a ser racionais enquanto ações e inteligíveis no que diz respeito a seu sentido, porque pressupomos, segundo Steven Lukes, que "respondem a pelo menos dois interesses cognitivos fundamentais (da sociedade): explicar, predizer e controlar o ambiente e conseguir entendimento mútuo".[38] Portanto, presume-se que qualquer afirmação sobre o cosmos aponta, de alguma maneira, a um sentido presente na sociedade, e que este é seu sentido mais relevante, em um retorno constante, com variações, a Durkheim.

---

37 R. Segato, *A Folk Theory of Personality Types: Gods and their Symbolic Representation by Members of the Sangó Cult in Recife*, 1984. (N.A.)
38 S. Lukes. "Relativism in its Place", Hollis, M.; S. Lukes (orgs.) *Rationality and Relativism*, 1982, p. 265. (N.A.)

A razão ocidental diante da pluralidade de âmbitos da experiência

Apesar de seus muitos críticos, a começar pelo próprio Malinowski,[39] Durkheim dizia[40] o que me parece uma profunda intuição da natureza humana, que sagrado e profano são as dimensões mutuamente mais intransponíveis, mais irredutíveis, da experiência. De acordo com o autor, constituem a oposição mais radical colocada pelas categorias da cognição em toda sociedade humana. Curiosamente, uma vez feita esta afirmação, Durkheim inicia seu programa de exorcizar o instransponível destas categorias, e, politizando o cosmos, mostra o caminho para relativizar a interdição que, segundo ele mesmo definira, é idiossincrática do sagrado. O cosmos, até agora misterioso, sagrado, incompreensível, vedado ao olhar humano direto e irreverente, passa a ser visto como recortado pelas mesmas linhas que organizam e delimitam a vida em sociedade. Um se transforma em mapa, espelho, metáfora, transposição, significado da outra.

O exemplo de Durkheim mostra claramente uma atitude que está presente no pensamento ocidental e que o define; que pode ser descrita como a atitude autofágica do Ocidente, e boa parte da antropologia pode ser considerada um de seus empreendimentos mais avançados. Estou convencida de que o modo pelo qual a antropologia se enfrenta a esse outro, ao mesmo tempo móvel e constante, representado pelas sociedades que aborda, tem raiz na própria forma em que a razão e o sagrado foram contrapostos dentro do próprio Ocidente. O sagrado foi, como fica claro em Durkheim, o primeiro outro: o primeiro expelido pela razão. Não é coincidência que a história da antropologia comece principalmente com ateus

---

39 B. Malinowski, "Review of Les Formes", *Folk Lore*, 1913. Ver também: Evans-Pritchard, E. E., *Theories of Primitive Religion*, 1975, p. 64-65; Evans-Pritchard, E. E., *A History of Anthropological Thought*, 1981, p. 160-161. (N.A.)
40 E. Durkheim. *The Elementary Forms of the Religious Life*, 1976. (N.A.)

convictos, racionalistas militantes como Tylor, Frazer, Malinowski ou o próprio Durkheim.

> Taylor cresceu como Quaker, Frazer como presbiteriano, Marett na Igreja da Inglaterra, Malinowski como católico; por sua vez Durkheim, Lévy-Bruhl e Freud têm origem judaica; apesar de uma ou duas exceções, independentemente de suas origens, os intelectuais, cujos escritos foram mais influentes, eram agnósticos ou ateus no momento da escrita. [...] A crença religiosa era um absurdo para aqueles antropólogos, como ainda o é para a maioria dos antropólogos de ontem e hoje.[41]

Durkheim contrapõe a verticalidade da relação entre o homem e o seu sagrado à horizontalidade mundana das relações entre ideias e sociedade. Com Durkheim e com a antropologia culmina o velho projeto do Ocidente de resolver o incômodo, que lhe é idiossincrático, entre mito e *logos*. Quando os deuses são perdidos definitivamente, o vazio resultante é compensado pela pesquisa historiográfica ou psicológica do mito.[42] A antropologia, mais do que qualquer outra disciplina, encarna esta missão no que diz respeito à sua difusão planetária.

Foram os gregos que inauguraram essa tensão e, posteriormente, essa vigilância, esse constante estado de alerta do Ocidente, vasculhando em seu próprio pensamento até achar os resquícios onde o mito persiste. Esta autocensura, esta

---

41 E. E. Evans-Pritchard, op. cit., 1975, p. 14-15. Isso no seu início, pois posteriormente o panorama começa a se transformar em dois sentidos. Em primeiro lugar (e é o que nos permite ainda continuar tendo fé na sensibilidade crítica da disciplina), porque é possível apreciar uma mudança de tom, uma alteração sutil de perspectiva em alguns antropólogos importantes como o próprios Evans-Pritchard, Meyer-Fortes ou Victor Turner, quando deixam de falar sobre a estrutura e a organização social para se voltarem para os aspectos relativos ao sistema de crenças. Em segundo lugar, porque aconteceram, em anos mais recentes, reconversões religiosas de antropólogos como Evans-Pritchard, Turner, Godfrey Lienhardt, Bateson e, no Brasil, Otávio Velho, entre outros. (N.A.)
42 M. Heidegger, "The Age of the World Picture", in *The Question Concerning Technology and other Essays*, 1977, p. 117. (N.A.)

patrulha interna, é o que eu chamo de autofagia do Ocidente e se manifesta das mais diversas formas.

Paul Veyne descreve justamente os processos pelos quais o mito e a razão trocaram progressivamente a coexistência pacífica por uma tensão crescente, na Grécia do século V antes de Cristo até o século IV da nossa era. Veyne diz que a descrença no mito surge com os gregos quando aparece a autoridade dos especialistas da verdade, o "pesquisador" profissional que verifica a informação, à luz da experimentação e da evidência, a recorta e "impõe à realidade a obrigação da coerência; o tempo mítico não pode mais ficar secretamente heterogêneo à nossa temporalidade".[43]

Assim, "mito" mudou de valor da época arcaica até a helenística e "converteu-se numa palavra ligeiramente pejorativa que qualifica uma tradição suspeita".[44] "Mito" passa a denominar um relato que não se sabe se é veraz ou não, ou seja, de verdade pelo menos duvidosa. Aparece o desconforto perante o mito e, antes de aceitá-lo, torna-se necessário questioná-lo até descobrir qual é a porção de verdade que provavelmente encerra.

Os doutos, então, os filósofos, os historiadores, alternam a credulidade com o ceticismo: "Assim nascem estas modalidades de crenças titubeantes, esta capacidade de acreditar ao mesmo tempo em verdades incompatíveis",[45] ou, diria com mais precisão, de acreditar em verdades que, em um determinado nível de reflexão, passaram a ser percebidas como incompatíveis. "A balcanização do campo simbólico se reflete em cada cérebro", mas, nos diz Veyne, "não há verdades contraditórias em um mesmo cérebro, há só programas diferentes, que encerram cada um verdades e interesses diferentes", e

---

43 P. Veyne, *Acreditavam os gregos em seus mitos?*, 1984, p. 46. (N.A.)
44 Ibid., p. 64. (N.A.)
45 Ibid., p. 70. (N.A.)

mudar de um programa para outro é a "nossa maneira mais habitual de ser".[46] Estes programas são, no vocabulário de Veyne, marcos ou estados cognitivos equivalentes aos que Alfred Schutz denominou "províncias finitas de significado".

Para nós, antropólogos, esta questão da pluralidade dos programas de verdade dentro de uma mesma sociedade e de uma mesma cabeça não diz nada novo. O mesmo Veyne reconhece a universalidade deste fenômeno, universalidade que constatamos a cada vez que vamos ao campo. Provavelmente, com exceção de Lévy-Bruhl, todos aqueles que abordaram a questão da magia e da feitiçaria vislumbraram esta pluralidade de mundos, que foi se tornando mais clara a partir da obra de Malinowski, como não substitutiva dos conhecimentos técnicos e empíricos, senão relativa a outro âmbito da realidade, para finalmente chegar à sua formulação clássica com Evans-Pritchard. Tal como se deduz da evidência reunida por Leach na sua obra já citada, qual trobriandês aceitaria, apesar de afirmar que as mulheres concebem graças à intervenção do espírito baloma,[47] a possibilidade de um parto que não fosse precedido por uma relação sexual? Contudo, se a existência desta pluralidade de programas de verdade no mundo antigo não é uma novidade, o sentimento de desconforto e insatisfação a seu respeito, inaugurado pelos gregos, sim, é novo.

Em uma atitude que começa a nos parecer familiar, surge uma hierarquia de programas de verdade em que um deles terá uma posição hegemônica sobre os dos outros. O mito será, a partir de então, adaptado a este programa da verdade dominante para ser digerido; o "falso" – por ser inverossímil, absurdo – será submetido a uma crítica que o tornará nada menos que "o verdadeiro que foi deformado". Partindo do pressuposto de que não é possível mentir totalmente, o mito

---

46 Ibid., p. 101. (N.A.)
47 Baloma é o espírito dos mortos da Ilha Trobriand, arquipélago ao longo da costa oriental de Nova Guiné, tema de um estudo notório na antropologia de Malinowski. (N.T.)

passa a ser visto pelos historiadores como um relato de fatos passados que, por serem remotos, foram deformados. Ao mesmo tempo, a narrativa é depurada da presença de deuses e de fatos improváveis. Os filósofos, por sua vez, entenderam o mito como verídico, porém em sentido figurado; para eles o mito torna-se alegoria. E, para todos, o mito se constitui em figura retórica no seio de estratégias de unidade e identidade. Portanto, uma das primeiras consequências da nova suscetibilidade foi o abandono da literalidade e o surgimento da interpretação metafórica do mito.

Foi assim, então, que os gregos inauguraram essa forte obsessão ocidental pela coerência, que Veyne minimiza ao chamá-la de escrúpulo neurótico.[48] Essa é a angústia que a teologia expressa, ao constituir-se no elo entre a filosofia antiga e a filosofia moderna, no seu sempre frustrado esforço pela conciliação entre fé e razão, que elas nunca mais voltaram a alcançar. Isto apesar das reiteradas tentativas de recolocar razão e revelação em universos incomensuráveis, como foram as chamadas teologias negativas, ou a revisita do conceito de *Doctaignorancia* de Nicolau de Cusa. A teologia, que a partir da Idade Média encarna essa luta para tornar a crença inteligível fazendo o mistério recuar, por momentos, até quase desaparecer, foi durante um longo período um verdadeiro termômetro da coerência do Ocidente.

Possivelmente, o próprio monoteísmo se encontra associado substantivamente a este escrúpulo de coerência e aos surtos de intolerância que dele derivam. Tal como James Hillman e outros psicólogos junguianos da escola da psicologia arquetípica afirmam, o império de uma autoridade exclusiva e controladora se reproduz na psique individual, onde o ego, como guardião inflexível da coerência individual, é sua réplica. Uma perspectiva politeísta responde mais adequadamente pela

---

48 P. Veyne, op. cit., p. 102. (N.A.)

diversidade, tanto entre as pessoas como dentro de cada uma delas, em oposição ao "mito heroico monoteísta [...] do humanismo secular, ou seja, a noção monocêntrica, autoidentificada, da consciência subjetiva".[49]

Parece-me que a interpretação antropológica se origina no desconforto diante da pluralidade da experiência, frente aos horizontes múltiplos que lhe conferem sentido. Ao problematizar a pluralidade interna de nosso mundo, problematizamos também o pluralismo de mundos, a diversidade étnica. Nesse contexto, o relativismo torna-se o instrumento para projetar os diversos programas de verdade, que encontramos coexistindo pacificamente nesses mundos outros, sobre o próprio plano horizontal da verdade racional, hegemônica para nós.

Porém, é precisamente a persistência agonística da pluralidade interior de verdades, da heterogeneidade de "gêneros" ou campos de pensamento e interpretação,[50] dos diferentes modos em que a relação entre linguagem e realidade[51] ocorre "no mesmo cérebro",[52] a condição de possibilidade, o único que garante um diálogo intercultural autêntico. A meu ver, a compartimentação do campo simbólico – esta anomalia humana universal – é o que nos permite, sem negar nossas adesões, ser capazes de negociar e casar com o povo vizinho, ou nos tornar antropólogos. Parece-me que são precisamente as brechas de inconsistência entre nossos mundos internos as portas e janelas que nos dão acesso a outros mundos, sejam eles étnicos ou históricos. Contudo, tanto o relativismo quanto os historicismos em voga tendem a se projetar nas sociedades que abordam a mesma determinação monolítica que caracteriza a visão de mundo da qual partem. O resultado é um

---

49 J. Hillman, *Archetypal Psychology*, 1983, p. 32-33. (N.A.)
50 Cf. R. J. Bernstein, *Beyond Objectivism and Relativism: Science, Hermeneutics and Praxis*, 1983. (N.A.)
51 Cf. os comentários de P. Winch, "Understanding a Primitive Society", in Wilson, B.R. (org.). *Rationality*, 1974, p. 90-91. (N.A.)
52 P. Veyne, op. cit., p. 101. (N.A.)

antropologismo irrespirável, descrições inconcebíveis de tão absolutas e peremptórias em sua pretensão de coerência, legislando sobre sentimentos ou ideias que teriam existido ou deixado definitivamente de existir em determinado século ou grupo étnico.[53]

A interpretação e o ritual perante a experiência vivida

Neste dilema, introduzido pela razão ocidental quando confrontada com os diversos âmbitos que formam os marcos de referência do vivido, a experiência, sempre sob escrutínio, sempre verificada, perde sua vitalidade, é impedida de fluir. Isso é particularmente verdadeiro no caso da experiência do sagrado, ou seja, a experiência sensorial e afetiva associada a imagens míticas.

A afirmação de que é imperativo relacionar sempre a experiência a horizontes supraordenados, mais fixos e repetitivos, é universalmente válida. Este parece ser um movimento natural da cultura, derivado da impossibilidade humana de lidar com o único, com a singularidade irredutível da experiência. Por isso, para que a experiência não nos destrua com sua intensidade e fugacidade, nós a colocamos em relação a uma referência que lhe retira a singularidade para torná-la parte de um coletivo.

Muitos povos realizam este movimento privilegiando a operação que usa as histórias de criação e os mitos como marco e instaurando o rito como um dispositivo organizador e multiplicador da experiência. O mito e o rito, embora projetem fatos

---

[53] Ver, por exemplo, entre outros possíveis, a crítica encantadora à suposta ausência de uma ação de individualidade nos povos africanos, escrita por G. Lienhardt, "Self: public, private. Some African representations", in Carrithers, M.; S. Collins; S. Lukes (orgs.), *The Category of the Person*, 1985. (N.A.)

atuais e contingentes em um horizonte de eventos estáveis e eternos, mais do que tornarem inteligível a experiência, lhe dão um estatuto e uma regra, trabalham para ela, estimulando-a. O mito, em sua qualidade de *performance* narrativa, e o rito, como *performance* dramática, mais do que substituir, estimulam a dimensão estética e afetiva do vivido em sua integridade.

Em nosso mundo domina a intelecção, que não trabalha da mesma forma para a experiência, construindo-a, mas sim substituindo-a por um símile ideacional, sempre mais esquemático e mais pobre do que ela. Embora seja verdade que tanto o ritual como a compreensão organizam o vivido à luz de um plano transcendente, este plano é mítico para um, enquanto é lógico para outra; é revelado para um e racional para outra; é arquetípico para um, enquanto é conceitual para outra, e, acima de tudo, enquanto para o ritual o horizonte transcendente organiza a experiência promovendo-a, a interpretação a organiza mediante um processo de simulação que coloca em seu lugar uma estrutura de ideias. Este símile é sempre apresentado em contraposição ao vivido, tornando-o redundante no sentido de desnecessário. Onde impera a ciência, o redundante é supérfluo, descartável; onde impera o mito, a redundância é promovida como um fato esteticamente valioso, como um fato vital. Apesar das diferenças repetidamente assinaladas a partir dos neokantianos e da hermenêutica de Dilthey, tanto as ciências naturais como as ciências humanas trabalham, ainda que de maneiras diferentes, para fazer o mundo se mostrar mais redundante do que realmente é; em suma, para retirar-lhe parte de sua vitalidade em troca de uma maior inteligibilidade.

Também relaciona-se a isso o desafio e sempre renovado dilema da arte contemporânea diante da crítica: a busca obsessiva por uma produção singular de efeito original, por parte do artista, para testemunhar – como um Sísifo condenado – o desvanecimento da novidade de seu impacto no exato instante em que ele é alcançado. Esta luta entre intelecto e experiência, representados, neste caso particular, pela crítica e pela arte, constitui um poderoso mecanismo de desgaste e banalização da sensibilidade contemporânea, o qual está vinculado também ao consumismo de imagens que chamamos *kitsch*.

Deste ponto de vista, embora as noções científicas compartilhem também um certo aspecto "mítico" – já que, entre outras coisas, elas formam para nós o horizonte que dá fixidez à experiência –, do outro ponto de vista, seus paradigmas são despojados dos conteúdos estéticos e afetivos que o rito e o mito têm devido a seu aspecto performativo. Se, por um lado, o mito fixa as experiências sempre novas e singulares projetando-as em um cosmo igualmente animado e o ritual leva deliberadamente a reviver aquilo que confirma o misterioso acordo entre a experiência humana contingente e a experiência estável e permanente desse cosmos, a ciência, por outro lado, realiza precisamente o movimento inverso: ela transforma o cosmos em significante, estabelecendo a compreensão entendida apenas como intelecção, como o modo de relacionar o contingente com o permanente. O lugar antes ocupado pelo ritual nesta reconexão passa a ser ocupado pela interpretação, pelo périplo racional que desarticula a experiência. Surge assim o modo eminentemente desritualizador de compreensão iluminista. Chega a nos parecer que somente quem "compreende" à maneira iluminista coloca a experiência em seu contexto preciso, e que somente através do sentido a experiência cumpre seu destino.

Vemos exemplos deste esvaziamento da experiência em nossa vida quotidiana. O aluno de ciências sociais que, diante do desafio de defender uma tese, dá de ombros e diz, para encorajar ou tranquilizar a si mesmo, "é um ritual de passagem", me fez pensar. Ele quis dizer: "é *somente* um ritual de passagem" ou "não é mais nada do que outro ritual de passagem", enquanto nenhum nativo autêntico de cultura alguma diria ou pensaria algo parecido, sob pena de deixar imediatamente de sê-lo. O treinamento científico a que este aluno foi submetido lhe deu acesso a uma categoria através da qual ele "compreende", ou melhor, se distancia das próprias circunstâncias pelas quais está passando. Faz desta categoria um escudo, a interpõe entre si e sua experiência vivida. De fato, este aluno já não conseguirá acesso ao ritual de passagem que lhe corresponde, não cruzará o umbral que o separa de outra vida, e estará condenado a viver em um mundo achatado, sempre igual a si mesmo. Entre ele e a experiência foi interposto o significado. Há algo profundamente mortífero nesta modalidade de compreensão. A menos que o modo do ritual, por uma via enigmática, consiga esperá-lo e surpreendê-lo justamente no ponto do caminho em que seu intelecto se encontre desprevenido.

Realizamos permanentemente esta operação dessacralizadora. Nós a encontramos inclusive no interior do reduto da religião do mundo contemporâneo. O sacerdote católico de nossos dias que, com o objetivo inocente de trazer um conforto e uma naturalidade nova no contexto do ritual, dilui seus atos sagrados entre brincadeiras e gestos intencionalmente agradáveis e quotidianos durante um batizado, por exemplo, pensa que, desde que preserve o sentido do ritual, seus elementos dramáticos podem ser descuidados. O *sentido* aqui também devora o âmbito do ritual como se fossem intercambiáveis, mas não o são, pois pertencem a duas dimensões que se excluem mutuamente: a dimensão onde as ideias inteligíveis são priorizadas e aquela cujo vetor está na experiência vivida; a razão e o sagrado. O mecanismo moderno de autofagia, que venho procurando caracterizar, chega até esse ponto. Os espaços do mito, sustentados pelo ritual, são permanentemente patrulhados e sistematicamente censurados como redundantes, cosméticos, acessórios.

O erro consiste, precisamente, no que já foi apontado: os

gestos rituais não constituem puramente uma linguagem que deve ser decifrada para que possamos, então, obter seu significado destilado, livre de redundâncias supostamente inúteis. O ritual é uma vontade não apenas de significação, mas quase um ser animado por uma vida própria, que captura os seres humanos que o protagonizam e os lança no caminho da experiência: ao substituí-lo, ao sacrificá-lo, sacrificamos este ser com sua história, eliminamos o seu tempo que é, na verdade, o nosso tempo. Ao abolirmos o ritual, abolimos também a crença que o sustenta, pois esta não é mais do que um ritual anímico. Este gesto anímico: o crer, e não o significar, é o fundamento psíquico do rito. Crença e significado são adversos, habitam mundos diferentes.

Como já deve ter ficado claro, estou me afastando aqui de toda a discussão presente em Lévy-Bruhl e retomada por Needham[54] acerca da não identidade entre experiência e crença, assim como da questão da universalidade problemática de cada um destes conceitos. Quando digo que a crença – especificamente a crença religiosa – é um ritual anímico, afirmo que se trata de ato interno, repetitivo, que, como todo ritual, promove a experiência do mundo sob o influxo de determinadas formas sensíveis e não de outras.

Parece-me que a separação que estabelecemos modernamente entre crença e experiência, apontada por Lévy-Bruhle e por Needham, é o que Heidegger chama de "perda dos Deuses",[55] ou aquilo que Ricoeur descreve quando afirma que, em nossos dias, já não é possível crer sem compreender, que a crença atualmente passa pela compreensão.[56] Porém, se realocamos o ritual como horizonte da crença, isto é, se entendemos a crença como um gesto da alma, poderemos

---

54 R. Needham, *Belief Language and Experience*, 1972. Particularmente na página 175ss. (N.A.)
55 R. Needham, op. cit. (N.A.)
56 P. Ricoeur, *The Symbolism of Evil*, 1969, p. 116ss-351ss. (N.A.)

nos reaproximar dela recuperando sua dimensão fundante, anterior a toda reflexão ou raciocínio e, com ela, recuperar os aspectos formais, imaginísticos, sensoriais e afetivos, cujo fundamento é o crer, não mais enquanto significante, senão enquanto criador da vivência.

Em um sentido similar ao que venho expressando aqui, Gadamer, em sua crítica da compreensão idealista do símbolo, afirma que "[...] a essência do simbólico consiste justamente em que ele não se refere a um alvo significativo que se possa atingir intelectualmente, mas que contém sua significação em si mesmo".[57] Para este autor, não se trata de um "remeter a" ou de um "substituir por", e para descrever o papel do símbolo da forma mais adequada e precisa, utiliza, exatamente, um exemplo extraído da religião. Com efeito, tanto na tradição católica romana quanto na luterana, diferentemente de outras tradições cristãs, a hóstia é o corpo de Cristo e o vinho consagrado é seu sangue: "Esta é minha carne e este é meu sangue" não querem dizer que o pão e o vinho "significam isto", diz Gadamer,[58] mas sim que *são* isto. No símbolo há presença, revelação, evidência. Falando mais especificamente sobre arte, este autor resgata o jogo e a festa como atividades que se encontram no horizonte experiencial da obra e que nos permitem situá-la em seu verdadeiro papel e função. Desta forma, aproxima-se do valor que desejo dar aqui ao ritual como horizonte da crença. A crença, entendida como símbolo que participa das características do ritual, assim como a obra de arte, enquanto símbolo contaminado pela natureza do jogo e da festa, criam ativamente o mundo e não estão em lugar dele, deflagram nossa experiência e não a substituem, dão forma à nossa sensibilidade e não puramente à nossa cognição.

---

57 H. G. Gadamer, *A atualidade do belo: a arte como jogo, símbolo e festa*, 1985, p. 58. (N.A.)
58 Ibid., p. 55. (N.A.)

Os dois exemplos mencionados mostram a forma como seus protagonistas vivem em um mundo onde o significado já atua como um valor hegemônico, ao ponto que, no seu senso comum, interpretação e experiência se confundem. Ainda mais, quando o aluno se previne diante das dificuldades de um exame final ou o padre católico tenta excluir o dramatismo do sacramento que administra, ambos procuram colocar um substituto ao risco, à tremenda complexidade, à quase insuperável dificuldade através da qual a via do ritual, a cada vez, os desafia. Não sem razão, pois no mundo do *logos*, ao trabalhar com um simulacro do real, nos tornamos mais poderosos, exercemos um controle maior sobre os processos que se desencadeiam. De fato, quando abandonamos o mundo da experiência – onde o corpo e a mente têm que encontrar seu lugar – pelo mundo do sentido, a possibilidade de errar torna-se menor. Para a antropologia, as consequências desta projeção ao plano asséptico do mental[59] são lamentáveis.

Disse anteriormente que a compreensão e o ritual são duas modalidades antinômicas de vincular o contingente ao cosmos, uma própria da ciência e a outra própria do mito. Também disse que prefiro entender a crença como um ritual anímico, uma performance da consciência que dramatiza – mais do que entende – o vínculo do quotidiano com o universo. Desta forma, afirmo que crer é mais uma experiência do que um significante. Portanto, quando a antropologia aborda a crença, estes dois modos antinômicos e irredutíveis se confrontam: o modo da intelecção com o modo da performance, da dramatização. Assim também se confrontam o modo redutor, desencarnado e desritualizador da compreensão, com o modo vertical, sacralizador e multiplicador da experiência, que é o modo mítico.

---

59 Refiro-me ao mental objetificante, que se propõe a substituir seus objetos, e não à "experiência do pensar" no sentido heideggeriano, de meditação, na qual se pensa com a totalidade do ser e se abre espaço, a cada passo, para o difícil, para o contraditório, para o não totalmente esclarecido ou esclarecível. Ao contrário daquele, este é um pensar que acompanha a vida e não que tenta se apropriar dela. (N.A.)

Metáfora e metonímia: construindo o caminho para a crença

Finalmente, gostaria de abordar o fenômeno de mudança religiosa, como testemunhamos na América Latina, com a consequente união de símbolos religiosos procedentes dos sistemas de crenças indígenas, afro-americanos e cristãos. Pretendo argumentar aqui que, ao contrário dos modelos usuais de análise para o entrelaçamento e mistura de tradições religiosas e seus símbolos, devemos considerar aproximar-nos do discurso do crente como um sintagma atendendo a um objeto transcendental, impulsionado pela aspiração humana de entregar seu potencial para amar.

Coexistem duas perspectivas opostas aplicadas ao fenômeno dos crentes transitando entre religiões, a mudança religiosa e a conversão. Vou chamar tais perspectivas que guiam os atores sociais através de alternativas religiosas de paradigmáticas e sintagmáticas. Uma delas se refere à racionalidade baseada na lógica das analogias, equivalências e substituições; a outra se refere ao caminho dedicado à fé ao longo de uma sequência de símbolos que chegam fortuitamente à contiguidade – por razões de minha argumentação e do ambiente de minha vida e pesquisa, incluo as guerras de conquista assim como a intrusão de agentes missionários entre os acidentes fortuitos da história, por trás dos quais existe um padrão permanente de colonialidade.

Tomando emprestado da linguística, as dimensões sintagmáticas e paradigmáticas da linguagem passaram a ser definidas por Ferdinand de Saussure da seguinte forma: "Um sinal está em contraste com outros signos que vêm antes e depois dele em uma frase... trata-se de uma relação sintagmática. Esta é uma relação *in praesentia*, ou seja, entre elementos (o signo em questão e aqueles que o precedem e o seguem) que estão presentes na mensagem. Mas um signo também se opõe a outros, não porque estejam na mensagem, mas porque pertence à linguagem; está associado (por semelhança ou diferença) a esses outros signos, tem com eles uma relação associativa. Esta é uma relação *in absentia*, ou seja, entre o elemento em questão que está lá e outros elementos que não estão lá naquela mensagem específica".[60] Assim, na cadeia sintagmática, todas as palavras, dispostas no mesmo nível, estão associadas por contiguidade, enquanto em uma relação paradigmática a associação opera por substituição através de equivalência e oposição. Após Roman Jakobson e seus estudos de afasia, os dois eixos da linguagem, sintagmático e paradigmático, foram entendidos em associação com o trabalho de metáfora e metonímia.

A partir da introdução de Durkheim sobre a ideia do símbolo no campo das ciências sociais – funcionando primordialmente como um emblema em sua aproximação inicial – [61] até a complexificação da ideia por Lévi-Strauss,[62] a metáfora vem sendo predominante nas análises dentro do campo da antropologia da religião. Isso significa que entre os planos do sagrado e do social são esperadas correspondências significativas, a relação entre elementos de um refletindo na relação entre os elementos do outro. Desta forma, o sagrado descreve o social e o social se reflete no sagrado. Portanto, no campo da antropologia da religião, quando um etnógrafo recolhe informação de relações sociais, também pode entendê-las como pistas para compreender o campo do sagrado e vice-versa. Referem-se ao outro mutuamente: o mundo é um traço do sagrado e o sagrado descreve o mundo, em interação metafórica.

Mais tarde, quando a mudança religiosa se tornou uma questão no campo do estudo social da religião, o paradigma da metáfora e do reflexo continuou prevalecendo. Em uma situação de

---

60 J. A. Cuddom, *The Penguin Dictionary of Literary Terms and Literary Theory*, 1992, p. 946. (N.A.)
61 E. Durkheim, op. cit. (N.A.)
62 C. Lévi-Strauss, *Le Totémisme aujourd'hui*, 1962. (N.A.)

197

encontro religioso, a ideia de símbolos religiosos intercambiáveis por sua posição equivalente em um conjunto de relações pareceu natural – como a Virgem Maria substituída pela deusa mãe do México pré-hispânico, ou Jesus Cristo substituído pelo herói cultural de um grupo étnico ou por um orixá da religião afro-americana. A analogia entre sistemas de partes interrelacionadas continuou sendo o eixo principal da interpretação. O sujeito emergente, abrindo caminho entre um campo de indicadores, significava pouco para os analistas. O modelo de sincretismo regido pela lógica de equivalências gramaticais persistia na base de nossa forma de pensar sobre esses fenômenos. Convertibilidade e comensurabilidade são seus critérios fundamentais. As culturas são vistas como conjuntos de metáforas recíprocas superpostas.

No entanto, se posicionarmos um trabalhador no centro do sistema, colocando suas mãos em qualquer tijolo que cruze aleatoriamente seu caminho enquanto ele constrói uma estrutura que está em algum lugar em seu futuro projetado em vez de ser estampado por seu passado pré-condicionado, se pensarmos neste trabalhador como mais interessado no padrão que o espera do que na coerência que ele poderia deixar para trás, e, acima de tudo, se pensarmos que ele se esforça em direção ao futuro através dos acidentes da história, estamos ante uma nova visão do fenômeno do encontro religioso. A enunciação arbitrária do sujeito, em seu esforço para suturar em um único discurso religioso as deformações das religiões abaladas pela agitação da história, prevalecerá sobre o princípio das permutações analógicas. O forte desejo de suturar estes fragmentos permite ao sujeito abandonar e quebrar facetas incompatíveis que estavam justapostas, procurando circunvalar em outros lugares, em terras propícias para construir cabeças de ponte alternativas para conseguir avançar.

Todos os trânsitos através de continentes religiosos discretos, intensificados por enormes compressões na era da globalização, poderiam ser entendidos nesta nova luz: novos estilos New Age de religiosidade da mesma forma que o trabalho de missionários empreendedores implica o trabalho de sujeitos crentes negociando seu caminho para o sagrado por meio de acúmulos de símbolos religiosos que entraram em contato. Em vez das geometrias assépticas buscadas pela lógica dos cientistas sociais, os analistas do discurso encontrarão o gesto amoroso da crença de um sujeito abrindo caminho rumo a um sobre-estudado objeto de amor.

Pensar desta forma implica novas possibilidades para a teoria do ato de crença, que esboçarei aqui brevemente. Nesta teoria, o foco é colocado no sujeito crente como um sujeito de discurso e o objeto dinâmico de sua crença é tratado como seu destinatário discursivo, seu investimento no Outro, em termos lacanianos, o objeto de investimento de seu desejo buscado através de incidentes sucessivos de catequeses transitivas, algo inefável que nunca pode ser completamente compreendido e em direção ao qual o sujeito se esforça, luta e se inclina. Em sua busca pela aproximação do *outro* inefável, seu objeto Sagrado, o sujeito constrói sua oração, seu sintagma, supera uma cadeia de significações contíguas, deslizando por suas conexões contagiosas através da metonímia. Essa proximidade simples e arbitrária, resultado do que antes chamei de eventos históricos fortuitos, as contamina com sua semelhança. É o investimento do crente que tem identidade, unidade e continuidade e é o que possui inflexões incessantes no sintagma, curvando-o para um outro putativo como um ato de crença. Encontros históricos e culturais, como nos casos estudados, colocam o sujeito em contato com uma gama de símbolos em expansão, ampliando suas alternativas na busca da divindade. A cadeia significante, constituída pelo deslocamento de um signo para outro através de uma operação metonímica de constantes e intermináveis deslocamentos é, por definição, uma cadeia aberta.[63]

---

63 J. Lacan, "The agency of the letter in the unconscious or reason since Freud", trad. Allan Sheridan, in J. Lacan, *Écrits: A Selection*, 1977. (N.A.)

O que quer que esteja do outro lado é a aposta do crente, que tem a qualidade de uma aposta, é o produto de sua especulação, um projeto de aspiração pascaliana de felicidade:

> Todos os homens buscam ser felizes. Isto sem exceção, quaisquer que sejam os meios que empreguem [...] O que é que clama ao homem essa avidez e essa impotência, se não o fato de que antes havia uma verdadeira felicidade da qual nada resta agora senão a marca e o vestígio de uma falta, de um vazio que ele tenta preencher com tudo que o cerca, buscando nas coisas ausentes o socorro que ele não obtém do que existe [...][64]

A fé é entendida como uma busca pura e perpétua do coração – "nossa natureza está no movimento".[65] Porque com qualquer sentimento de incompletude – a memória pascaliana de plenitude perdida ou a carência lacaniana do amor que tivemos – ou uma natureza abundante – a inerente prodigalidade de Spinoza sobre a alma humana –, seja para obter ou oferecer, somos levados a uma busca sem fim. Depois disso, a direção da busca é muito arbitrária, obedecendo, como em Pascal, às "razões do coração". Dependemos de objetos provisórios que sustentam nosso bom caminho rumo a "Ele", no sentido platônico e lacaniano; ou construímos objetos – bons, belos ou sagrados – durante o percurso do caminho através do manancial interno que somos, no sentido de Spinoza.[66] Em quaisquer dos casos, a gramática é incerta, mais próxima do caráter fortuito das metonímias traçadas por contatos históricos do que por uma geometria clara da metáfora. Somente então torna-se possível apreciar os deslizes e deslocamentos dos símbolos de um nos símbolos do outro, por meio de uma ponte estabelecida por uma caraterística que o crente orador percebe como comum a ambos. Esta ponte é justamente o que

---

64 B. Pascal, *Ouvres complètes*, 1963, p. 588 [641-129]. (N.A.)
65 Ibid., p. 588 [641-129]. (N.A.)
66 O. Pena Pereira, *No horizonte do outro*, 1999, p. 98. (N.A.)

estabelece o caminho de uma sequência sintagmática, a enunciação de um sujeito crente através de contatos acidentais.[67] Por exemplo, na Cristandade Pentecostal Toba,[68] as orações de um xamã imiscuem-se nos poderes do deus cristão, ambos emergindo de sua contiguidade como entidades mutuamente contaminadas. Da mesma forma, as transgressões toba que trazem consigo doenças infundem o pecado cristão. Tal deslize ou "confusão" entre o termo de um sistema e o do outro devido à semelhança de apenas uma parte de seus respectivos significados é o que afeta a percepção do todo, é o que desenha as séries de metonímias que criam uma cadeia.[69] De forma semelhante, o céu "weenhayek"[70] não é exatamente o "paraíso" cristão, embora tenham referentes em comum e, ademais, sejam contíguos devido à intervenção missionária histórica, permitindo, portanto, o deslize de um significado para outro no discurso de um sujeito crente.[71]

Numa análise mais convencional e mecânica das equivalências e translações entre dois universos religiosos, a metáfora poderia ser considerada o giro da conversão de um todo simbólico a outro. No entanto, a equivalência metafórica implica que as totalidades de referência estão mais fixas e encerradas em um sistema articulado. Uma equivalência metafórica seria, por exemplo, dizer que a Bíblia é para a comunidade evangélica o

---

67 Vários exemplos podem ser encontrados em J. Å. Alvarsson; R. Segato (orgs.), *Religions in Transition: Mobility, Merging and Globalization in Contemporary Religious Adhesions*, Uppsala Studies in Cultural Anthropology, n. 37, 2003. (N.A.)
68 Povo originário, também conhecido como quom, que habita a região do Chaco Central argentino. (N.T.)
69 P. Wright, "Toba Religiosity: Code-Switching, Creolization Or Continuum?", in J. Å. Albarsson; Segato, Rita (org.), *Religions in Transition: Mobility, Merging and Globalization in Contemporary Religious Adhesions*, Uppsala Studies in Cultural Antropology, 2003. (N.A.)
70 Em referência ao povo weenhayek, assentado na mesma região do povo toba. (N.T.)
71 J. Å. Alvarsson, "True Pentecostals or True Amerindians – Or Both? A Study of a Religious 'Revival' among the 'weenhayek Indians of Southern Bolivia'", in J. Å. Alvarsson; R. Segato (orgs.), *Religions in Transition: Mobility, Merging and Globalization in Contemporary Religious Adhesions*, Uppsala Studies in Cultural Anthropology, n. 37, 2003; R. Segato, "Cambio religioso y des-etnificacion: la expansion evangelica en los Andes Centrales de Argentina", in *La Nación y sus Otros: Raza, etnicidad y diversidad religiosa en tiempos de Políticas de la Identidad*, 2007. (N.A.)

que vinho era para a comunidade étnica, devido a seu poder de congregação. Enquanto uma cadeia significativa através da metonímia seria, por exemplo, o deslize discursivo do tempo bíblico para o tempo local, de tal forma que uma narrativa bíblica se transforma em uma narrativa local, se intrometendo na história contemporânea.[72]

De fato, qualquer deslocamento de uma religião para outra ou a articulação de seus elementos, resultante sempre de algum tipo de contato cultural fortuito, procede através de uma combinação de ambos os tipos de processos, pois o trânsito depende ao menos de algum reflexo metafórico entre o novo e o velho para garantir um mínimo de inteligibilidade. No entanto, não existem jogos metafóricos fora do desejo do sujeito. Somente tal desejo retém a fusão de um signo com o outro.

A contaminação de um signo com o outro é a consequência da proximidade, do mesmo modo que a semelhança dos termos articulados só pode ocorrer se existir um sujeito que deseja construir um caminho para um além. O sujeito dota a cadeia de equivalências de valor e realidade – de vez em quando, inclusive, arbitrariamente. Concluindo, dentro do campo da religião, nenhuma analogia é suficiente por si mesma para garantir o fenômeno que nós chamamos de "trânsito religioso" sem a intervenção de um agente crente e desejoso que pronuncia o discurso da crença.

Nesta perspectiva, a divindade e as entidades do mundo espiritual deixam de ser referentes do discurso da crença para se transformar em signos, passando a fazer parte do ato da crença. Espíritos e divindades não são, no sintagma da crença, objetos a serem descritos, uma referência ao discurso, são

---

[72] R. Segato, "Religious Change and De-Ethnification: The Evangelical Expansion in the Central Andes of Argentina", in J. Å. Alvarsson; R. Segato (orgs.), *Religions in Transition: Mobility, Merging and Globalization in Contemporary Religious Adhesions*, Uppsala Studies in Cultural Anthropology, n. 37, 2003. (N.A.)

objetos de crença, em outras palavras, *objetos investidos naquele, talvez, a quem o discurso é dirigido.* Eles são a *aspiração* do discurso de crença, seu destino, não seu referente. As palavras do sujeito não tratam de descrevê-lo com precisão, e sim de sujeitá-lo. A nomeação de divindades é performativa, o outorgamento de uma concretude, uma tentativa de atribuição instável, um resgate da inefabilidade. Por isso, ao buscá-los, o discurso acontece até certo ponto entre signos ou até certo ponto segue um caminho indeterminado, em larga medida poético. Orações e outros textos deslizam de um signo a outro, girando no campo semântico. Por isso, ao buscá-los, o discurso acontece entre signos, até certo ponto, seguindo um caminho indeterprovido, por um lado, imprimindo similitude em toda a figura da crença (a operação da metonímia); ou, por outro, ao substituir relações análogas, refletidas e reversíveis (quando operam transformações metafóricas). Muitos destes casos invocados como evidência da mescla, da união ou da *crioulização*[73] de aglomerados de crença são produtos deste tipo de operações inconscientes que, como a psicanálise tem demonstrado, deve estar trabalhando na vida afetiva. Entende-se o ato de crer, então, como um ato de amor.

Algumas saídas possíveis

O caminho a seguir, parece-me, passa por uma antropologia que se atenha às seguintes atitudes, esboçadas aqui de forma sintética e programática.

É preciso não exorcizar a diferença, mas afirmá-la, demorando-nos, após esgotar o procedimento interpretativo e alcançar a compreensão possível pela via analítica e racional, para descrever aqueles componentes que são irredutíveis ao nosso

---

[73] Conceito de Édouard Glissant, intelectual martinicano, que vai para além da mestiçagem pela imprevisibilidade intrínseca que pode afetar tanto comunidades linguísticas como manifestações culturais. O termo provém da palavra em crioulo que deriva do verbo *criar*. (N.T.)

olhar. A tarefa final será iluminar a variedade do mundo, mostrando as fissuras sutis, as brechas de inconversibilidade. Pretender resolver a diferença significa cair no niilismo destrutivo, que transforma inexoravelmente o exótico em familiar, sacrificando o que resiste à sua operação niveladora, ao seu grande projeto comensurabilizador.[74]

É necessário aceitar a existência do exótico, do irredutível, voltando ao assombro radical e à literalidade nas descrições. Isso não implica uma volta ao pré-racional ou a uma etapa pré-simbólica da antropologia, mas sim um reconhecimento ativo do caráter inesgotável e material dos símbolos. Desta perspectiva, será possível achar uma nova possibilidade e um novo papel para o exercício da empatia, tão injustamente sacrificada.

O diálogo ou comparação mediadora não pode ser somente inteligível, mas também sensível. A "poética do ato"[75] deve permanecer ao lado do sentido. Para tanto, é necessário evitar que o modo analítico entre perversamente na vivência, matando-a.

Em suma, é preciso ir à procura de uma etnografia que, ao apreender a diferença, não pretenda resolvê-la, mas sim exibi-la; uma etnografia que não se apresse em transformar o ato em significado, mas que saiba permanecer no não resolvido, no nível literal; uma etnografia que desdobre os aspectos incomensuráveis entre os horizontes nela envolvidos – aspectos como a horizontalidade de nossa proposta racional e a verticalidade da perspectiva mística. Todavia, não se trata de um retorno ao fenomenismo cru dos folcloristas do passado, nem do exotismo obscurantista dos cronistas e exploradores, e sim de uma terceira saída rumo a uma etnografia que reconheça as dimensões da diferença precisamente porque esgota a compreensão e passa pela reflexão. Devemos propiciar uma

---

[74] Cf. J. J. Carvalho, "A antropologia e o Niilismo filosófico contemporâneo", *Anuário Antropológico/86*, 1988. (N.A.)
[75] G. Bachelard, *A poética do espaço*, 1989. (N.A.)

volta ao assombro, ao estranhamento radical, que só se alcança se permanecermos e nos reconhecermos como nativos. Não é nossa tarefa, como antropólogos, fazer os mitos caírem por terra, mas sim e justamente "mitologizar", dar ao mito seu lugar insubstituível, reencantar o mundo.

Bibliografia

ALVARSSON, Jan-Åke. "True Pentecostals or True Amerindians – Or Both? A Study of aReligious 'Revival' among the 'Weenhayek Indians of Southern Bolivia1", in J. Å. Alvarsson; R. Segato (orgs.): *Religions in Transition: Mobility, Merging and Globalization in Contemporary Religious Adhesions*. Uppsala: Acta Universitatis Upsaliensis. Uppsala Studies in Cultural Anthropology, n. 37, 2003.

BACHELARD, Gastón. *El Aire y los sueños*. México: Fondo de Cultura Económica, 1980.

BACHELARD, Gastón. *A poética do espaço*. São Paulo: Livraria Martins Fontes, 1989.

BERNSTEIN, Richard J. *Beyond Objectivism and Relativism: Science, Hermeneutics and Praxis*. Filadélfia: University of Pennsylvania Press, 1983.

CARVALHO, Jose Jorge. "A antropologia e o Niilismo filosófico contemporâneo", *Anuário Antropológico/86*. Brasília: Editora Universidade de Brasília/Tempo Brasileiro, 1988.

CUDDON, John Anthony. *The Penguin Dictionary of Literary Terms and Literary Theory*, 3 ed. Londres: Penguin Books, [1976] 1992.

DURAND, Gilbert. *A imaginação simbólica*. São Paulo: Cultrix, 1988.

DURKHEIM, Émile. *The Elementary Forms of the Religious Life*. Londres: GeorgeAllen & Unwin, [1912] 1976.

EVANS-PRITCHARD, Edward Evan. *Witchcraft, Oracles and Magic among the Azande*. Oxford: Oxford University Press, 1972.

_____. *Theories of Primitive Religion*. Oxford: Oxford University Press, 1975.

_____. *A History of Anthropological Thought*. Nova York: BasicBooks, 1981.

GADAMER, Hans-Georg. *A atualidade do belo. arte como jogo, símbolo e festa*. Rio de Janeiro: Tempo Brasileiro, 1985.

_____. *Truth and Method*. Nova York: Crossroads, 1986.

GEERTZ, Clifford. "The Impact of the Concept of Culture on the Concept of Man", in *The Interpretation of Cultures*. Londres: Hutchinson and Co., 1975a.

_____. "Religion as a Cultural System", in *The Interpretation of Cultures*. Londres: Hutchinson and Co., 1975b.

_____. "Thick Description", in *The Interpretation of Cultures*. Londres: Hutchinson and Co., 1975c.

_____. "From the Native's Point of View: On the Nature of Anthropological Understanding", in *Local Knowledge*. Nova York: Basic Books, 1983.

GIDDENS, Anthony. *Novas regras do método sociológico*. Rio de Janeiro: Zahar Editores, 1978.

GORBACH, Frida; RUFER, Maria (orgs.). *O arquivo, o campo: interdisciplina e produção da evidência*. México: UAM, 2016.

HEIDEGGER, Martin. "The Age of the World Picture", in *The Question Concerning Technology and other Essays*. Nova York: Harper Colophon Books, 1977.

HILLMAN, James. *Archetypal Psychology*. Dallas: Spring Publications, 1983.

LACAN, Jacques. "The agency of the letter in the unconscious or reason since Freud", trad. Allan Sheridan, in Lacan, Jacques: *Écrits: A Selection*. Londres: Tavistock, [1957] 1977, pp. 146–78.

LEACH, Edmund. "Virgin Birth", *Prooceedings of the RAI for 1966*. Londres, 1967.

LÉVI-STRAUSS, Claude. *Le Totémisme aujourd'hui*. Paris: Presses Universitaires de France, 1962.

LIENHARDT, Godfrey. *Divinity and Experience: The Religion of the Dinka*. Oxford: Oxford University Press, 1976.

_____. "Self: public, private. Some African representations", in Carrithers, M.; S. Collins; S. Lukes (org.), *The Category of the Person*. Cambridge: Cambridge University Press, 1985.

LUKES, Steven. "Relativism in its Place", in Hollis, M.; S. Lukes (orgs.) *Rationality and Relativism*. Oxford: Basil Blackwell, 1982.

MALINOWSKI, Bronislaw. "Review of Les Formes", *Folk Lore*, 1913.

NEEDHAM, Rodney. *Belief Language and Experience*. Oxford: Hannlackwell, 1972.

_____. *Primordial Characters*. Charlottesville: University Press of Virginia, 1985.

PASCAL, Blaise. *Ouvres complètes*. Paris: Éditions du Seuil, 1963.

PENA PEREIRA, Ondina. *No horizonte do outro*. Brasília: Universa, 1999.

RICOEUR, Paul. *The Symbolism of Evil*. Boston: Beacon Press, 1969.

SEGATO, Rita. *A Folk Theory of Personality Types. Gods and their Symbolic Representation by Members of the Sangó Cult in Recife*. Tese de doutoramento, Belfast, The Queens University of Belfast, 1984.

____. "Cambio Religioso y Des-etnificación: La Expansión Evangélica en los Andes Centrales de Argentina". *Religiones Latinoamericanas*. México, n. 1, jan.-jun. 1991.

____. "Cambio religioso y des-etnificacion: la expansion evangelica en los Andes Centrales de Argentina", in *La Nación y sus Otros: Raza, etnicidad y diversidad religiosa en tiempos de Políticas de la identidad*. Buenos Aires: Prometeo, 2007.

____. "Religious Change and De-Ethnification: The Evangelical Expansion in the Central Andes of Argentina", in Alvarsson, Jan-Åke; Segato, Rita (orgs.). *Religions in Transition: Mobility, Merging and Globalization in Contemporary Religious Adhesions*. Uppsala: Acta Universitatis Upsaliensis. Uppsala Studies in Cultural Anthropology, n. 37, 2003.

SOARES, Luiz Eduardo. "Luz baixa sob neblina: relativismo, interpretação, antropologia", Mimeo, s/d., 1987.

____. "Hermenêutica e ciências humanas", *Estudos Históricos*, n. 1, CPDOC-FGV e Vértice Editor, 1988.

SONTAG, Susan. *Contra a interpretação*. Porto Alegre: L&PM Editores, 1987.

SPERBER, Dam. "Apparently Irrational Beliefs", in Hollis, M.; S. Lukes (orgs.). *Rationality and Relativism*. Oxford Basil Blackwell, 1982.

SPIRO, Melford E. "Virgin Birth, Parthenogenesis and Physiological Paternity: an Essay in Cultural Interpretation", *Man*, New Series, vol. 3, n. 2, pp. 242–61, 1968.

____. "Religion: Problems of definition and explanation", in M. Banton (org.), *Anthropological Approaches to the Study of Religion*. Londres: Tavistock (ASA Monographs), 1956.

STOLLER, Paul. "Eye, Mind and Wont in Anthropology". *L'Homme*, n. 24, vol. 3-4, pp 91–114, jul.-dez., 1984.

TURNER, Victor. *On the Edge of the Bush*. Anthropology as Experience. Tucson: The University of Arizona Press, 1985.

VAZ, Henrique C. de Lima. *Escritos de Filosofia I: problemas de fronteira*. São Paulo: Edições Loyola, 1986.

VELHO, Otavio. "Religiosidade e Anthropologia", *Religião e Sociedade*, vol. 13, n. 1, pp. 46–71, mar. 1986.

VEYNE, Paul. *Acreditavam os gregos em seus mitos?* São Paulo: Brasiliense, 1984.

WINCH, Peter. "Understanding a Primitive Society", in Wilson, B.R. (org.). *Rationality*. Oxford, Basil, Blackwell, 1974.

WRIGHT, Pablo. "Toba Religiosity: Code-Switching, Creolization Or Continuum?", in J. Å. Alvarsson; R Segato (orgs.). *Religions in Transition: Mobility, Merging and Globalization in Contemporary Religious Adhesions*. Uppsala: Acta Universitatis Upsaliensis. Uppsala Studies in Cultural Antropology, 2003.

Pensar o mundo a partir da América

O legado de Aníbal Quijano em algumas de suas falas e seus feitos[1]

Colonialidade como racialização do mundo

A perspectiva da colonialidade do poder e do saber, que andam muito juntos, é inaugurada por Aníbal Quijano. Assim como a pedagogia do oprimido[2] ou a teologia da libertação,[3] trata-se de um dos raros modelos de compreensão da história e da sociedade surgidos na América Latina que cruzaram a fronteira Norte-Sul no sentido contrário, ou seja, que levaram categorias teóricas do Sul para o Norte, apesar de serem apresentadas em uma língua que quase não tem uma influência global no campo das ideias.

A influência e o impacto da perspectiva da colonialidade do poder estão em expansão justo neste momento em que

---

1 Conferência ministrada no âmbito do programa Cátedra Aníbal Quijano: "Un pensamiento sísmico ante el naufragio del presente", Museu Reina Sofía, 10 out. 2018. Texto posteriormente publicado em: *Carta(s): un pensamiento sísmico*, 2020. (N.A.)
2 Teoria fundamentada por Paulo Freire (1921-1997), autor de *Pedagogia do oprimido*, que compreende a prática crítica e dialética da educação com a realidade como um dos pilares fundamentais para uma educação libertadora. A educação tradicional – opressora, em contraponto – seria responsável por manter o status da sociedade. (N.E.)
3 Movimento de abordagem teológica a análises socioeconômicas fundamentadas em pontos convergentes entre cristianismo e a teoria marxista. Iniciado nos anos 1960 por membros da Igreja Católica da América Latina em crítica à teologia tradicional, a teoria da libertação entende a pobreza como fruto da acumulação do capital e da exploração, traçando uma relação entre a luta de classes e a salvação coletivas. (N.E.)

Aníbal não está mais entre nós.[4] Algo semelhante ao processo de estrutura totêmica, evocando Freud com seu *Totem e tabu*:[5] a partida do pai dá origem a um giro paradigmático, refletido no grande interesse mundial em compreender seus postulados. Aníbal, por sua vez, nunca se referiu ao seu modelo como teoria, pois evitava o caráter fechado, conclusivo, concluído e coerente do que entendemos por teoria. Mais do que um pensador de coerência extraordinária, o descrevo como um pensador cujas ideias têm uma grande organicidade, porque essa é a palavra que encontrei para dizer que, apesar da grande coerência, trata-se de uma perspectiva mais orgânica do que sistemática, no sentido de que é viva, vital, pulsante, aberta, e está em constante movimento, por se desdobrar em uma proliferação incessante de novos sentidos e revelações.

Aníbal sempre se referiu ao seu pensamento como uma perspectiva, um olhar para a sociedade e para a história; uma maneira de ver o mundo. E não é de outra maneira. Por isso, sua formulação passou a ser chamada de "giro", para indicar que se trata de uma mudança ou virada na maneira com que vemos a realidade, um giro epistêmico, como o copernicano,[6] ou um giro decolonial neste caso, porque, uma vez que entendemos o que está dito ali, já não é possível voltar atrás; uma nova episteme nos captura e reestrutura nosso modo de estar no mundo.

Um dos problemas com a grande obra deste autor é, precisamente, aquele que ocorre quando o leitor adentra seu pensamento de maneira fragmentária, por meio da leitura de um ou dois artigos para incluí-los na bibliografia de algum texto ou para citá-los em algum seminário, sem perceber a

---

4 Aníbal Quijano morreu em Lima, em 31 de maio de 2018. (N.A.)
5 S. Freud, *Totem und Tabu: Einige Übereinstimmungen im Seelenleben der Wilden und der Neurotiker*, 1913. (N.A.)
6 Refere-se à teoria de Nicolau Copérnico (1473-1542), astrônomo responsável pela descoberta de que a Terra e os outros planetas giram em torno do Sol. (N.E.)

totalidade do seu foco, pois dessa forma não é possível acessar o que descrevo como a "organicidade" de seu pensamento. As citações fragmentárias de sua contribuição não conseguem fazer justiça nem captar o giro, a virada paradigmática que os conhecedores de sua obra lhe atribuem.

Quijano sempre resistiu a considerar seu pensamento como estabilizado, isto é, completo. Ele evita a completude e, mais ainda, o quadro sinóptico. Sua conduta como pensador o diferencia de outros que conseguiram alcançar mais influência em um curto prazo e, no entanto, em vez de teóricos, são críticos, compiladores, exegetas e organizadores do pensamento da época. Em sua recusa ao ordenamento definitivo de suas formulações, ele cai no que chamava com frequência de "labirinto". Costumava dizer que se encontrava "perdido em seu labirinto", expressão que eu mesma, lentamente, começo a compreender. Essa experiência de desorientação em um enxame de ideias que ele descreve como um labirinto se deve ao fato de que não é fácil organizar seus conceitos – as categorias que ele criou –, porque estes evitam um tipo de organização ao qual as pessoas estão habituadas, uma organização fechada.

Então, o que garante essa grande coerência ao pensamento de Quijano? A resposta a essa pergunta é, para muitas pessoas, surpreendente e, inclusive, difícil de aceitar. A coerência de seu pensamento parte do epicentro do que ele chama de "colonialidade", pois não é a classe social que se encontra no centro da sua teoria, mas a raça. Até hoje, o tema da raça no universo ibero-americano – como argumentei dando continuidade e ao mesmo tempo desdobrando seu pensamento para abordar temas do meu ativismo[7] – é muito difícil de tratar. A raça se instala como principal parâmetro classificatório da humanidade quando ocorre o que nosso autor chama de "reoriginalização" do tempo, já que, para ele, o mundo se "reoriginaliza" quando,

---

7   R. Segato, "Os rios profundos da raça latino-americana", in *Crítica da colonialidade em oito ensaios*, 2018. (N.A.)

como consequência do processo de conquista e colonização, uma nova grade classificatória emerge e uma nova episteme, com suas noções, categorias e valores, captura a consciência das gentes. Em termos foucaultianos, poderíamos nos referir a essa "reoriginalização" como a emergência de uma nova ordem do discurso. Quando lemos Quijano, o que ele nos faz perceber é que toda a narrativa desse evento histórico que reoriginaliza o mundo só pode ser concebida com um vocabulário posterior ao próprio evento. Ou seja, sempre que o narramos, o mitificamos; o mitificamos, o mistificamos e o narramos da maneira em que não aconteceu, porque dizemos, por exemplo, que "a Espanha descobriu a América", e Aníbal diz "não"; não somente porque as terras "descobertas" e suas gentes já existiam, mas porque a própria "Espanha" não existia.

1492

Quando, há um ano e meio, uma organização de Bilbau chamada Mugarik Gabe solicitou a várias feministas pensadoras do tema da violência de gênero que analisassem 26 histórias de violência contra as mulheres em cinco países – Colômbia, Guatemala, El Salvador, o Estado espanhol[8] [sic] e País Basco –, os casos espanhóis me causaram uma grande surpresa por sua semelhança com os da América Latina, especialmente e sobretudo pela desatenção e indiferença do Estado espanhol em relação às queixas e seu descuido em atendê-las devidamente. A violência de gênero referente aos casos que li e analisei me surpreendeu e me levou a pensar na sociedade espanhola também como uma sociedade *criolla*,[9] como uma sociedade mais próxima do lado de lá do oceano a partir da leitura do destino das mulheres através do destino de seus corpos, do tipo de

---

8   Espanha, segundo proposta enviada. (N.E.)
9   No original em espanhol, *acriollamiento*. O termo *criollo* é utilizado na América de colonização espanhola para designar os e as descendentes de espanhóis nascidos no Novo Mundo. (N.A.)

relação Estado-mulher, bem como da dificuldade de apresentar sua queixa e sua petição de proteção. A inaudibilidade da queixa feminina me levou a perceber esse Estado tão *criollo* e tão distante da vida de gente como as nossas. O que me levou a compreender a colonialidade própria da sociedade espanhola.

Então, a análise dos casos de violência patriarcal e de distância estatal me leva a procurar as razões para essa exterioridade tipicamente colonial do Estado espanhol em relação àquilo que administra, em relação à vida que administra. Como isso ocorre aqui?[10] Por exemplo, vocês devem conhecer o caso de uma mulher de Madri que foi todas as sextas-feiras durante cinco anos pedir proteção ao departamento que atende casos de violência de gênero, dizendo que seu marido era violento e que tanto ela quanto sua filha pequena corriam sério risco de vida. O relato que li, no depoimento dessa mulher entregue à entrevistadora de Mugarik Gabe, demonstrava franco desespero ao retratar a atitude do funcionário que a atendia. O que mais comove neste caso é a descrição feita pela mulher desse personagem, o agente estatal, o receptor da sua queixa: digitava e dizia: "Um minuto, que palavra você disse? Repita, por favor". Era evidente que ele anotava mecanicamente palavra por palavra do relato da mulher, mas não estava entendendo o que ela estava dizendo: sua queixa urgente, grave e desesperada não conseguia tocá-lo, atravessá-lo; era claramente inaudível. O policial definitivamente não estava escutando. E veio a acontecer que, depois dessa rotina de visitas, após cinco anos recorrendo a essa delegacia e pedindo proteção do Estado, o marido matou a sua filha, uma menina de seis anos. Isso, para minha surpresa, aconteceu em Madri, e não ocorreu com uma mulher imigrante. É uma história muito reveladora, que me levou a entender que um fato com essas características só pode acontecer em uma sociedade cuja relação com o Estado se assemelha às nossas.

---

10   A autora se refere à Espanha, uma vez que a palestra é proferida em Madri. (N.E.)

Logo, procuro as respostas na história, especialmente na história colonial, e noto que nunca havia me dado conta da importância de um dado que, no entanto, é absolutamente fundamental e não passa de uma data: 1492. Pois, quando termina a conquista territorial da Península?[11] Em que ano? Justamente em 1492. E o que isso significa? Isso significa que a história da conquista e da colonização é contínua, começa por aqui e continua por lá, em sequência e sem solução de continuidade. Portanto, a Espanha e a América, como havia destacado Aníbal Quijano, são entidades produzidas pela mesma história, são partes inseparáveis dessa mesma história. Isso é claramente demonstrado na posição das mulheres nas sociedades dos dois lados do oceano. Vejamos a questão do tráfico de pessoas para fins de exploração sexual, por exemplo, e nos depararemos com as mesmas evidências. Logo, se por um lado Madri pode ser considerada um centro imperial, por outro, é também um espaço estruturado pela ordem colonial e marcado pela "*criollidad*" das suas práticas quando observadas sob a perspectiva desse depoimento que acabo de comentar.

Esse depoimento altera e transforma a minha compreensão da Espanha. E outros depoimentos também, como o das mulheres de Andaluzia, expulsas de sua terra e de suas casas comunais, ocupadas até o século XX pela extensa família. A expulsão, a destruição da comunidade, esse esvaziamento dos povos não é muito diferente em Andaluzia e na Galícia. Esse 1492, ali instalado e constatável como um elo inadvertido na colonialidade dos dois mundos, foi muito revelador para mim, porque essa história de conquista colonial começa na Península Ibérica, atravessa o mar e continua do outro lado sem solução de continuidade, constituindo-se, portanto, em uma única história.

---

11 A Península Ibérica, correspondente aos atuais territórios de Portugal e Espanha, foi reconquistada pelos cristãos após o domínio dos muçulmanos, que perdurou do ano 718 até 1942, no episódio conhecido como a reconquista cristã ou a reconquista ibérica. (N.E.)

Aníbal diz, pois, que ao falar da Espanha nos encontramos com o problema que o relato do que a origina tal como é hoje, uma entidade pós-americana, revela um problema maior da narrativa histórica, pois não é possível contar a história da conquista a não ser com um vocabulário pós-conquista, com categorias que surgem e pertencem a uma grade conceitual originada após o evento. As únicas coisas que ocorreram foram o deslocamento de pequenos navios, uma guerra de apropriação territorial em um espaço desconhecido e, posteriormente, a pacificação ou a colonização coercitiva do espaço anexado, territorializado. Todos os nomes com que o narramos são gerados posteriormente ao que realmente aconteceu e da forma como foi percebido, compreendido e denominado.

A respeito desse grande tema, Quijano tem um texto extraordinário, na verdade uma entrevista que ele concedeu a Nora Velarde, publicada em 1991, em uma revista limenha que já não existe mais e hoje é muito difícil de encontrar, chamada *Revista Illa*, com o título "A modernidade, o capital e a América Latina nascem no mesmo dia", embora também pudesse ser intitulado "A América, a Espanha, a Europa, o capitalismo, a modernidade, o negro, o branco e o índio nascem no mesmo dia", pois essas também são falas de Aníbal. Trata-se de um texto muito importante para entender seu pensamento e se deve a um incidente ocorrido no meio da rua durante a presidência de Alberto Fujimori.[12] Quijano, um crítico do fujimorismo, saindo de uma reunião política, atravessava a cidade de Lima à noite, quando seu veículo quebrou e ficou parado no meio da escuridão. Então, outro carro se aproximou, parou perto dele e a mulher que o dirigia, ao perceber

---

12 Alberto Fujimori foi presidente do Peru entre 1990 e 2000. Condenado a 25 anos de prisão por crimes contra a humanidade e corrupção, entre as acusações ao ex-ditador, estão assassinatos e intimidações a ativistas e sindicatos contra seu governo e dois casos de sequestro. Também foi responsável por milhares de esterilizações forçadas – laqueaduras de trompas sem consentimento ou impostas por meio de ameaças e sob incentivos financeiros, sobretudo em mulheres de origem indígena e pobres –, realizadas em seu mandato no Programa Nacional de Planejamento Familiar. (N.E.)

que se tratava de Quijano, disse: "Só te ajudo a sair daqui se me conceder uma entrevista."

Do incidente relatado surgiu a valiosa entrevista citada, na qual apareceu anunciada com grande clareza a perspectiva que o autor estava começando a organizar. Como eu disse em outras ocasiões, essa perspectiva só se tornou possível e ele se sentiu plenamente habilitado para colocá-la em circulação após a queda do Muro de Berlim, quando então se afrouxaram as lealdades que impediam pensar fora de uma bipolaridade obrigatória. É por isso mesmo que a última fase da vida intelectual de Quijano começa na segunda metade dos anos 1980, quando o gesso das lealdades e sua vigilância caem por terra, e um sociólogo – até então crítico, embora dentro do cânone convencional – viu a possibilidade de pensar e falar de outra forma.

"América" é a origem do mundo como o conhecemos

Aníbal Quijano passa a ler o mundo a partir da perspectiva da América Latina. Não obstante, como advertiu muitas vezes, ele diz: "Leio a partir do 'evento americano', embora não leia exclusivamente a América Latina, mas o mundo." Para ele, a América é a que inventa, a que possibilita a Europa, por várias razões. Por um lado, ele nos diz que sem a América não haveria modernidade. E como explica isso? Lembrando-nos de que até o "evento americano", sempre entre aspas, todas as invenções científicas e tecnológicas na Europa tinham de ser validadas, legitimadas e autorizadas com referência a um passado sagrado, isto é, a partir do passado bíblico. Apesar da existência de inventos e descobrimentos, para Quijano, ainda não se havia adentrado na era da modernidade. Porque a modernidade tem uma característica essencial, que é a validação pelo futuro. O novo, a invenção e o descobrimento são ideias futuristas, válidas por si se (e somente se) nos encontramos em um tempo no qual o valor irradia a partir do futuro e não do passado. Essa ruptura com o passado só foi possível após o "evento americano".

A formulação que nos permite entender o papel do nosso mundo, o "Novo Mundo", como ruptura profunda, reoriginalizadora da história e condição de possibilidade da "modernidade europeia", é o que conhecemos como "giro decolonial". É um giro, como o copernicano, porque afeta a visão da globalidade e imprime uma torção definitiva. Haverá um antes e um depois, já que a maneira com que passamos a ver o mundo reconfigura nossa cognição. Por isso mesmo, no artigo em que Quijano e seu amigo Immanuel Wallerstein[13] escrevem para a publicação da Unesco de 1992, por ocasião dos quinhentos anos de 1492, ambos assinam a ideia de que a colonização foi condição para o surgimento do "sistema mundo moderno", que chamam nesse texto de "sistema mundo colonial-moderno".[14] Wallerstein reconhece, com esse gesto, que sua perspectiva teórica carece de uma dimensão, a da necessária precedência da colônia para que pudesse existir um "sistema mundo capitalista".

Raça, mas raça antissistêmica

No centro do giro decolonial que Quijano instala, encontra-se, como expliquei, a ideia de raça, mas certamente não a raça do multiculturalismo. Aníbal continuava sendo um pensador antissistêmico e um crítico do capital. E foi precisamente esse o acordo produzido no nosso primeiro encontro, em Bogotá, em

---

13 Immanuel Wallerstein (1930-2019), sociólogo estadunidense, postulou a teoria "sistema-mundo" com o objetivo de abranger o cerne das desigualdades entre as economias mundiais, abarcadas pelo sistema capitalista global. Wallerstein divide os países em três categorias: centrais, periféricos e semiperiféricos. (N.E.)
14 A. Quijano e I. Wallerstein, "Americanity as a Concept or the Americas in the Modern World-System". (N.A.)

2008. Em 2007, eu havia publicado meu livro *La Nación y sus Otros*,[15] no qual tento aproximar a ideia de raça e enunciar a crítica ao racismo a partir de uma perspectiva latino-americana. Nesse momento, eu já ressentia, embora sem o vocabulário necessário, a existência do que mais tarde poderia denominar "uma colonialidade no interior dos movimentos sociais", isto é, uma colonialidade – uma incidência imperial, hegemônica, do Norte –, ao tentar pensar e agir contra o racismo, mas baseando-me nas estruturas geradas por uma história, tanto colonial como republicana, própria da América Latina. Dez anos antes, em um artigo de 1998[16] republicado nesse livro de 2007, chamo essa estrutura de racialização e essas matrizes de classificação racial e outrificação, que são condensações de processos históricos particulares, "formações" ou "matrizes nacionais de alteridade", e "alteridades históricas" à forma de ser outro em cada matriz particular, para diferenciá-las claramente das "identidades políticas", raciais, de gênero, étnicas etc., que são globalizadas com o projeto multicultural. Essa crítica ao multiculturalismo, por não atacar os pilares do projeto histórico do capital, encontrou imediatamente afinidade e assentou as bases de uma amizade com Aníbal Quijano até o momento de sua partida.

O pensamento sistêmico, próprio da proposta inclusiva do multiculturalismo e dos direitos humanos de marco multicultural, não representa a perspectiva decolonial de Aníbal Quijano. Há uma distância considerável entre ambos. Entreguei a ele *La Nación y sus Otros* em Bogotá, em 2008, e nessa desconfiança visceral e compartilhada sobre as medidas inclusivas, o multiculturalismo e o essencialismo das identidades políticas globais, iniciamos uma longa conversa que, da minha parte, continuaria até hoje por outros meios.

---

15 R. Segato, *La Nación y sus Otros*, 2007. (N.A.)
16 R. Segato, "Identidades políticas / Alteridades históricas: una crítica a las certezas del pluralismo global", 1998, pp. 161-196. (N.A.)

Pela minha experiência, a partir de um caso de discriminação interseccional ocorrido no Departamento de Antropologia da Universidade de Brasília, onde lecionei de 1985 a 2010, e mais tarde na luta pela política de cotas para garantir o acesso de estudantes negros à educação superior no Brasil, devo dizer que sempre entendi as políticas inclusivas e as ações afirmativas mais como estratégias de agitação que permitam nomear o racismo e jogar luz sobre a sua existência em uma sociedade como a brasileira, que sempre o negou, do que como a solução para o grande problema da exclusão em uma nação em que mais da metade da população exibe a marca da afrodescendência. Diante dessa aparente contradição, a frase de Aníbal foi: "não se trata de reforma ou revolução, mas de reforma e revolução", porque "a luta está em todas as frentes", isto é, na frente teórico-política da análise crítica e na frente das ações concretas para melhorar a vida.

Foi evidente a sua visão, sua antecipação, que se confirma no presente, quando estamos, enfim, diante da agenda multiculturalista, que não foi nada senão um amortecedor transitório desde o fim da época da crítica antissistêmica (que havia ocorrido nas décadas de 1960 e 1970), que sobreveio com a queda do Muro, até o presente, com a aparição de propostas políticas explicitamente racistas, misóginas e homofóbicas, competindo e acessando o pódio presidencial das nações. Algo que devemos reexaminar é a ideia de minoria, associada à de identidade política, ambas sujeito e subjetividade da matriz multicultural. É aceitável uma proposta política em que se pressupõe a existência de um sujeito universal não minoritário?

Arguedas: o indígena como a proa do processo histórico para um mundo melhor

É muito iluminador ver o trânsito de Quijano desde o momento em que, na década de 1960, o ouvimos falar sobre o grande mural sócio-histórico-literário do Peru – e, por extensão, da América Latina –, esboçado por José María Arguedas[17] em seu grande romance *Todas las sangres* (1964), e o Quijano libertado que passa a delinear a perspectiva da colonialidade do poder. É possível "escutá-lo" na transcrição que Guillermo Rochabrún publica em *La mesa redonda sobre "Todas las sangres" del 23 de junio de 1965*,[18] também intitulada *He vivido en vano?*, aludindo à carta que Arguedas escreve imediatamente depois de ouvir a opinião dos sociólogos da época a respeito da sua grandiosa obra. Nela, ferido de morte pela insensibilidade sociológica e "letrada", ele avisa: "Procurarei morrer imediatamente." Nesse duelo não isento de uma crueldade devastadora entre um autor que apresenta uma obra monumental e um grupo de comentaristas, encontramos um Quijano que ainda não havia chegado ao destino com suas palavras, que ainda não havia alcançado a lucidez que conseguiria mais tarde – infelizmente, quando seu amigo José María já não poderia saber.

Em seu romance, no qual todos os personagens do Novo Mundo estão apresentados com suas biografias e subjetividades construídas a partir de visões e interesses próprios, Arguedas coloca o indígena e a perspectiva do mundo comunal como a proa da história. São os indígenas, no romance-tapete histórico-sociológico, os únicos que têm uma noção real de soberania, os únicos que, apesar de aparentemente privados de suas posses territoriais, põem os corpos para defender o que reside em sua paisagem. Há um personagem extraordinário, adorável, amoroso, para mim o herói por excelência da literatura latino-americana: Demetrio Rendón Willka, que lidera o trabalho em que os indígenas se empenham sem descanso para impedir que

---

17 Antropólogo e escritor peruano, José María Arguedas (1911-1969) ficou conhecido por retratar e reconhecer em suas obras a cultura indígena e quíchua. Publicou livros como *Os rios profundos* (1958) e *La agonía de Rasu Ñiti: el zorro de arriba y el zorro de abajo* (1971). (N.E.)
18 G. Rochabrún, *La mesa redonda sobre "Todas las sangres", de 23 de junio del 1965*, 1985. (N.A.)

uma mina seja comprada por uma corporação norte-americana, para que a "mãe de prata", o precioso filão, não mude de mãos, não se estrangeirize de sua história arraigada e vinculada por um longo período ao processo colonial peruano.

Na célebre mesa-redonda sobre *Todas las sangres*, os letrados da época dizem que Arguedas comete um pecado de ingenuidade sociológica e política ao situar o indígena na posição de quem detém tal clareza ideológica e capacidade política. Também é criticado por falar do Peru como se ainda estivesse vivendo em uma sociedade de castas, isto é, como se permanecesse em uma ordem colonial. Parece incrível "ouvir" as palavras de Quijano ao se referir à obra; mas é importante, porque, graças a isso, é possível presenciar o "giro decolonial" não somente como uma virada teórica no pensamento crítico, mas também como uma virada de ótica na própria biografia do autor. Quijano diz que no romance:

> [...] aparece um pouco a estrutura de casta elaborada de uma forma muito simples. Eu me inclinaria a acreditar que neste momento não é mais possível falar nesses termos assim explícitos de uma situação de casta no país. No entanto, os elementos de casta não desapareceram completamente. Isso quer dizer, em consequência, que *o que parece ser aplicável de maneira mais adequada a isto é uma noção inexistente, o termo não existe, não o inventamos nas ciências sociais:* mas poderíamos falar um pouco da situação de casta-classe ao mesmo tempo. Isto é, o que se revela através de uma enorme ambivalência de sangue, de conflitos e de critérios de valorização social, que provêm de um lado do regime de castas, e do outro do regime de classes que está difundido na escala da sociedade global, mas que ao mesmo tempo se confundem, se misturam e criam uma estrutura de transição.[19]

19 Ibid., p. 57 (grifo da autora). (N.A.)

Aqui, é evidente que nosso autor se dá conta da necessidade de um nome, de uma formulação, de uma perspectiva que permita falar de alguma forma acerca da continuidade de uma sociedade em que o sistema de castas não desapareceu, apesar da ordem institucional republicana, mas que ainda está presente e participa da sociedade de classes. "Uma noção inexistente", um termo que ainda "não existe", nos diz em 1965. Ele afirmará, então, que a situação das castas se encontra ao mesmo tempo ausente e presente no Peru e se pergunta: "O que é o índio?":

> [...] a situação de castas, tal como a admitimos, já foi eliminada da situação peruana, mas se admitimos ao mesmo tempo que os elementos de castas ainda perduram em algum grau, a noção do índio deve ser mais nitidamente elaborada. Infelizmente, acredito que no panorama atual das ciências sociais ainda não existe nenhum trabalho de reelaboração da visão do índio e ele teria de ser realizado. O índio não pode ser mais considerado neste momento nem do ponto de vista racial nem do ponto de vista estritamente das castas. Considerando de um ponto de vista cultural, o índio já não é de nenhuma maneira da cultura pré-hispânica, acredito que isso seja óbvio para todos nós. Mas o que é o índio?[20]

Sua posição na época fica ainda mais clara na resposta que Aníbal dá ao crítico literário José M. Oviedo, incluída no mesmo volume da transcrição da mesa-redonda:

> Não é verdade que o grupo operário é obscuramente representado na mesma medida em que o romancista imagina uma possibilidade estritamente indígena de modificação da situação social do campesinato? [...] E a idealização do mundo índio, fiel expressão da permanente

---

20 Ibid. p. 58. (N.A.)

adesão emocional de Arguedas à sua precoce existência, por acaso agrega vigor ou verossimilhança à elaboração literária do grupo índio no romance?[21]

Em seu giro pessoal, Aníbal vai encontrando, a partir da segunda metade da década de 1980, os nomes necessários cuja ausência ele acusava em 1965 e que lhe permitirão referir-se aos aspectos da experiência histórica e social que detectou. A casta não se extinguiu com a República para dar lugar à classe, como haviam objetado os sociólogos que criticavam Arguedas na famosa mesa-redonda. O que permite a permanência da casta? Nada além da continuidade de uma ordem ou padrão estruturador da subjetividade, da economia, da sociedade e da política, que impregna dentro de si o aparente regime republicano.

Aníbal chamou essa ordem de "colonialidade do poder". Como ele diz, em seu centro de gravidade, encontrou a raça, definida de maneira particular como uma invenção colonial para fixar os vencidos em sua natureza ou, em outras palavras, para a biologização dos vencidos com o fim de capturá-los em outra condição orgânica. Disso deriva a possibilidade de uma mais-valia racial, extraída dos racializados, e de um capital racial, que é dos "brancos". Também resulta dessa captura um obstáculo permanente para a mobilidade social ascendente das pessoas não brancas. Poderíamos dizer que a raça é o conceito com o qual a classe é contaminada de casta, justamente o que Quijano tentou sugerir em 1965 sem encontrar as palavras. E, por conta do próprio efeito de reoriginalização epistêmica, o gênero – a organização patriarcal, antes uma estrutura de papéis sociais e divisão do trabalho muito rígidos, mas frequentemente não fixados no organismo humano, não fisicamente determinados – também é naturalizado ou biologizado. O trabalho de antropólogos já clássicos, como

---

21 Ibid. p. 75-76. (N.A.)

Pierre Clastres em seu texto "El arco y el cesto",[22] a respeito dos guaiaquis paraguaios (hoje achés, por autodenominação), registra a tranquila transitividade de gênero no mundo tribal. É o caso, por exemplo, de Krembegi, relatado por Clastres:

> [...] era em efeito um sodomita. Vivia como as mulheres e com elas. Geralmente, usava os cabelos mais longos do que os outros homens e só executava trabalhos femininos: sabia trançar e fabricava, com dentes de animais que os caçadores lhe presenteavam, colares que mostravam um gosto e uma disposição artística muito mais firmes do que os trabalhos das mulheres. Por fim, era evidentemente proprietário de um cesto. Às vezes, alguns caçadores o escolhiam como companheiro sexual [...], mas em toda essa situação jamais se deu um sentimento depreciativo para com a sua pessoa.

O antropólogo social britânico Peter Rivière também fala de um casamento entre papéis sociais e não entre corpos para os povos tribais amazônicos.[23] E Giuseppe Campuzano documenta as células coloniais da Coroa que estipulavam as regras e os castigos que forçaram a binarização dos gêneros. Isso fala do processo de naturalização e biologização do enquadramento das posições de raça e gênero na nova hierarquia de castas coloniais.

Em relação à inquietude que manifesta sobre o que é um "índio", responde com sua deslumbrante visão da temporalidade do indígena como "regresso do futuro", isto é, da abertura de brechas ou fissuras no tecido da colonialidade que permitem aos mundos comunais retomar, de agora em diante, o caminho obstruído pela intervenção colonial. Consegue, assim, libertar a noção de

---

22 P. Clastres "El arco y el cesto", in P. Clastres, *La sociedad contra el Estado*, 2010, p. 111-138; originalmente: "L'arc et le panier", in *L'Homme: Revue française d'anthropologie*, vol. 6, n. 2, abr.-jun. 1966, depois reproduzido em diversas antologias de artigos do autor. (N.A.) [Ed. bras.: *A sociedade contra o estado: pesquisas de Antropologia Política*. Rio de Janeiro: Francisco Alves, 1978.] (N.E.)
23 P. Rivière, *Marriage Among the Trio: A Principle of Social Organization*, 1969. (N.A.)

"índio" do engessamento costumbrista em um tempo passado que deve ser recuperado, pois Quijano rechaça a ideia de uma "origem" pré-colonial como uma realidade estável e localizável à qual se possa retornar, e por isso "descolonizar", em sua concepção, é impossível. Indígena é, então, um sujeito de uma ordem comunal que nunca ficou quieto, nunca deixou de estar no tempo nem de ter história, mas que agora, assim como o Demetrio Rendón Willka arguediano, pode protagonizar a empreitada de reorientar o curso dos acontecimentos como sujeito custódio da vitalidade e da inalienabilidade de uma paisagem própria.

Mariátegui, Arguedas e Quijano: uma linhagem

De fato, Aníbal percorreu um longo caminho até encontrar o nome que procurava, "colonialidade" permanente do poder. Poderíamos dizer que esse caminho tem raízes em sua genealogia mariateguiana. Em José Carlos Mariátegui está arraigada a linhagem de Quijano como um pensador crítico em busca de uma formulação anticapitalista não eurocêntrica. Ela tem início em 1981, com seu "Reencontro e debate, uma introdução a Mariátegui",[24] e continua com vários prólogos e "reencontros" que escreveu para as edições do grande pensador e ideólogo peruano, primeiro crítico do desvio europeu do marxismo. Importantes referências são o seu prólogo à primeira edição de seus *7 ensayos de interpretación de la realidad peruana*, editado pela Fundación Biblioteca Ayacucho, escrito em 1978 a pedido de Ángel Rama e publicado em 1979, e seu segundo prólogo à reedição dos *7 ensayos*, "Treinta años después: otro reencuentro (notas para otro debate)";[25] assim como seu importante ensaio de

---

24 Originalmente publicado em Lima, pela Mosca Azul Editores, 1981; reeditado em J. C. Mariátegui, *Siete ensayos de interpretación de la realidad peruana*, 1982. (N.A.)

25 A. Quijano, "José Carlos Mariátegui: reencuentro y debate", in *7 ensayos de interpretación de la realidad peruana*, 1979; A. Quijano, "Treinta años después: otro reencuentro (notas para otro debate)", in J. C. Mariátegui, *7 ensayos de interpretación de la realidad peruana*, 2007. (N.A.)

1993, "'Raza', 'etnia' y 'nación' en Mariátegui: cuestiones abiertas".[26] Neste último, mostra claramente que a perspectiva da colonialidade do poder é de linhagem mariateguiana. De minha parte, só consigo me lembrar do espanto que senti ao perceber pela primeira vez que Aníbal Quijano nos estava dizendo que tanto o projeto capitalista quanto o socialista eram eurocêntricos: "o debate político mundial foi prisioneiro de duas perspectivas eurocêntricas maiores: o liberalismo e o socialismo, cada uma com suas próprias variantes", mas ambas dominadas pelo projeto de uma modernidade eurocêntrica instrumental e tecnocrática.[27]

Arguedas pertence também a essa genealogia, e a tese arguediana de *Todas las sangres* entra mais tarde e toma seu lugar na perspectiva da colonialidade do poder, que não é utópica, mas vê a história se deslocar para um horizonte que não é possível capturar em nome de utopias evolutivas de destino prescrito com antecedência, como as do marxismo-leninismo. Aníbal tende assim a deslizar a partir da ideia inicial de utopia para a figuração de um horizonte aberto em que a história vive e resiste às apropriações e prescrições autoritárias – como inevitavelmente foram sempre as "boas intenções" das vanguardas do Ocidente. Não há moldura, nem lousa, nem quadro que possa representar como deve ser a sociedade do futuro, a "boa sociedade". Muito pelo contrário, Quijano nos fala de um horizonte aberto, disponível, para o qual sempre transitaram as experiências concretas de comunalidade que já estão aqui, entre nós.[28] A ideia de "movimentos sociais" será, portanto, substituída pelo conceito do "movimento da sociedade", que ele passa a considerar mais perfeita, completamente inalienável e imprescindível para o advento de um novo tempo (e eu também). É algo que consegue formular até

---

26 A. Quijano. "'Raza', 'Etnia' y 'Nación' in José Carlos Mariátegui: Cuestiones Abiertas", in R. Forgues (org.), *José Carlos Mariátegui y Europa: el outro aspecto del descubrimiento*. Lima: Amauta, 1993. (N.A.)
27 A. Quijano, "Las paradojas de la colonial/modernidade eurocentrada", 2009. (N.A.)
28 Sobre esse tema, ver também: R. Segato, "Introducción", 2007. (N.A.)

o final da vida, porque, antes, ele também foi um sociólogo crítico convencional.

Sob a perspectiva decolonial, não falamos de "descolonizar" os territórios, porque como se depreende do que é dito, o passado é algo que está em caminho permanente, não há como reencontrá-lo, não existe o marco zero do costume que pode ser restaurado. Essa perspectiva não prega um movimento de restauração, pois isso, sem dúvida, o transformaria em um tipo de fundamentalismo e inevitavelmente o prenderia a um regime autoritário. A respeito disso, a perspectiva decolonial de Aníbal Quijano apresenta uma afinidade com o pós-estruturalismo, porque é pela insurgência das brechas, nas fissuras, abrindo clivagens na rocha dura do sistema da ordem do discurso colonial, que a história marchará em outra direção. Não há premissa de origem recuperável, não há origem fixa, intocada, que se encontre à espera do futuro. A origem sempre foi o futuro, sempre esteve a caminho do horizonte.

Bibliografia

CLASTRES, Pierre. "El arco y el cesto", in CLASTRES, P. *La sociedad contra el Estado*. Barcelona: Virus Editorial, 2010, p. 111–138; originalmente: "L'arc et le panier", in *L'Homme: Revue française d'anthropologie*, vol. 6, n. 2, abr.-jun. 1966, depois reproduzido em diversas antologias de artigos do autor. [Ed. bras.: *A sociedade contra o estado: pesquisas de Antropologia Política*. Trad. Theo Santiago. Rio de Janeiro: Francisco Alves, 1978.]

FREUD, Sigmund. *Totem und Tabu: Einige Übereinstimmungen im Seelenleben der Wilden und der Neurotiker*. Viena: Hugo Heller und Cie., 1913.

QUIJANO, Aníbal; WALLERSTEIN, Immanuel. "Americanity as a Concept or the Americas in the Modern World-System", in *International Journal of Social Sciences*, n. 134, Paris, UNESCO-ERES, nov. 1992, p. 617–627.

____. et al. *Carta(s): un pensamiento sísmico*. Madri: Museu Nacional Reina Sofía, 2020.

____. "José Carlos Mariátegui: reencuentro y debate", in MARIÁTEGUI, J. C. *7 ensayos de interpretación de la realidad peruana*. Caracas: Fundación Biblioteca Ayacucho, 1979. E A. Quijano, "Treinta años después: otro reencuentro (notas para otro debate)", in J. C. Mariátegui, *7 ensayos de interpretación de la realidad peruana*. Caracas, Fundación Biblioteca Ayacucho, 2007.

____. "Las paradojas de la colonial/modernidad eurocentrada", in *Hueso Húmero*, n. 53 (Em memória de André Gunder Frank), abr. 2009, p. 30–59.

____. "'Raza', 'etnia' y 'nación' en Mariátegui: cuestiones abiertas", in FORGUES, R. (org.). *José Carlos Mariátegui y Europa: el outro aspecto del descubrimiento*. Lima: Amauta, 1993.

____. *Reencontro e debate, uma introdução a Mariátegui*. Lima: Mosca Azul Editores, 1981; reeditado em MARIÁTEGUI, J. C. *7 ensayos de interpretación de la realidad peruana*. Cidade do México: Ediciones Era, 1982.

RIVIÈRE, Peter. *Marriage Among the Trio: A Principle of Social Organization*. Oxford: Clarendon Press, 1969.

ROCHABRÚN, Guillermo (org.). *La mesa redonda sobre "Todas las sangres", del 23 de junio de 1965*. Lima: Instituto de Estudios Peruanos, 1985.

SEGATO, Rita. "Identidades políticas / Alteridades históricas: una crítica a las certezas del pluralismo global", in *Carta(s) 59: Anuario Antropológico*, vol. 22, n. 1, 1998, p. 161–196.

____. *La Nación y sus Otros*. Buenos Aires: Prometeo, 2007.

____. "Os rios profundos da raça latino-americana", in *Crítica da colonialidade em oito ensaios: e uma antropologia por demanda*. Rio de Janeiro: Bazar do tempo, 2021.

Aníbal Quijano, o protagonismo da comunidade na história e a politicidade das mulheres: um diálogo com Abdullah Öcalan[1]

Feminismos comunais

Por que feminismos comunais? Esta é uma proposta que tem a ver com o fato de existir uma politicidade feminina distinta da masculina. Por que é distinta? Não por essência dos corpos, nem sequer essência das almas, mas porque masculino e feminino são histórias diferentes que transitaram entrelaçadas ao longo do tempo, mas nós, homens e mulheres, que estamos aqui, somos o resultado de duas histórias distintas.

A politicidade em caráter feminino tem a ver, e isso identificamos hoje, com a ocupação das mulheres no espaço público, como aconteceu na Argentina e em outros países do mundo, de uma forma que tem características diferentes da maneira com que o espaço público é ocupado por homens. A partir daí, vamos puxando o fio e encontrando duas formas de pensar politicamente que provêm de histórias distintas. Em

---

1 Conferência ministrada no programa Cátedra Aníbal Quijano: "Feminismos comunales", Museu Reina Sofía, 23 out. 2019. Texto posteriormente publicado em: *Carta(s): un pensamiento sísmico*, 2020. (N.A.)

alguns textos e entrevistas, tentei caracterizar o que chamo de "politicidade em caráter feminino" e vou chegar nisso mais adiante. Porém, gostaria de antecipar algumas características, não muitas, e que só servem aqui como ponto de partida, pois teremos de trabalhar esse tema mais detalhadamente entre todas nós.

Para começar, a politicidade feminina não é utópica, mas tópica. Isso quer dizer que é pragmática e não principista, resolve o problema de proteger e reproduzir a vida aqui e agora. Não há um futuro preconcebido, não há vanguardas que vão controlar a rota até esse destino prescrito, não há nenhum tipo de centralismo ou verticalidade enganosamente chamada "democrática". Muitas das formas com que pensamos a insurgência no passado – e sim, com todo o gosto chamo de passado a insurgência setentista – não estão mais presentes na maneira com que nós, mulheres, fazemos política, porque nossa preocupação é por um presente sem princípios que possam limitar a proteção da vida aqui e agora. É outro ser político que entra em cena.

Essa outra maneira de ser e fazer política, em caráter feminino, provém da experiência comunal. Está estreitamente vinculada à organização comunitária. E, para entender o que isso significa, faz-se necessário pensar no patriarcado de uma perspectiva decolonial. O esforço para criar a conceituação do patriarcado que apresentei nos ensaios do meu livro *Las estructuras elementales de la violencia*,[2] com os termos propostos por Quijano em sua formulação da perspectiva da colonialidade do poder, responde justamente a uma solicitação do autor, que não concordava – apesar da grande qualidade do texto e de suas muitas referências ao pensamento decolonial – com o modelo proposto pela filósofa María Lugones, muito fortemente

---

2   R. Segato, *Las estructuras elementales de la violencia: ensayos sobre genero entre la antropología, el psicoanálisis y los derechos humanos*, [2003] 2013. (N.A.) Uma tradução da obra será publicada em 2023 pela Bazar do Tempo. (N.E.)

fundamentado na tese da autora iorubá Oyèrónkẹ́ Oyěwùmí,[3] que nega a existência de um patriarcado pré-colonial. Portanto, em 2008, me pediu que escrevesse minha própria leitura de como a incidência dos processos de conquista e colonização na América haviam impactado no que entendemos por homem e mulher, o feminino e o masculino, as sexualidades e as relações de gênero.

Para as autoras decoloniais mencionadas, não se tratou de um impacto, porque todas essas entidades teriam sido inexistentes e, logo, não podem ser reconhecidas na era que precedeu a conquista. Muito pelo contrário, em meu modelo, a própria conquista teria sido impossível sem a formação masculina dos homens das sociedades vencidas e suas consequentes lealdade e obediência finais à cabeça vencedora dentro da ordem corporativa da "irmandade masculina", pois entraram ali em conflito duas lealdades: a lealdade a suas famílias e povos e a formatação corporativa masculina que os programa para se curvarem diante do vencedor.[4]

Então, comecei a tentar responder à solicitação de Quijano e fui elaborando meu próprio modelo de compreensão do impacto da conquista e da colonização, assim como do avanço até o presente do que mais tarde chamei de "frente estatal-colônia mediático-cristão" sobre o "mundo aldeia".[5] Apresentei a primeira versão do modelo que estava construindo no simpósio internacional convocado em agosto de 2010 pela recém-criada Cátedra América Latina e Colonialidade do Poder da Universidade Ricardo Palma, de Lima, sob a direção

---

3 Oyèrónkẹ́ Oyěwùmí é uma socióloga nigeriana de origem iorubá que tem se dedicado a pesquisas interdisciplinares, associando estudos de gênero, sociologia do conhecimento e perspectivas africanas. Seu primeiro livro, *A invenção das mulheres*, lançado em 1997 nos Estados Unidos, resultado de sua tese de doutorado, foi publicado pela Bazar do Tempo em 2021. (N.E.)
4 R. Segato, "El sexo y la norma: frente estatal-empresarial-mediático-cristiano", in *La crítica de la colonialidad en ocho ensayos y una antropología por demanda*, 2015. [Ed. bras.: *Crítica da colonialidade em oito ensaios: e uma antropologia por demanda*. Rio de Janeiro: Bazar do Tempo, 2021, pp. 121-164.] (N.E.)
5 Ibid. (N.A.)

de Aníbal. Ali expus, pela primeira vez, minha crítica à tese de María Lugones e Oyèrónkẹ́ Oyěwùmí, explicando que, como antropóloga que também havia estudado a questão de gênero na tradição iorubá, em uma de suas versões mais ortodoxas e conservadoras, como a tradição religiosa africana do Recife, no Brasil,[6] conhecia o assunto, sabia que se tratava de uma estrutura de gênero muito diferente da do Ocidente colonial-moderno, mas também me parecia insustentável negar a existência das entidades que entendemos por "mulher" e por "homem".[7]

Da mesma forma, em minha tarefa de assessorar e participar desde 2002 de oficinas com mulheres indígenas de todas as regiões do Brasil, e depois de ter conversado com uma grande variedade delas em fases muito diferentes da transição do que chamei de "mundo aldeia" para a integração na sociedade nacional, também entendia que ocorria uma mutação após o abandono da organização comunal original, com evidente agravamento da hierarquia e violência patriarcal. No entanto, era impossível negar a existência de um patriarcado anterior. Na literatura antropológica, há inúmeros registros etnográficos da "casa dos homens" no mundo tribal com pouco contato com o mundo "branco", bem como dos processos de iniciação dos homens e do prestígio relativo superior atribuído ao seu trabalho e atividades na vida da aldeia, como explicarei adiante.

Quijano, por sua vez, havia publicado um texto sobre a questão do gênero e da colonialidade, mas para si mesmo, com sua extraordinária honestidade intelectual, sua compreensão do problema parecia insuficiente, porque se concentrava na violência do homem branco contra as mulheres não brancas e

---

6 R. Segato, "Inventando a natureza: família, sexo e gênero no Xangô de Recife, Brasil", *Anuário Antropológico*, vol. 10, n. 1, 1986, pp. 11-54. (N.A.)
7 R. Segato, "Gender, Politics and Hybridism in the Transnationalization of the Yoruba Culture", in J. K. Olupona e T. Rey (orgs.) *Òrìsà Devotion as World Religion: The Globalization of Yorùbá Religious Culture*, 2008. (N.A.)

não considerava a violência sofrida por mulheres não brancas praticada por mãos de homens não brancos.[8] Aníbal também percebeu a extraordinária complexidade dos estudos de gênero que, como bem sabia, hoje ocupam as maiores extensões das estantes das bibliotecas físicas e virtuais. Por outro lado, possivelmente percebia que são justamente os processos de transição do mundo comunal para o mundo cidadão os mais violentos para as relações de gênero. Coincidentemente, foi pela análise de situações de extrema violência de gênero no universo espanhol peninsular que cheguei à definição de "sociedades transicionais" e à compreensão da forma como as mulheres são violadas à medida que se desestrutura a ordem comunitária, como aconteceu, por exemplo, com o abandono da vida agrária na Andaluzia, a nuclearização das famílias e o desmembramento de suas casas comunais.[9] O processo de *criollización*,[10] a trajetória que chamo de "transitória", torna o mundo derrotado, intercedido pela colonização, cada vez mais violento em suas entranhas.

Aníbal sugeriu que eu tentasse pensar de outra forma as duas análises já conhecidas: a que afirma a inexistência do patriarcado pré-colonial e a que reconhece apenas o patriarcado do homem branco sobre a mulher não branca. Minha tarefa era pensar entre essas duas propostas e descobrir em que consistiu a transição da estrutura de gênero pré-colonial e a colonial, e como esta se tornara um cenário de gênero muito mais violento e letal, feminicida e violador para mulheres, não apenas pelas mãos do conquistador branco, mas também nas mãos dos homens de seu próprio mundo. Comecei, então, a formular algumas ideias com base em suas categorias para entender o patriarcado e a posição de homens e mulheres em um mundo agora dominado pelo padrão da colonialidade do

---

8   A. Quijano, "Colonialidad del poder, sexo y sexualidad", in C. Pimentel Sevilla (org.), *Poder, ciudadanía, derechos humanos y salud mental en el Perú*, 2008. (N.A.)
9   R. Segato, "Dimensión cultural", in *Flores en el asfalto: causas e impactos de las violências machistas en las vidas de mujeres víctimas y sobrevivientes*, 2017. (N.A.)
10 Ver nota 9, p. 212. (N.E.)

poder. Depois desse encontro, passei a pensar o assunto com bastante fidelidade às suas categorias, mas também com total liberdade para, a partir daí, percorrer meu próprio trajeto de pensamento. Costumo dizer que o grande mestre Quijano teve um efeito "autorizador" – com sua raiz etimológica comum com a palavra "autor" e seu parentesco com a tarefa de "autoria" – que me permitiu alçar voo em uma "escrita de ideias", livrando-me definitivamente do cânone da tecnologia do artigo acadêmico convencional. Nunca terei palavras suficientes para agradecer a ele.

A pesquisa que realizei me levou a descobrir a estrutura dual e não binária do "mundo aldeia", com seus dois espaços dotados de politicidade própria. Portanto, surge nessas análises a ideia de que há uma politicidade feminina que vem do mundo comunal e que pode ser percebida em sua plenitude na gestão do espaço da estrutura comunitária, bem como no impacto das deliberações domésticas sobre as decisões que afetam o coletivo. Soma-se a isso o fato de que a economia comunitária se baseia muito fortemente na economia doméstica – equivocadamente chamada, e de modo desdenhoso de "economia de subsistência" –, que se perde e se desenraiza – recordando Karl Polanyi[11] – com a industrialização e, sobretudo, com a globalização da produção e da comercialização. Por outro lado, devemos lembrar que essa economia de base doméstica nada mais é do que uma sociedade produtiva para a autossustentabilidade soberana comunal, local e regional fortemente controlada por mulheres. Como aprendemos muitas vezes ao dialogar com os feminismos indígenas camponeses: em uma economia de base doméstica, ou seja, em uma economia comunitária, o cônjuge é um indispensável "parceiro econômico" para a sustentação do grupo, e o casamento é, portanto, uma sociedade produtiva muito difícil de

---

[11] Karl Polanyi (1886-1964) foi um cientista social, historiador de economia e antropólogo húngaro, ferrenho opositor à economia tradicional e autor de *A grande transformação* (1944). (N.E.)

dissolver. Além disso, e de grande importância na argumentação que aqui se desenvolve, note-se: essa gestão econômica outra é também uma politicidade ou gestão política outra, e foi isso que se obscureceu quando a transição colonial para uma sociedade de Estado nacional catapultou os homens que, na aldeia, encarnavam apenas uma das duas formas possíveis de politicidade e formato de gestão, para a posição no campo simbólico de sujeito universal do discurso político.[12] Curiosa e surpreendentemente, tudo o que acabo de dizer aqui de maneira muito sintética foi plena, precisa e indiscutivelmente confirmado nas reuniões que se concluem hoje na Cátedra, ao presenciar o diálogo e o intercâmbio de experiências entre as mulheres curdas e as mulheres negras da Colômbia. Um diálogo ou "exegese recíproca"[13] entre as perspectivas teórico-políticas do grande ideólogo curdo Abdullah Öcalan, condenado ao confinamento em um módulo de isolamento de um presídio no Mar de Mármara há vinte anos, e Aníbal Quijano, anfitrião desta Cátedra e grande pensador latino-americano, poderá demonstrar melhor a afinidade de que falo.

Abdullah Öcalan, Aníbal Quijano e a politicidade das mulheres no meio comunal

Traçarei aqui um paralelo entre Abdullah Öcalan[14] e Aníbal Quijano, uma ponte entre as ordens políticas comunais da América e do Curdistão. Um paralelo a princípio surpreendente para mim, pois a possibilidade de fazer uma analogia entre os modelos desses dois autores nunca havia me ocorrido antes. Poderíamos dizer, pois, o seguinte: o que para Quijano é a

---

12 R. Segato, "Género y colonialidad: del patriarcado comunitario de baja intensidad al patriarcado colonial moderno de alta intensidad", in *La crítica de la colonialidad en ocho ensayos y una antropología por demanda*, 2015. (N.A.) [Ed. bras.: *Crítica da colonialidade em oito ensaios: e uma antropologia por demanda*. Rio de Janeiro: Bazar do Tempo, 2021, pp. 85-120.] (N.E.)
13 R. Segato, *Santos e Daimones*, [1995] 2005. (N.A.)
14 Abdullah Öcalan é um teórico político de esquerda, ativista curdo e um dos fundadores do Partido dos Trabalhadores do Curdistão. É autor de mais de quarenta livros. (N.E.)

ordem racista – sinônimo de colonial e eurocêntrica na visão desse autor –, para Öcalan é o patriarcado. Para Quijano, a colonização inventa a raça, e é com a colônia que se inicia o processo de racialização do mundo. No passado, havia guerras xenófobas, tribais, guerras entre povos e sociedades, formas de discriminação e exclusão desde o mundo antigo, mas não de raça. É uma parte muito importante do pensamento do nosso autor precisar a diferença entre raça e todas as outras formas de discriminação: a raça atribui outra natureza aos vencidos, primeiro de fundamento naturalista e, depois, em termos biológicos, de modo que hoje podemos dizer que há uma biologização do vencido. Essa fixação essencialista em seu organismo físico tem dois retornos diferentes para o vencedor, além da representação social resultante e hoje hegemônica. A primeira é que captura os vencidos no resultado de uma guerra — que devemos perceber que não acabou – e torna uma posição permanente pela manobra do essencialismo biológico. Assim, esse vencido está ancorado na derrota. E o signo da derrota colonial no corpo – bem como na paisagem que o corpo habita – é lido como não brancura, ou seja, como raça.[15] Sair da caixa da raça, então, é muito mais difícil do que da caixa da classe, devido à sua fixação em um organismo físico, em uma natureza outra, pois é a marca no corpo de uma posição na história[16] que teve o poder de originá-lo. O segundo retorno da atribuição de outra natureza ao sujeito reduzido nessas batalhas desse período de quinhentos anos torna mais difícil a empatia com sua posição de vítima de um genocídio de longa duração, justamente por se tratar de outra natureza, alheia e estranha ao "nós" próprio do olhar do colonizador.

Agora passamos para Öcalan. Ele situa esse momento de reoriginalização do tempo na instalação do patriarcado a partir

---

15 R. Segato, "Raza es signo", in *La Nación y sus Otros: raza, etnicidad y diversidad religiosa en tiempos de Políticas de la Identidad*, [2007] 2021. (N.A.)
16 R. Segato, "Los cauces profundos de la raza latinoamericana", in *Crítica y emancipación*, 2010. (N.A.)

da vitória masculina no final do neolítico, período em que as mulheres inventaram a agricultura e ocupavam uma posição de domínio na economia. Logo, há uma derrota das mulheres e um estabelecimento do regime patriarcal. Isso nos permite traçar um paralelo muito forte com o modelo que proponho como perspectiva de gênero decolonial, e especialmente com referência à minha leitura da narrativa adâmica, que instala a fragilidade moral da mulher no mito de origem judaico-cristã ao falar da tentação de Eva. Mas não é só no Ocidente que se encontra essa estrutura mítica, pois uma grande quantidade de povos espalhados pelos cinco continentes tem como mito de origem diferentes versões de uma mesma história: o desvio, a desobediência e a fragilidade moral das primeiras mulheres, cujo castigo origina as regras que permitirão o surgimento da sociedade humana. As mulheres são preguiçosas, fracas e suscetíveis à tentação do desejo sexual, da desobediência, do descuido, da autoindulgência e da apatia.

O fato de as mulheres "comerem a maçã", descuidarem do gado como entre os massai, deixarem a flauta misturada com sangue menstrual como entre os baruya, e de que a punição da divindade por desvio, desobediência ou crime feminino se constitua na própria origem de diversos povos, que passarão assim a obedecer à sua lei, são apenas alguns dos muitos discursos fundadores do patriarcado, exemplos de seus inúmeros disfarces mítico-religiosos. Os ona, os piaroa, os massai, os baruya, os xerente e muitos outros povos dos cinco continentes contam sua origem por meio de uma narrativa de estrutura semelhante.[17]

Essa narrativa sobre a posição feminina permanece na psique das pessoas até hoje, replicando-se incessantemente. Daí, então, a necessidade de disciplinar a mulher, moralizá-la e conjugalizá-la, dentro da mesma lógica com que os estupradores

---

17 R. Segato, "Ningún patriarcón hará la revolución", in K. Gabbert; M. Lang (orgs.), *¿Cómo se sostiene la vida en américa latina? Feminismos y re-existencias en tempos de oscuridad*, 2019. (N.A.) Texto traduzido e publicado neste volume. (N.E.)

operam. Nesse sentido, é preciso insistir que o estuprador não é um sujeito imoral, muito pelo contrário, pois seu imaginário é estruturado por esse mito de origem. O estuprador é o sujeito moral por excelência, é o sujeito que cumpre o mandato de moralizar sua vítima. Discutimos isso no momento em que ocorre uma explosão social no Chile,[18] muito marcada por violações cometidas por agentes do Estado – inclusive, há imagens dos repressores tocando as partes íntimas de mulheres manifestantes. Ou seja, nesse mito de origem, o dimorfismo dos papéis de gênero entra em cena como dispositivo de moralização, disciplina e sujeição com uma grande diversidade de povos na superfície do planeta que narram o início de sua história.

O que a análise de Öcalan revela é que essa narrativa, que deveria ser única e exclusivamente o relato da instalação da ordem política patriarcal, se insinua no imaginário coletivo como narrativa da origem das sociedades e ponto zero da história dos povos. Assim, vemos que os discursos fundacionais do patriarcado – a história, em suas variantes religiosas, cosmogônicas e cosmológicas, de que as mulheres são moral e cognitivamente frágeis – são contrabandeados e inoculados no senso comum e na percepção da história como um relato de origem, princípio de toda a história humana, deixando-nos sem alternativa e escondendo o fato de serem única e exclusivamente um mito fundador da pré-história patriarcal da humanidade.[19] Além disso, e pior ainda, esse mito captura todo o passado anterior, toda a profundidade temporal dos 280 mil anos do processo de especiação, em uma narrativa única e recente – bíblica para a civilização judaico-cristã e cosmogônica para as demais civilizações –, e pós-neolítica segundo Öcalan, que se torna hegemônica e estabelece uma coincidência

---

18 A autora faz referência aos protestos que tomaram o Chile em 2019 e à repressão do governo a essas manifestações. (N.E.)
19 R. Segato, *Las estructuras elementales de la violencia: ensayos sobre genero entre la antropología, el psicoanálisis y los derechos humanos*, [2003] 2013. (N.A.)

inseparável entre a ordem política patriarcal e a humanidade. É surpreendente, então, para mim, descobrir que em Öcalan o patriarcado é basal, é primordial e uma forma de estruturação e dominação primigênia. Para ele, portanto, a única saída para o ciclo histórico de opressão é nada menos do que destruir a mentalidade masculina. Logo, há uma afinidade intensa com minha proposta de que a história mudará de rumo na direção de um mundo de maior bem-estar para mais pessoas quando o mandato da masculinidade for desmantelado e cair por terra.

Também é interessante compreender a analogia estrutural entre gênero e raça e, desse modo, a analogia entre Öcalan e Quijano. Tive um primeiro estalo no ano passado, em uma reunião com mulheres curdas em Frankfurt, onde uma mulher de Rojava relatou que a sensação que teve quando o território foi invadido pelo Estado Islâmico foi a de que ele estava dizendo a elas que foram sequestradas em seus corpos. Em outras palavras, o aprisionamento no território tomado pelo EI impôs outra prisão: a das mulheres em seus corpos. Em minhas análises, quando falo em estupro, menciono que o estuprador diz à mulher que ela é o corpo dela, que ela tem de se apegar ao próprio corpo, que ela tem de ficar enclausurada, encapsulada nele, o corpo é o seu destino inapelável: o corpo da mulher como prisão é o depoimento das ações do estuprador e, curiosamente, também o enunciado identificado pela jovem curda capturada pelo EI.

O gênero tem uma história mais longa do que a raça. Raça é, como disse, aquela atribuição de natureza diferenciada, outra, aos povos vencidos no processo de conquista e colonização, da qual surge historicamente a racialização do planeta; enquanto o gênero vem desse mito de origem, desse mito adâmico, dessa supremacia do homem legitimado na narrativa por não ser frágil diante da tentação como a mulher do Gênesis. Aí, então, se instala o patriarcado, não como ordem moral ou religiosa – e isso foi dito várias vezes pelas companheiras curdas nesses dias ao nos transmitir o ensinamento de Öcalan –, mas como ordem política. Por quê? Porque essa ordem adâmica é relatada e instituída sob o pretexto de várias narrativas de diferentes religiões, com suas diversas moralidades, mas é a mesma história, a mesma estrutura mítica: a mulher frágil, desobediente, transgressora. Esta mensagem é comum e universal, pois está presente nas sociedades dos cinco continentes, mas será revestida de diversas crenças, religiões, morais e costumes. Por trás de todas elas está a mesma história que leva à subordinação das mulheres sob uma ordem moral social a que elas passarão a obedecer, mas – atenção! – apenas em parte, e com os vestígios sempre evidentes de uma era anterior.

Podemos arriscar aqui algumas hipóteses para a compreensão dessa falsa "passagem à humanidade", desse trânsito incerto de especiação que, capturado por uma narrativa normativa, legitimará a ordem política hierárquica e patriarcal. E agora um esclarecimento essencial: não é uma ordem biológica porque precisa justamente de uma narrativa. Se não precisasse, poderíamos falar da transição da natureza para a cultura como uma transição da ordem biológica. Mas, precisando, falamos de uma história sobre alguém que desobedece e come uma maçã, fica entediada e negligencia o rebanho, adora fazer sexo com seu cunhado e se diverte com ele o tempo todo, ou ignora e deixa a flauta ao lado do sangue menstrual: "então, é claro, Deus tem que intervir"; "Então, é claro, nós homens temos que intervir". O poder, que é poder até hoje, encontrou aí o seu mito autorizador, a sua história legitimadora.

Vemos que essa história é de muito longa duração e captura, desde seus fundamentos, a história humana, mas, como alerta Quijano, há uma ruptura, uma inflexão, que ocorre como consequência da intervenção nessa história do processo de conquista e colonização. E ocorre como uma mudança de matriz epistêmica, uma mudança de paradigma, uma "reoriginalização" do tempo, nos termos de Quijano, não só para os povos intervindos, mas para todos os que participam desse cenário colonial: vencedores e perdedores veem as subjetividades e os modos de classificação social mudarem. E aí está localizada a volta do parafuso que transmuta o patriarcado pré-colonial em uma nova ordem patriarcal colonial e de colonialidade permanente. São quatro as transições que descrevem esse processo: a primeira, a biologização racial e de gênero; a segunda, a binarização de hierarquias; depois, a captura da capacidade política pelo sujeito universal encarnado no homem, branco, alfabetizado, proprietário e *pater familias*; e, por fim, a nuclearização e despolitização do espaço doméstico e, com ele, o das mulheres.

O processo de biologização merece mais uma palavra. Nele, encontramos perfeitamente a analogia entre raça e gênero pós-colonial. Na raça, a conquista dirá que o sujeito derrotado se encontra encapsulado em seu corpo marcado pelos signos raciais das populações expropriadas: o sujeito é o seu fenótipo, e o seu fenótipo delata um lugar na história. A leitura de seu corpo por um olhar informado e formatado pela história colonial delata que ele fez parte de uma das posições no cenário dessa confrontação. O exemplo perfeito é o nosso, emanações de uma paisagem geopolítica originada na história colonial. Como Frantz Fanon, no relato comovedor de sua decepcionante chegada em Paris, ao julgar-se francês por sua erudição afrancesada e a posterior comprovação de não ser, as gentes amefricanas também são lidas, em nossa corporalidade e sotaque, a partir da paisagem que nos impregna. Somos partículas dessa paisagem. Todos somos não brancos, todos somos Fanon diante do olhar colonial racializador.

Gênero e raça se encontram enclausurados no corpo com o advento colonial. As posições são engessadas e naturalizadas, essencializadas, porque trabalhos etnográficos hoje já clássicos mostram como a transitividade de gênero era "normal" no mundo tribal. No ensaio clássico de Pierre Clastres, "O arco e o cesto", publicado em 1966,[20] o perfil do personagem Krembegi, que hoje consideramos trans, é apresentado na etnografia de Clastres habitando a posição feminina de maneira não problemática. Também a obra já clássica de 1969, do antropólogo social Peter Rivière, a respeito dos trios da fronteira entre Brasil e Suriname, em que afirma que o casamento na sociedade tribal é entre papéis e não corpos.[21] Mais tarde, o pesquisador peruano Giuseppe Campuzano inventariou as cédulas da coroa colonial com as sentenças e castigos dados aos homens indígenas vestidos de mulheres indígenas e às mulheres indígenas vestidas como homens indígenas, comprovando a normalidade da transitividade de gênero no Peru colonial e também o mandato colonial binarizador e biologizante que fixava a identidade de gênero no corpo.[22]

Öcalan fala de destruir a mentalidade masculina para inventar uma nova vida, para reorientar a história em direção a um mundo melhor, que seja mais democrático e pluralista. Pluralista porque uma democracia cujo valor fundamental não seja a pluralidade de desejos e presenças não é uma democracia, mas uma ditadura da maioria. Enfim, para inventar uma nova vida para fazer essa transição a outra era, Öcalan defende que é necessário destruir o patriarcado. A sua lucidez é francamente extraordinária. Falo de desmontar o mandato de masculinidade. Em meus termos, enquanto existir o patriarcado, não estaremos em uma transição revolucionária. E o que é uma transição revolucionária? É a reorientação da história para uma época mais benigna.

---

20 P. Clastres, "El arco y la cesta", originalmente "L'arc et le panier", in *L'Homme: Revue française d'anthropologie*, vol. 6, n. 2, abril-junio de 1966. (N.A.) [Ed. bras.: *A sociedade contra o estado: pesquisas de antropologia política*, trad. Theo Santiago. Rio de Janeiro: Francisco Alves, 1978.] (N.E.)
21 P. Rivière, *Marriage Among the Trio: A Principle of Social Organization*, 1969. (N.A.)
22 G. Campuzano, "Reclaiming Travesti Histories", *IDS Bulletin*, vol. 37, n. 5, out. 2006, pp. 34-39; e "Contemporary Travesti Encounters with Gender and Sexuality in Latin America", in *Development*, vol. 52, n. 1, 2009, pp. 75-83. (N.A.)

Com o patriarcado em vigor, teremos sempre à espreita o embrião da desigualdade, e este germinará e florescerá pelas fendas do processo. Contaminando as boas intenções com sua pedagogia patriarcal, que não é nada além de uma pedagogia da apropriação e da crueldade. Por outro lado, para Quijano, a mudança do mundo significaria o desaparecimento do marcador racial e a recuperação da transição histórica dos não brancos, os colonizados, para que o "regresso do futuro"[23] seja possível para eles. Vemos, pois, dois autores pensando em seus termos, mas aparentados pela analogia e pela afinidade de seus projetos políticos.

A crítica à "Modernidade instrumental capitalista" do pensamento decolonial e à "modernidade coisificadora" do pensamento curdo

Nas formulações de Quijano, seu giro decolonial é a torção que ele impõe à leitura da história. Quando Quijano fala de modernidade, refere-se à "modernidade instrumental" de cunho anglo-saxão e capitalista – diferente da "modernidade histórica" dos lemas da revolução francesa –, necessariamente precedida como precondição pelo processo colonial, enquanto as mulheres curdas falam de "modernidade positivista", que é, por sua vez, ao que eu aludo quando falo em meus textos de "colonialidade-modernidade coisificadora". O interessante da aproximação de Quijano é que esta requer um "prefixo". Ele fala de colonial-modernidade, por afirmar que, para iniciar o processo de modernização – e este é o nó do giro colonial – a colonização é a precondição necessária. Em conclusão, a colonialidade é precursora da possibilidade de modernizar, e a modernidade é, por sua vez, a captura do mundo no sistema capitalista coisificador. Por outro lado, como já o notara Marx, sem as minas do Novo Mundo, não

---

23 A. Quijano, "El regreso del futuro y las cuestiones del conocimiento", in *Hueso húmero*, n. 38, abr. 2001. (N.A.)

teria sido possível a acumulação originária que assentou as bases do capitalismo.

Quijano oferece uma explicação deslumbrante quando argumenta que, na Europa, antes do processo colonial, todas as invenções e as descobertas científicas ainda não conformavam a modernidade, porque careciam da autorização do passado bíblico; ser legitimados a partir da história sagrada. Antes da América, a legitimidade emanava do passado. Só com o evento americano, com a reconfiguração do mundo e a reoriginalização da história, é fundada uma nova episteme, na qual emergem identidades que antes não existiam: as entidades da América, da África, da Espanha e da própria Europa, sua brancura e a não brancura dos espaços coloniais agora racializados – a Améfrica, como chamamos esse continente nesse evento, com base no conceito cunhado pela pensadora negra brasileira Lélia González. Com o evento americano, a fonte da legitimidade, a fonte autorizadora e irradiadora de valor, passa a habitar no futuro. O que prestigia e autoriza se transporta do passado para o futuro, e o futurismo nada mais é do que a quintessência do que entendemos por moderno.

É por isso que é tão difícil nos livrarmos do conceito de descobrimento. Acontece que, com a aparição dessa nova entidade, que em muito pouco tempo se instala na grade epistêmica e cognitiva a partir do evento da conquista, descobrir passa a ser um valor em si mesmo. Já não está mais capturado por um passado que o retém, que o contém ou que o condena à fogueira ou ao silêncio. Já não existe a possibilidade de condenar a novidade ao silêncio. Isto é, o valor emana do futuro, é ir até o futuro. E é desse modo que ainda não podemos relatar o evento desse novo tempo sem um novo vocabulário, inexistente à época dos acontecimentos. América, Espanha, Europa, África, branco, negro e indígena: entidades novas em um mundo reoriginalizado. Nasce assim um mundo novo. Sem a ideia de novidade como valor, não há modernidade.

Estado, masculinidade e politicidade feminina

Nesse caldo de cultivo, faz-se presente outro tema que tratamos nas reuniões dessa segunda edição da Cátedra. O que acontece nas histórias das mulheres e dos homens, nessas duas histórias? Foi surpreendente escutar que, para Öcalan e no mundo curdo, o Estado é visto como masculino, leitura que coincide com o que venho defendendo como resultado de outros caminhos de observação e análise. Em meu caso, voltando à pergunta inicial que recebi de Quijano, o problema a resolver era conseguir compreender como o gênero pré-intrusão colonial se transforma no gênero colonial. Como sabemos, a partir de inúmeras etnografias de sociedades tribais, espaços e processos de iniciação relacionados com o gênero, sempre existiram na Nova Guiné, na África e na América espaços como as casas dos homens, onde os homens adolescentes são levados e retidos em situação de internação para serem masculinizados, e escolas de feminilidade, especialmente nas sociedades africanas, com a diferença de que estas não envolvem um treinamento para a morte e para a dor, mas para a vida: sexualidade e procriação.

Öcalan menciona processos semelhantes envolvidos na masculinização ao falar do treinamento para a caça e dos mecanismos de dessensitização masculina. A dessensitização é, em minhas análises do mandato de masculinidade, do mandato de violência e da pedagogia da crueldade, uma das formas contemporâneas e permanentes de iniciação masculina. Os homens sofrem um fenômeno que os dessensibiliza e os torna menos capazes de sentir empatia.

A respeito das coincidências relativas ao Estado, a coincidência parte da minha já mencionada formulação de que, no mundo pré-colonial, as sociedades de estrutura comunitária são duais. Nelas há os dois mundos: o mundo dos homens e o das mulheres, algo que Öcalan confirma todo o tempo quando assegura que, para que a sociedade se torne democrática, é necessário que se despatriarcalize, e, para que isso aconteça e as mulheres se libertem, será necessário que tenham suas próprias instituições. Com isso, nossa perspectiva e a de Öcalan se aproximam notável e assombrosamente.

Para responder à pergunta de Quijano, eu coloco meu olhar na mutação estrutural da sociedade dual no mundo-aldeia, a binária na sociedade cidadã colonial-moderna. Em outras palavras, analiso a transição de uma organização social explicitamente desigual, mas formada por dois espaços, o doméstico e o público, de relativa autonomia e formas de gestão ou "politicidade" próprias, isto é, uma sociedade de dois compartimentos hierarquicamente ordenados – ainda que a hierarquia resida mais na diferença de prestígio dos corpos, tarefas e atividades do que no diferencial de poder –,[24] a binária, que defino como a sociedade do um e seus outros, seus defeitos. Deve-se esclarecer aqui mais uma vez que dualidade e binarismo não se referem à mesma estrutura. No mundo dual, a organização comunitária, o espaço dos homens, a cargo de tarefas públicas, é exterior ao espaço doméstico – as comunidades afrodescendentes do Equador a chamam muito graficamente de "casa-fora". Ali, os homens se encontram na *ágora* para parlamentar e chegar a acordos sobre questões relativas ao destino coletivo.

Na "casa-fora" também são desenvolvidas as tarefas de negociação e a guerra com outras aldeias, outros povos, com a frente colonial e, mais tarde, com a frente colonial-estatal-empresarial. O homem é então o sujeito do espaço público e por isso são dadas as tarefas de dessensitização que o prepararão para enfrentar a morte e o formato da masculinidade. A mulher, por outro lado, faz a tarefa na "casa-dentro" e aí está a questão

---

[24] S. B. Ortner e H. Whitehead, *Sexual Meanings: The Cultural Construction of Gender and Sexuality*, 1981. (N.A.)

fundamental do que estamos tratando aqui: a politicidade desse espaço doméstico, nem privado, nem íntimo no sentido moderno, muito menos nuclear, mas atravessado por uma multiplicidade de presenças e habitat de uma deliberação que também terá impacto no destino coletivo. E entra aqui, para que entendamos bem o problema, a queixa de Charo Mina-Rojas durante nosso encontro quando pontua que "a subjetividade das mulheres afrodescendentes não é reconhecida como política". O que acontece é que a politicidade do espaço regido pelas mulheres no mundo comunal tinha um impacto nas decisões coletivas que, definitivamente, se perdeu na transição para a colonial-modernidade com a nuclearização da vida familiar e a consequente violação das mulheres e suas crias. De fato, a privatização da família é hoje um valor que merece ser questionado, porque, dentro de seus parâmetros, nos tornamos sujeitas isoladas e associadas pelo imaginário coletivo a um espaço isento de politicidade e ingerência coletiva.

O que acontece, por outro lado, com a história da posição masculina? Os homens transitam para o Estado. E aqui surge uma teoria da burocracia diferente da weberiana e que confluiu, nessa reunião com as mulheres curdas, com as ideias muito afins de Öcalan. Propomos que esse antigo – e ainda vigente em algumas regiões da América – espaço "casa-fora" de negociação na vida comunal mude para a distância burocrática do sujeito operador do Estado, sujeito do enunciado estatal e da esfera pública. Esse ator burocrático e distante do cenário estatal não é nada além da mutação do sujeito da parlamentação no espaço público comunal, que vai levantar as bandeiras da exterioridade burocrática como uma ordem excelente, justa e insuperável. O sujeito político da ordem social cotidiana. Essa ideia da separação, da distinção da gestão masculina e estatal, apareceu nesses dias tanto no discurso das mulheres negras como no das mulheres curdas: um ser burocrático que se distancia de si mesmo e das formas comunais de deliberar a justiça e o bem comum.

Volto então ao que apontou Charo Mina-Rojas em relação às políticas do cuidado, porque o que temos no mundo dual é uma politicidade do âmbito doméstico que vemos hoje decaída, expropriada e, em alguns casos, desativada. Aquele era o espaço doméstico dos mundos comunais, cenário da deliberação das mulheres, de onde sempre surgiram decisões que incidiram na parlamentação dos homens em seu espaço próprio e impactaram a partir daí o rumo da história coletiva. Quando a *criollización* dos homens é iniciada e sua consequente captura não só pelas estruturas políticas, mas também pela sexualidade do opressor, a autoridade indígena se transforma em "cacique", e sua posição passa a ser a de um sujeito-dobradiça, um patriarca da sociedade transicional que se curva, se emascula diante do vencedor branco, dono e colonizador-modernizador, e restaura sua masculinidade, se reemascula por meio da violência para com os seus. E assim surgem sociedades violentíssimas em termos de gênero, vitimadas pela insegurança desse sujeito-dobradiça, patriarca de sociedades comunais que se decompõem e fazem sua transição para a brancura, a modernidade e o capitalismo. O que temos que recuperar é a politicidade do espaço doméstico comunal, em outras palavras, o cuidado como política e a história política do mundo das mulheres que fica reprimida na passagem à colonial-modernidade. Por que um filósofo como Öcalan é considerado uma ameaça? Porque é precisamente isso que ele propõe. Sua condenação obedece à mesma lógica usada pelos cristianismos contemporâneos com a sua reação aos temas feministas. Se prestarmos atenção, veremos que há não muito mais de dez anos encontramos nas propostas cristãs fundamentalistas o mesmo discurso do islã fundamentalista. Só para dar um exemplo que fala por si só: nestes dias, circulou um discurso do fundador da Igreja Universal do Reino de Deus, o bispo Edir Macedo – brasileiro, mas cuja influência na África e na América Latina é enorme –, em que diz ao mundo – e seu dizer é um sermão – que não permitirá que suas filhas estudem para que não sejam intelectualmente superiores aos seus futuros maridos.[25] Isso não fazia parte do discurso cristão até muito pouco tempo atrás. Qual é a razão da introdução do discurso de antagonismo explícito e opressão aberta às mulheres aproximando o discurso cristão ao de um islã que nos haviam ensinado a olhar com desdém por sua "incorreção política", nos termos do multiculturalismo dos anos 1990 e 2000?

O objetivo é o mesmo que levou ao feroz aprisionamento de Öcalan, à sua interdição e ao seu isolamento do mundo. Qual é o perigo representado por um filósofo e líder político que fala que a tradição histórica para um mundo melhor e verdadeiramente democrático exige a despatriarcalização? É possível pensar que quem detém o poder em um mundo de donos – a partir da simples observação da estabilidade na liderança dos xeiques islâmicos dos países árabes em suas perspectivas sociais – concluiu que manter as mulheres em situação de permanente opressão é a estratégia imbatível para preservar a intocabilidade da ordem hierárquica geral.

Esse é o cimento que sustenta todas as opressões e é o que revelou Öcalan antes de ser detido em 1999 em uma conexão do seu voo para a África do Sul de Nelson Mandela, único país que lhe ofereceu o asilo que a Europa lhe negara, para ser submetido a um dos castigos de isolamento e incomunicabilidade mais severos dos que se tem notícia. Em 1978, ele apontou para a necessidade de criar uma organização só de mulheres; em 1986, falou da escravidão das mulheres com seu próprio povo; desde 1996 começou a falar de matar a masculinidade como premissa básica para o socialismo e a propor sua teoria de separação institucional das mulheres, isto é, o retorno ao mundo comunal.

---

25 "[...] (se) tivesse um grau de conhecimento elevado e encontrasse um rapaz que tivesse grau de conhecimento baixo, ele não seria o cabeça, ela seria a cabeça. E se ela fosse a cabeça, não serviria à vontade de Deus", em *Jornal Estado de Minas*, 25 set. 2019. Veja também, entre muitos outros, *Jornal Correio da Manhã*, 24 set. 2019. (N.A.)

O que a ordem comunal, enquanto ordem política, ameaça? Ameaça a possibilidade de um mundo de donos, ameaça a própria ordem de donidade[26] do tempo em que vivemos, porque a primeira forma de donidade não é outra senão o patriarcado. Falar de desigualdade hoje é inadequado e insuficiente: pouquíssimos donos compartilham a riqueza do mundo hoje e a velocidade do adonamento sobre porções cada vez maiores do planeta assusta, as fusões corporativas cada vez mais frequentes aumentam em grau de concentração sem limites à vista.[27] O patriarcado expressa esse ideário apropriador e concentrador, e o faz na possibilidade do sequestro da vontade das mulheres e da coisificação de seus corpos, como prisão inexpugnável dessa vontade. Portanto, podemos afirmar que a primeira pedagogia da concentração, da estrutura de donidade é o adonamento do corpo das mulheres. Se retiramos esse dispositivo do lugar, que é o grande vislumbre de Öcalan, cai por terra o edifício dos adonamentos. A restauração da ordem comunitária é o que recoloca as mulheres em sua politicidade e permite ao mundo um caminho democrático e pluralista em sentido pleno.

Bibliografia

CAMPUZANO, Giuseppe. "Reclaiming Travesti Histories", *IDS Bulletin*, vol. 37, n. 5, out. 2006, p. 34–39.

____. "Contemporary Travesti Encounters with Gender and Sexuality in Latin America", in *Development*, vol. 52, n. 1, 2009, p. 75–83.

CLASTRES, Pierre. "El arco y la cesta", in *La sociedad contra el estado*. Tradução de Ana Pizarro. Originalmente "L'arc et le panier", in *L'Homme: Revue française d'anthropologie*, vol. 6, n. 2, abr.-jun. 1966. [Ed. bras.: *A sociedade contra o estado: pesquisas de antropologia política*, trad. Theo Santiago. Rio de Janeiro: Francisco Alves, 1978.]

ORTNER, S. B.; Whitehead, H. *Sexual Meanings: The Cultural Construction of Gender and Sexuality*. Cambridge: Cambridge University Press, 1981.

---

26 A autora criou os neologismos *dueñidad* e *adueñamiento*. Procurando manter o estilo dela, transcriei respectivamente para "donidade" e "adonamento". (N.T.)
27 R. Segato, "Patriarcado: del borde al centro: disciplinamiento, territorialidad y crueldad en la fase apocalíptica del capital", in *La guerra contra las mujeres*, 2018. (N.A.)

QUIJANO, A. "Colonialidad del poder, sexo y sexualidade", in SEVILLA, C. Pimentel (org.). *Poder, ciudadanía, derechos humanos y salud mental en el Perú*. Lima: CECOSAM, 2008.

QUIJANO, A. "El regreso del futuro y las cuestiones del conocimiento", in *Hueso húmero*, n. 38, abr. 2001.

RIVIÈRE, P. *Marriage Among the Trio: A Principle of Social Organization*. Oxford: Clarendon Press, 1969.

SEGATO, Rita. "Dimensión cultural", in *Flores en el asfalto: causas e impactos de las violências machistas en las vidas de mujeres víctimas y sobrevivientes*. Bilbao: Mugarik Abe, 2017, pp. 117–148.

____. "El sexo y la norma: frente estatal-empresarial-mediático-cristiano", in *La crítica de la colonialidad en ocho ensayos y una antropología por demanda*. Buenos Aires: Prometeo Editorial, 2015. [Ed. bras.: *Crítica da colonialidade em oito ensaios: e uma antropologia por demanda*. Rio de Janeiro: Bazar do Tempo, 2021, pp. 121–164.]

____. "Gender, Politics and Hybridism in the Transnationalization of the Yoruba Culture", in OLUPONA, J. K. H.; REY, T. Rey (orgs.). Òrìsà *Devotion as World Religion: The Globalization of Yorùbá Religious Culture*. Madison: University of Wisconsin Press, 2008; republicado em espanhol em *Las estructuras elementales de la violencia*. Buenos Aires: Prometeo Editorial, 2021, pp. 221–248.

____. "Género y colonialidad. Del patriarcado comunitario de baja intensidad al patriarcado colonial moderno de alta intensidade", in *La crítica de la colonialidad en ocho ensayos y una antropología por demanda*. Buenos Aires: Prometeo Editorial, 2015. [Ed. Bras.: *Crítica da colonialidade em oito ensaios: e uma antropologia por demanda*. Rio de Janeiro: Bazar do Tempo, 2021, pp. 85–120.]

____. "Inventando a natureza: família, sexo e gênero no Xangô de Recife, Brasil", in *Anuário Antropológico*, vol. 10, n. 1, 1986, p. 11–54.

____. *Las estructuras elementales de la violência: ensayos sobre genero entre la antropología, el psicoanálisis y los derechos humanos*. Buenos Aires: Prometeo Editorial, [2003] 2013.

____. "Los cauces profundos de la raza latinoamericana", in *La crítica de la colonialidad en ocho ensayos y una antropología por demanda*. Buenos Aires: Prometeo Editorial, 2015. [Ed. Bras.: *Crítica da colonialidade em oito ensaios: e uma antropologia por demanda*. Rio de Janeiro: Bazar do Tempo, 2021, pp. 247–286.]

____. "Ningún patriarcón hará la revolución", in GABBERT, K.; LANG, M. (orgs.). *¿Cómo se sostiene la vida en américa latina? Feminismos y re-existencias en tempos de oscuridad*. Quito: Fundación Rosa Luxemburg/ Ediciones Abya-Yala, 2019.

_____. "Patriarcado: del borde al centro. Disciplinamiento, territorialidad y crueldad en la fase apocalíptica del capital", in *La guerra contra las mujeres*. Buenos Aires: Prometeo Editorial, 2018.

_____. "Raza es signo", in *La Nación y sus Otros*. Buenos Aires: Prometeo Editorial, 2021.

_____. *Carta(s) 79: Santos e Daimones*. Brasília: Editora UnB, [1995] 2005 [trad. cast. Santos y Daimones. Buenos Aires: Prometeo Editorial, 2020].

Este livro foi editado pela Bazar do Tempo,
na cidade de São Sebastião do Rio de Janeiro, em outubro de 2022.
Ele foi composto com as tipografias Cera Pro e Sabon LT Pro,
e impresso em papel polen soft 80g na gráfica Margraf.